서울의
나무,
이야기를
새기다

서울의 나무,
이야기를 새기다

발행일
2014년 1월 25일 초판 1쇄

지은이 | 오병훈
펴낸이 | 정무영
펴낸곳 | (주)을유문화사

창립일 | 1945년 12월 1일
주   소 | 서울시 종로구 우정국로 51-4
전   화 | 734-3515, 733-8153
팩   스 | 732-9154
홈페이지 | www.eulyoo.co.kr
ISBN 978-89-324-7224-9 03900

서울의
나무,
이야기를
새기다

나무지기의 도시 탐목기探木記

오병훈 지음

❀ 을유문화사

차례

··· 산을 지키는 산신령 같은 나무 · 211

나무는 생명을 키우는 어머니

나무는 지상의 모든 생명체를 키우는 어머니 같은 존재이다. 한 그루의 나무는 광합성을 통해 탄수화물을 합성하여 동물을 키운다. 지구 위에서 생산자는 오직 녹색식물밖에 없다. 녹색식물만이 산소를 생산하여 동물이 호흡할 수 있도록 하고 대기 중의 이산화탄소를 흡수한다. 나무야말로 지구를 살리는 최초의 어머니이다.

인류는 이 세상에 태어났을 때부터 줄곧 나무에 의존하여 삶을 영위해 왔다. 나무가 내뿜는 산소를 마시고 과일 같은 먹을 것을 얻었으며 죽어서는 나무로 짠 관에서 영면한다. 나무에서 얻은 섬유는 우리에게 의복과 종이로 다시 태어나고 목재는 주택의 재료가 된다. 또 나무에서 염료를 얻고 병이 나면 치료제를 얻는다. 그야말로 사람은 나무에 의존하여 살아가는 셈이다. 나무들이 자라는 숲은 우리에게 편안한 쉼터를 제공한다. 꽃을 통해서는 기쁨과 즐거움을 느낀다. 꽃을 싫어하는 사람이 있을까. 어디든 공간이 있으면 사람들은 나무를 심고 꽃을 가꾸려고 한다. 더구나 노거수는 살아 있는 역사를 간직한 생명 문화재이다. 고목을 통해 한 시대를 살았던 역사 인물을 만나고 그 시대의 사회상을 읽으며 민속과 문화를 알 수 있다.

나무는 경제적 가치 이전에 우리에게 자연의 미학을 일깨워 정신을 풍요롭게 한다. 그래서 우리는 나무와 그 나무에 깃들인 옛 이야기에 귀를 기울이게 된다. 나무의 가치는 경제적으로 계산하기 어려울 정도로 엄청나다. 마치 공기 속에 살면서 공기의 고마움을 모르듯이 나무에 의존하여 살면서도 나무의 고마움을 잊어버리고 있다. 사람은 녹색의 풍요로움을 통해 심신의 안정과 건강을 얻는 등 헤아릴 수 없이 많은 혜택을 누리며 살고 있다.

한마디로 나무는 생명이며 부활의 싱징이다. 옛 사람들은 죽어서도 한 그루의 나무와 꽃으로 다시 살아난다고 믿었다. 그래서 전설과 신화 속에서는 사람이 곧잘 꽃이나 나무로 태어난다. 우리의 심청이도 연꽃을 통해 되살아나지 않았던가.

과거 서울에서는 집집마다 감나무며 배나무, 살구나무, 자두나무 같은 과일나무를 심고 가꾸었다. 또 모란이며 앵두, 철쭉과 진달래 같은 꽃나무를 심었다. 그리고 사대부 간에는 매화나무와 송죽이며 단풍나무 같은 정원수를 심었다. 지금도 북촌이나 인사동 일대의 고가를 찾으면 오래된 전통 조경수를 볼 수 있다. 집집마다 석류나무, 능소화, 배롱나무, 덩굴장미를 가꾸었지만 주거 공간이 아파트나 연립주택으로 바뀌면서 전통 관상수도 점차 사라지게 되었다.

요즈음은 서울의 평균 기온도 높아져서 난대성 상록활엽수인 동백나무도 노지에서 재배하고 있다. 그만큼 환경이 빠르게 변하고 있다는 뜻이다. 현재 서울에 살아 있는 감나무나 석류나무, 포도나무, 능금나무 같은 전통 조경수를 잘 보호해야 한다. 오래된 나무는 환경에 적응하는 힘이 그만큼 강해서 특별한 유전인자를 갖고 있는지도 모른다. 서울의 곳곳에서 자라는 노목들을 찾아 관심을 가져 보는 것도 의미가 있다. 이 책에서 소개한 나무들은 모두 서울에서 볼 수 있는 것들이다. 물론 다른 지역에서 자라지 않는다는 것은 아니다. 조금만 관심을 가지면 우리 주위에서 얼마든지 볼 수 있는 평범한 나무들이다. 마을 주변의 가까운 공원이나 도심의 고궁, 야산에서도 볼 수 있는 친근한 나무들이어서 정감이 간다.

사람마다 나무에 얽힌 사연을 간직하고 있을 것이다. 어떤 청춘은 느티나무 아래에서 사랑을 키웠을 것이고 어떤 이는 그 나무 앞에서 자신의 미래를 다짐했을 것이다. 오래된 나무는 살아온 세월만큼 수많은 사연을 간직하고 있기에 문화적으로도 매우 중요하다. 눈에 보이지 않는 정신문화를 그 나무가 꼭꼭 숨기고 있는 셈이다.

지난 수세기 동안 이 땅의 식물 자원이 서울을 통해 외국으로 반출되었다. 또 서울은 대부분의 외래종 식물이 처음 소개된 곳이기도 하다. 세종 때의 명신 강희안이 쓴 『양화소록養花小錄』에는 유구국琉球國에서 보낸 조공물에 소철과 영산홍이 있었는데 당시로서는 처음 이 땅에 들어온 식물이라고 소개하고 있다. 그 영산홍이 지금은 서울에서 가장 흔한 관상식물이 되었지만, 당시에는 강희안이 가꾼 영산홍을 보고 놀라지 않은 사람이 없었다고 기술하고 있다.

오늘날 서울은 다양한 인종들이 함께 살아가는 세계적인 도시가 되었다. 수많은 관상식물이 세계 각국에서 수입돼 정원에 식재되고 있다. 실내 원예로 쓰이는 관엽식물만 해도 남미의 아마존 열대우림과 동남아 정글, 아프리카, 유럽에서도 수입하고 있다. 또 접목선인장 같은 우리의 관상식물도 미국이나 유럽 시장으로 팔려 나가고 있는 실정이다. 그야말로 글로벌 시대가 되었다. 그럴수록 우리 땅에서 자라는 나무와 풀같은 자생 식물을 잊지 말아야 한다. 우리 겨레와 수천 년을 함께 살아온 나무들이어서 우리와는 떼래야 뗄 수 없는 자원이다. 자생하는 식물 자원이 없다면 의식주에 따른 우리의 독창적인 문화도 꽃피우지 못했을 것이다.

이러한 나무의 생태적인 특성을 알고 이해하는 동안 그 식물의 이용 방법도 익히게 될 것이다. 나무를 알고 나무에 관심을 가지면 이 땅을 사랑하는 마음도 새록새록 자라나리라 생각한다. 나무가 울창한 숲이 되어 그 그늘에서 살아가는 우리도 찬란한 문화의 꽃을 피울 그날을 기대해 본다.

노악산방露嶽山房에서

야정野丁

선비가 좋아하는 나무

...

진리를 찾아가는 길잡이

　서울의 수송동 조계사 대웅전 앞에는 회화나무 노거수가 해마다 여름이면 화사한 꽃을 피워 향기를 퍼뜨린다. 그 옆의 우정총국에도 오래된 회화나무 한 그루가 푸름을 잃지 않고 있다. 큰길을 건너 관훈동 SK 건설 빌딩 옆에도 수백 년 된 회화나무 노거수가 살아 있다. 이 나무는 조선의 마지막 황족인 가수 이석이 살았던 집터이다. 회화나무는 지체 높은 양반의 집이었거나 관아 터, 서원에서만 볼 수 있는 고급 정원수이다. 궁궐에서도 예외는 아니어서 5대 고궁에 두루 심었기에 지금도 수백 년 된 거목들을 볼 수 있다. 창덕궁 정문인 돈화문을 들어서면 맨 먼저 눈길을 사로잡는 노거수가 바로 회화나무이다. 좌측에 세 그루의 거목이 줄나무로 서 있고 석교를 건너면 더 큰 회화나무 거목이 수문장처럼 버티고 있다.

　회화나무에 꽃이 피면 성급한 이는 가을을 준비한다. 열정적인 더위가 물러가고 햇살이 건조하다고 느낄 때쯤이면 회화나무 가지에서도 연노란 꽃이 다투어 핀다. 수많은 꽃들이 작은 벌새처럼 꽃잎을 열어 나무 전체를 우윳빛으로 물들인다. 다른 나무들이 열매를 살찌우고 익어갈 때 회화나무는 비로소 꽃을 피운다. 다소 늦는 감이 있지만 대기만성이라고 해야 할까. 이어 가지마다 수많은 꼬투리를 매달고 속에서는 씨가 여물어 간다. 회화나무의 열매는 팥꼬투리처럼 길고 볼록볼록 튀어나온 것이 마치 염주 같다. 이 나무는 콩과식물이므로 실제로 꼬투리를 열면 작은 팥알 같은 씨가 3~5개씩 들어 있다. 그러다가 서리가 내리면 잎이 시든다. 떨어질 때는 깃꼴 모양으로 달려 있던 작고 긴 타원형의 잎사귀가 하나씩 떨어져 땅에 깔린다. 그러면 지면은 온통 녹색 카펫이 깔린 것처럼 변한다. 회화나무의 잎사귀들은 꽃잎처럼 그렇게 떨어져 사람들의 발길에 짓밟히며 사라진다. 가로수로 심은 회화나무도 예외는 아니어서 떨어진 작은 잎사귀들이 빗물에 젖어 서러운 이별을 한다.

회화나무의 어린 가지는 녹색이다. 오래된 가지는 잿빛을 띠지만 더 오래 묵은 가지는 거칠게 갈라지며 거대한 줄기로 자란다. 회화나무는 천 년을 사는 나무다. 은행나무, 느티나무, 팽나무와 함께 4대 장수목이라 불린다. 네 가지 오래 사는 나무 중에서 느티나무와 팽나무만이 우리의 자생 수종이고 회화나무와 은행나무는 중국이 원산이다. 언제 우리나라에 들어왔는지는 확실하지 않으나 『삼국사기』 열전에 "성이 함락되자 백제의 해론이 회화나무에 머리를 받고 죽었다"고 기록한 것으로 보아 이미 그 이전에 들어온 것임을 알 수 있다.

조계사 회화나무

진리를 찾아가는 길잡이

회화나무는 지는 꽃이 아름다운 나무다. 장마가 막 끝난 어느 날부터 천천히 꽃이 벙글어지기 시작하여 점점 연노란 꽃송이를 더하다가 절정기를 지나면서 떨어지기 시작한다. 그러면 작은 꽃잎이 지면을 온통 하얗게 뒤덮는다. 쓸어도, 쓸어도 이튿날 자고 나면 또 그만큼 깔려 있다. 밟고 지나가기 아까울 정도로 가련한 꽃 이파리들. 시들어 떨어지는 것이 아니라 젊음을 송두리째 버리는 열정의 꽃들은 그렇게 미련을 두지 않는다. 계절이 바뀌듯 여름을 보내고 가을을 맞이하는 아쉬운 꽃이다.

중국에서는 회화나무를 아주 귀하게 여긴다. 공자를 모시는 대성전 앞에 심는 나무인 까닭이다. 대성전에는 세 가지 중요한 나무가 있다. 측백나무와 은행나무, 그리고 회화나무이다. 이들 세 가지 나무는 천 년 이상 된 거목들이 아직도 살아 있다. 조선에서도 예외는 아니다. 5백 년 동안 유교를 통치 이념으로 세우고 실천해 온 이 땅에서도 문묘에 은행나무와 회화나무를 심었다. 천연기념물로 지정한 은행나무는 물론이려니와 회화나무 거목이 아직도 살아 있는 것은 그만큼 잘 가꾸고 보호해 온 덕분이다.

중국의 주나라 때 회화나무는 조정을 상징하는 나무였다. 세 그루의 회화나무를 궁궐 뜰에 심고 삼정승으로 하여금 각기 나무 아래에서 정사를 돌보도록 한 것이다. 그래서 회화나무는 지금까지 입신양명을 뜻하는 표상이 되었다. 삼공구경三公九卿이 집무하는 곳에 심는 나무이므로 그곳으로 다가가기 위한 학문의 길을 '괴문극로槐門棘路'라고 했다. 여기에서 보이는 '괴槐'가 바로 회화나무를 뜻한다. 우리나라에서는 회화나무를 '괴槐'라 쓰고 '느티나무 괴', 또는 '회화나무 괴'라고 읽었다. 황제와 군왕이 정사를 돌보는 궁궐은 괴신槐宸이라 했는데 회화나무가 있는 큰 집이라는 뜻이다. 또한 음력 7월 회화나무 꽃이 필 때 치르는 진사시를 괴추槐秋라고 불렀다. 초가을로 접어드는 때 관리가 되기 위해 치르는 예비 시험을 회화나무 꽃에 빗대어 지칭한 말이다. 시험장으로 가는 길을 괴로槐路라 한 것도 그 때문이다.

주나라 때에는 묘지에 심는 나무도 엄격하게 구분했는데 왕릉에는 군왕을 뜻하는 소나무를 심은 반면, 종친은 소나무와 같은 상록수인 측백나무를 심었고, 당상관 이상의 고급 관리는 회화나무를 심었다. 그리고 학자의 묘지에는 모감주나무를 심었으며 일반 백성은 포플러를 심었다. 회화나무가 낙엽수로는 최고의 자리에 올라 귀한 대접을 받았음을 알 수 있다.

『남가기南柯記』나 『남가태수전南柯太守傳』에는 당나라 때 순우분이라는 사람이 괴안국에 초대되어 잘 지내다가 문득 깨어나니 꿈이었다는 이야기가 적혀 있다. 꿈에서 깨어난 순우분이 기대어 잠들었던 회화나무를 베어 냈더니 실제로는 개미들의 소굴이었다고 한다. 이처럼 회화나무는 입신양명을 염원하는 이상적인 나무이면서 동시에 피안의 세계로 가는 지표가 되기도 했다. 서원이나 향교에 회화나무를 심고 사대부의 뜰에도 이 나무를 심은 것은 이처럼 비단 관상으로서의 가치를 취하기 위해서만은 아니다. 나무가 간직하고 있는 성정이 학문과 출세를 뜻하기 때문에 더욱 선호되었던 것이다. 회화나무는 선비가 진리를 찾도록

1
2

1. 회화나무 꽃
2. 회화나무 열매

길잡이가 되어 준 고마운 나무였다.

회화나무 아래에서 관리로서의 첫발을 디뎌 진사시를 치르듯 고관이 관직에서 물러나면 향리로 돌아가 회화나무를 기념으로 심었다. 물러나는 관리에게 후배들이 회화나무 묘목을 선물했다니 얼마나 아름다운 일인가. 그 어떤 물건보다 값진 선물이 아닐 수 없다.

서산의 해미읍성 안에는 '호야나무'라고 부르는 6백 년 된 회화나무 노거수가 살아 있다. 이 나무에는 조선 말 병인사옥 때 수많은 천주교도가 죽어 가며 흘린 피가 스며 있다고 한다. 나무에 매달고 천주를 버릴 것을 강요했으나 끝내 순교로서 자신의 신앙을 지킨 지조를 상징하는 나무가 바로 이 회화나무이다. 천주교도들의 목을 매달았으므로 교수목이라고도 부르는데 아직도 당시에 목을 매달았던 철사가 나무에 박혀 있다.

회화나무는 자원으로서의 가치도 높다. 변재는 희고 깨끗하며 심재는 다갈색이다. 단단하고도 결이 고와 고급 가구재나 불상 같은 조각재로 쓰인다. 회화나무 씨는 괴황槐黃이라 하여 황색 염료로 사용된다. 괴황을 삶은 물에 백반이나 식초를 몇 방울 떨어뜨리고 비단 또는 베를 물들이면 노란 옷감이 된다. 여러 번 반복하면 짙은 노란색 옷감을 얻을 수 있다. 회화나무의 씨는 모아서 완상용 가금류의 먹이로 쓴다. 껍질에 상처를 내고 얻은 수액을 굳혀 괴교槐膠를 만드는데 신경계 질환의 치료제로 쓰이는 귀한 약재이다. 회화나무의 초록색 가지도 잘라 습기로 생기는 여러 가지 증상에 치료제로 쓴다. 회화나무 꽃은 말려 치질,

혈변, 고혈압, 대하증 등을 다스리는 데 이용된다.

회화나무는 콩과식물이므로 뿌리혹박테리아를 갖고 있다. 따라서 유기질이 적은 척박한 땅에서도 스스로 질소를 고정하여 살아갈 수 있다. 새로 조성한 땅이나 성토지에 심을 수 있는 나무로 이만한 나무가 없다. 가축의 사료로도 좋고 떨어진 잎은 녹비 효과가 뛰어나다. 이렇게 좋은 나무라면 아무리 많이 심어도 넘치지 않을 것이다. 회화나무의 가치가 새롭게 인식되면서 최근에는 가로수로 널리 심고 있다. 인사동 길이나 강남의 가로수는 대부분 회화나무이다. 줄기가 제멋대로 뻗어 나가는 성질이 있지만 그래서 오히려 더 자연스럽다. 학문에 개성이 있고 창조적이어야 하듯 회화나무 또한 개성이 뚜렷한 나무인 것 같다.

학문의 상징이요, 지혜의 상징인 이 나무를 학교 교정에도 심고 아파트 구내에도 널리 심고 가꾸었으면 좋겠다. 회화나무 아래에서 미래를 꿈꾸고 사회나 국가에 이바지하는 훌륭한 인재들이 태어나기를 빌어 본다.

중국에서 온 살아 있는 화석 식물

서울 종로구 명륜동에 자리한 문묘는 명륜당 경내에 포함된 목조 건물이다. 그 앞에 있는 두 그루의 은행나무는 수세가 아주 강건한 편이다. 나무의 높이는 25미터, 가슴높이의 둘레 7.5미터, 수관 폭은 20미터에 이른다. 1962년 12월 3일에 천연기념물 제59호로 지정되었다. 하지만 줄기 아래쪽이 많이 썩었으므로 외과 수술을 했다. 중앙부의 주간은 썩어 없어졌지만 둘레의 맹아가 자란 다섯 줄기가 아래쪽에서 서로 맞붙어 있는 형상이다. 줄기는 곧추 자랐고 가지는 사방으로 퍼졌다. 옆으로 늘어진 가지가 혹시나 찢어질 것을 염려하여 철제 기둥을 여러 개 받쳐 놓은 모습이다. 은행나무는 봄철에 싹이 돋아나면 연두색이 싱그럽다. 하지만 그보다 문묘의 은행나무는 역시 가을에 물드는 노란 단풍이 일품이다.

대성전 앞에도 나이가 비슷한 은행나무 두 그루가 서 있다. 네 그루의 은행나무 노거수는 모두 열매가 달리지 않는 수나무이다. 학문의 전당에 악취가 나는 것을 피하기 위한 배려라고 이해할 수 있다. 그 외에도 주변에는 단풍나무, 회화나무, 주목, 측백나무 같은 수백 년 된 노거수들이 살아 있어 성균관의 역사를 증명해 준다.

전국적으로 은행나무를 천연기념물로 지정한 것은 모두 열아홉 그루이다. 그중에서 문묘의 은행나무는 유주乳柱가 잘 발달한 나무다. 사선으로 뻗어 오른 줄기가 꺾어진 부분에서 두 개의 유주가 종유석처럼 길게 밑으로 자라는 중이다. 이러한 유주는 봄이 무르익어 가면서 점차 자라서 지면에 닿으면 뿌리를 내리게 된다.

은행나무의 역사는 무척이나 길다. 2억 5천만 년 전에 지구상에 나타나 아직까지 큰 변화를 보이지 않고 살아가기 때문에 화석식물이라 불린다. 현존하는 은행나무는 신생대 에오세에 번성하기 시작하여 지금까지 살아왔다. 사실 야생 상태 있는 그대로 살아 있는 은행나무 숲은 세계 어느 나라에서도 발견된 적이 없다. 그러던 것이 최근 중국의 저장 성에서 은행나무 숲이 발견되었다. 그러나 이 은행나무 숲도 주변에 사람이 살았던 주거 흔적이 발견되어 확실한 야생종이라고 하기에는 석연치 않은 점이 있다.

은행나무는 전 세계에 1목 1과 1속 1종만이 남아 있다. 지질시대에는 7속에 수십 종이 있었으나 지금은 1종만이 살아 있는 신비의 나무이다. 은행나무는 높이 30미터 정도로 자라고 줄기 지름은 2~3미터에 이른다. 오래 사는 나무의 특징 때문에 '장수'라는 꽃말을 가지고 있다.

문묘의 은행나무

중국에서 온 살아 있는 화석 식물

은행나무 유주

문묘의 은행나무

한자어로 은행銀杏은 흰 살구라는 뜻이다. 노랗게 익은 열매가 작은 살구처럼 보인다는 뜻에서 이렇게 붙여졌다. 그 밖에 행자목杏子木이라고도 부르고 중국에서는 잎의 모양이 오리발처럼 납작하다고 하여 압각수鴨脚樹, 할아버지가 심은 나무에서 손자가 열매를 딴다고 하여 공손수公孫樹라고도 한다. 학명은 *Ginkgo biloba*인데 *Ginkgo*는 은행을 뜻하는 일본어 발음인 긴쿄ginkyo에서 나왔다. 식물학자 린네가 이 긴쿄를 인용하면서 y를 g로 잘못 인용하는 바람에 오늘날의 학명 그대로 굳어지게 되었다. 일본에서는 은행 자체를 '이쯔오' 또는 '긴난'이라고 발음한다. 뒤의 *biloba*는 잎이 둘로 갈라졌다는 뜻이다.

은행나무를 영어로는 maidenhair tree 또는 silver apricot라 한다. maidenhair tree는 공작고사리maidenhair의 소엽과 은행나무 잎이 닮았다고 생각해서 붙여진 이름이다. silver apricot는 흰색의 살구라는 뜻이니 은행을 직역한 말이다. 우리나라에서는 한자음을 그대로 따서 흰 살구라는 뜻으로 은행이라고 하고 나무 자체는 은행나무라고 한다.

은행나무는 겉씨식물에 속하는 낙엽활엽수이다. 어떤 기록에는 은행나무를 침엽수라고 표기하고 있으나 분명 잘못된 기술이다. 침엽수는 소나무나 잣나무처럼 바늘잎나무를 지칭한다. 활엽수는 잎이 넓은 것을 외형적 분류 방법으로 표기한 것이다. 은행나무를 왜 침엽수라고 했는지는 이 나무의 생식 기관을 살펴보면 이해할 수 있다. 은행나무는 소나무나 잣나무 같은 침엽수처럼 겉씨식물의 특징을 하고 있다. 종자가 외피, 내피, 씨방으로 된 구조를 갖지 못하고 바로 씨로 연결돼 있기 때문이다. 진화상에서 보면 속씨식물에 비해 단순한 구조를 하고 있는 셈이다. 그래서 은행나무를 겉씨식물 또는 나자식물이라 해야 적당한 말이고 침엽수라고 하면 틀린 말이다.

영국의 고대 지층에서 발견된 은행나무 화석에서는 은행잎이 그대로 드러나 있다. 은행나무는 공룡시대라고 불리는 쥐라기에서 백악기에 걸쳐 유라시아 대륙에 번성했던 나무였다. 그 후 팔레오세로 들어오면서 급격하게 줄어들게 되었다. 다른 낙엽활엽수들이 번성하면서 은행나무도 차츰 사라지게 된 것이다. 그 당시에 번성했던 은행나무 종은 *Ginkgo adiantoides*였다. 그 후 세계적으로 점차 자취를 감추었다. 현재 은행나무는 관상수로 또는 약용 식물로 북반구 여러 나라에서 널리 재배한다.

은행나무는 암나무와 수나무가 따로 구분돼 있다. 따라서 암나무에서만 암꽃이 피므로 열매도 암나무에서만 달린다. 은행나무 꽃은 봄철에 잎이 돋아날 때 잎과 동시에 꽃이 핀다. 흔히 도로변의 인도에 떨어진 기다란 수술 같은 것은 수꽃이다. 짧은 가지에 꽃이 피는데 한 꼬투리에 수꽃은 2~5개씩 핀다. 암꽃은 3~6개가 어린 잎사귀 사이에 초록색을 하고 숨어 있다. 암꽃은 좁쌀 크기이고 아령 모양으로 두 개가 맞붙어 있는 모습이다. 너무 작기 때문에 암꽃을 보기란 쉽지 않다. 암술머리는 끈적끈적한 점액질이 묻어 있어 수꽃의 꽃가루가 바람을 타고 날아와 붙으면 수정이 이루어진다.

은행나무 암꽃

은행나무 수꽃

중국에서 온 살아 있는 화석 식물

암술머리에 붙은 수꽃의 꽃가루가 발육하여 씨방에 닿으면 비로소 암꽃의 핵을 만나 씨가 자라게 된다. 가을에 노랗게 익은 열매 속에는 딱딱한 은행이 들어 있다. 흔히들 은행을 열매라고 생각하지만 사실은 씨앗이다. 이러한 열매를 핵과核果라 한다. 같은 겉씨식물이지만 소나무나 잣나무 따위는 구과毬果라고 해서 솔방울을 갖고 있다.

은행나무는 고독한 나무다. 화려한 꽃이 피는 것도 아니고, 향기도 없다. 그러니 벌이며 나비가 찾아오지도 않는다. 맛있는 과일을 맺지도 않는다. 그래서 열매를 찾아오는 새와 짐승 같은 친구도 갖지 못했다. 볼 수도 없고 다가갈 수도 없는 먼 곳의 짝을 위해 꽃가루를 만들고 그것도 바람에 의존해 전달할 뿐이다. 은행나무가 제 세상일 때는 아직 지구 위에 꽃이 피는 식물이 태어나기 전이었다. 그래서 나비와 벌들이 있을 턱이 없었다. 오로지 홀로 씨를 만들고 혼자 그 씨를 싹 틔우며 근근이 빙하기를 견디어 낸 것이다.

『산림경제山林經濟』에서는 은행나무를 다음과 같이 자세히 기술해 두었다.

은행나무白果木는 암수가 따로 있다. 수컷 종자는 모가 세 개이고 암컷은 두 개다. 두 가지 종자를 함께 심는 것이 좋다. 못가에 은행나무를 심어야 열매가 잘 달린다. 물에 비치는 자신의 그림자와 혼인하여 종자를 맺기 때문이다. 수나무에 열매를 맺게 하려면 줄기에 구멍을 파고 암나무 가지를 꽂아 주면 열매를 잘 맺는다.

현대 과학으로 보면 둥근 것이든 모난 것이든 암수 구분에는 아무런 관련이 없다. 이처럼 약간은 황당하다는 생각이 들기도 하지만 접붙이기 방법 등은 현재에도 시행하고 있는 일이다. 또 열매를 과식하면 소화기를 해치게 되고 중독성이 있으므로 조심하라는 구절도 보인다.

은행나무는 예로부터 공자를 모시는 문묘에 널리 심었다. 그래서 중국에서는 문묘가 있는 곳을 행단杏壇이라 부른다. 우리나라에서도 성균관의 문묘 앞에 큰 은행나무가 서 있다. 행단은 학문을 수행하는 곳으로 서원의 상징이다. 공자가 은행나무 아래에서 제자들에게 학문을 강학했기 때문이다. 오늘날 성균관의 상징인 은행나무를 학문의 표상으로 여기고 있는 것도 이 때문이다. 성균관대학의 상징 마크 역시 은행잎이다. 은행잎은 중국의 베이징대학과 일본의 오사카대학의 상징이기도 하다. 또한 전국의 시도 광역자치단체나 기존 자치단체를 상징하는 나무로 은행나무를 지정한 곳도 여러 군데이다. 서울특별시를 상징하는 나무도 은행나무이고 일본의 도쿄도 은행나무를 상징으로 삼고 있다.

사실 은행나무는 보이는 외형과 달리 씨를 둘러싼 과육이 고약한 냄새를 지니고 있어 관리하기가 힘든 면도 있다. 손으로 만지면 알레르기 반응을 일으키기도 한다. 은행의 냄새는 화장실 냄새와 비슷하므로 발로 밟기만 해도 오래도록 남는다. 만약 은행 열매를 밟은 사람이 사무실로 들어오기라도 하면 온통 분뇨 냄새가 나게 마련이다. 따라서 길을 걸을 때는 은행 열매를 밟지 않아야 한다. 그럼에도 미국에서는 은행나무를 공원용수나 가로수로 많이 심는다. 다만 은행나무에서 암나무를 제거하고 수나무만 심기 때문에 열매가 떨어지지 않는다. 도시 미관을 해치는 은행의 피해를 줄일 수 있는 방법 중 하나인 셈이다.

우리도 가로수로 은행나무를 심을 때는 수나무만 선택적으로 심어야 한다. 그러자면 종자를 뿌려 묘목을 길러 내고 그 묘목에 수나무를 접목하여 규격화해야 한다. 또 하나의 방법이라면 수나무에서 가지를 잘라 내 삽목으로 대량 생산하면 된다. 여기서 문제가 되는 것은 반드시 나무의 맨 꼭대기 쪽 가지를 잘라야 한다는 것이다. 옆 가지를 잘라 삽수로 쓰거나 접수로 쓰면 줄기가 자라면서 옆으로 구부러지게 된다. 그러면 수형이 곧추 자라지 않고 옆으로 비스듬히 자라기 때문에 여간 골치가 아픈 것이 아니다. 또 한 가지 알아두어야 할 것은 길에 떨어진 은행 열매는 주워도 처벌받지 않지만 나무에 달린 열매를 따면 공공 기물 절도죄에 해당된다는 점이다. 은행 몇 개로 죄인이 될 수도 있는 셈이다.

사실 한국 요리에서는 은행이 들어가야 맛이 살아나는 음식이 한둘이 아니다. 신선로에도 은행이 들어가고 불고기에도 은행이 들어가야 제격이다. 은행을 요리할 때는 단단한 껍질을 깨고 기름이 없는 프라이팬에 살짝 구워 수건으로 비비면 속껍질이 잘 벗겨진다. 은행은 떡이나 과자 같은 요리에도 들어간다. 꼬치구이도 은행을 같이 꿰어 구워야 고기의 맛이 살아난다. 잣과 은행이 차지하는 요리는 이 밖에도 많다. 은행단자, 은행정과의 맛도 일품이다. 공자에게 제사를 올리는 문묘의 석존대례에도 은행을 올렸다. 오곡백과 중에서도 은행이 귀했기 때문이다.

옛날에는 은행이 귀족의 음식이어서 예사 음식에는 쓰이지도 못했지만 오늘날에는 관광지마다 가을이면 은행을 주워 간식으로 팔고 있다. 연두색 은행을 구우면 확실히 쫄깃쫄깃하면서도 고소하다. 그러나 독성이 있다는 사실을 알아야 한다. 많이 먹으면 코피를 쏟고 심하면 졸도하는 것으로 알려져 있다. 은행은 굽거나 익혀 먹어도 독성이 없어지지 않는다. 성인은 하루에 3회 3알씩 먹는 정도가 적당하다. 물론 중독량은 사람마다 다르겠지만 어쨌든 50알 이상은 먹지 않는 것이 좋다. 특히 어린이나 노약자는 중독 위험이 더 높다. 독성을 줄이려면 기름에 볶아 먹는 것이 좋다. 이렇게 하면 독성이 많이 제거된다. 특히나 가로수로 심은 은행나무에서 열매를 따 식용 또는 약용으로 삼는 것은 좋지 않다. 온갖 공해로 찌든 열매를 먹는다는 것은 생각만 해도 찜찜하다. 반드시 청정한 시골의 농장이나 밭둑에서 딴 은행을 먹어야 한다. 은행나무는 카드뮴 흡수율이 높은 나무이며 공해에 강한 수종이기 때문에 어떤 이유에서든 가로수에서 딴 열매는 식용으로 삼지 말아야 한다.

은행나무는 암나무라고 해도 한 그루만 심으면 열매가 잘 달리지 않는다는 말이 있다. 이것은 잘못된 말이다. 은행나무의 수꽃에서 날리는 미세한 꽃가루는 공기 중에 섞여 하늘을 날아다니는데 수백 킬로미터를 떠다니기도 하고 대기 중에서 대륙 간을 이동하기도 한다. 이렇게 해도 쉽게 말라 죽는 일이 없다. 암나무와 수나무가 인근에 없다고 해서 꽃가루가 없지는 않다. 어디든 공기 중에 떠다니기 때문에 얼마든지 은행나무 암꽃에 묻을 수 있다.

한방에서는 은행나무를 중요한 약재로 사용한다. 은행의 생약명은 백과白果 혹은 백엽百葉으로 몸 안에 쌓인 독을 풀어 주고 혈압을 내리는 데에 사용해 왔다. 은행의 주성분은 전분과 단백질이고, 약간의 지방과 당분을 포함하고 있다. 또 펙틴, 히스티딘이 들어 있는 것으로 확인되었다. 이러한 중요 성분은 오래된 기침을 해소시키고 가래를 삭여 준다. 폐결핵 환자가 날마다 은행을 5~7개씩 먹으면 호흡 기관을 강화시키고 결핵균의 활동을 억제시킨다는 연구 결과도 있다. 은행보다 약효가 뛰어난 것은 잎이다. 은행잎은 기관지와 폐를 튼튼히 하고 가래와 천식에 잘 듣는다고 알려져 왔다. 또 설사, 백태, 버즘 등에 널리 써 왔다. 오늘날에는 은행잎에서 진코민이라는 성분을 뽑아내 혈전 용해제로 쓴다. 말초신경 순환 장애 개선, 기억력 회복, 고혈압 강하제 등을 만드는 데도 사용된다. 특히 실험 결과에 따르면 혈액 순환이 잘 안 되는 노인성 질환에 좋은 효과가 있는 것으로 나타났다. 은행나무야말로 현대인의 노인성 질환을 해결해 줄 수 있는 좋은 약재인 셈이다.

약제로 쓰이는 은행잎 중에서 한국산 은행잎은 약효가 높은 것으로 정평이 나 있다. 우리나라에서 생산한 은행잎에는 진코민 성분이 중국산이나 일본산보다 20배에서 100배 정도 더 높은 것으로 알려져 있다. 그러다 보니 한때는 은행잎을 독일로 수출하기도 했으나 요즈음은 값싼 중국산에 밀려 점차 쇠퇴의 길을 걷고 있는 추세다. 은행잎의 이러한 효능은 사실 오래전부터 알려져 있어서 방충제로 써 오기도 했다. 말린 은행잎을 책갈피에 끼워 놓으면 좀도 잘 슬지 않는다.

은행잎뿐만 아니라 은행에도 플라보노이드라는 물질이 들어 있어 살

은행나무 열매

은행나무 씨

중국에서 온 살아 있는 화석 식물

· 37 ·

균, 살충 효과가 뛰어나다고 한다. 은행나무에 해충이 별로 없는 것도 이런 이유 때문이다. 또 갖가지 미생물의 번식을 억제시키고 곰팡이나 바이러스의 감염을 저하시키는 것으로 알려져 있다.

은행나무 노거수가 심어져 있는 문묘는 조선 태조 7년에 건립되었다. 그중에서 명륜당은 선조 39년에 완공되었다. 문묘의 은행나무는 큰 화재를 당한 흔적이 남아 있다. 아마 임진왜란이 일어나서 도성이 불탔을 때 이곳 문묘도 큰 화재를 당했을 것이다. 다른 나무라면 말라 죽었겠지만 방화목인 은행나무는 큰 화재를 거뜬히 견디고 지금까지 살아남았다. 참으로 대견한 나무가 아닐 수 없다. 문묘를 건립할 당시에 은행나무를 심었다고 하면 나이가 대략 6백 살이 넘는 셈이다. 그동안 여러 차례 전란도 있었는데 고비를 잘 넘겨 이처럼 당당한 거목으로 자랐으니 기특하다고 해야 할까. 문묘의 은행나무는 학문과 관계 있는 귀한 나무이므로 당연히 보호해야 한다. 더구나 옛 학문의 전당인 성균관 터에 있으니 그 의미가 더욱 특별하다. 앞으로도 문묘의 은행나무는 지금껏 그래왔던 것처럼 수백 년은 더 거뜬히 견딜 것이다.

사랑채 뒤뜰에 심는 선비목

    신촌 봉원사는 한국 불교 음악 범패에 관한 모든 기능을 간직하고 있는 무형문화재 보유 사찰이다. 또 불교 회화 제작 기능도 함께 보유하고 있는 태고종 종단 소속 사찰이다. 봉원사의 5천 불전을 왼쪽에 두고 오른쪽에는 대웅전이 있다. 그사이 등산로 초입에 참죽나무 고목 한 그루가 우뚝 서 있다. 나무의 높이는 20미터 정도이고 밑에서 외줄기로 자라 6~7미터 높이에서 두 갈래로 갈라졌다. 가지가 갈라지기 전까지는 대나무처럼 옹이 하나 없이 미끈하게 자라 하늘을 받치고 서 있다.

    줄기는 껍질이 거칠게 갈라졌고 일부는 벗겨진 채 붙어 있어 고태미를 풍긴다. 이 나무는 거인의 모습으로 당당하게 땅을 박차고 솟아올랐다. 서 있는 공간이 길가 비탈진 곳이지만 기골이 장대하다. 줄기가 곧다는 것은 그만큼 목재 활용도가 높다는 뜻이다. 보통 목재는 뿌리 쪽 바로 밑에서 첫 번째 가지가 갈라지는 부위까지만 쓸 수 있다. 물론 굵은 나무라면 가지까지도 쓸 수 있을 것이다. 그래서 가지가 갈라지지 않고 곧게 자라는 나무가 좋은 목재감이 된다. 그런 면에서 보면 봉원사 참죽나무는 유전 자원으로서의 가치 또한 높은 나무인 셈이다. 이러한 곧게 자라는 형질의 나무는 잘 보호하고 여기에 달리는 종자를 채취하여 묘목을 생산해야 한다. 더구나 봉원사의 참죽나무는 환경에 적응하는 힘이 강한 편이다. 서울의 추위에 잘 적응한 나무이므로 내한성에 있어서도 다른 나무에 비해 뛰어나다고 할 수 있다. 여기서 채종한 종자를 밭에 뿌려 묘목을 길러 내면 추운 지방에서도 어느 정도 견딜 수 있다.

참죽나무는 사람을 위해 자라는 나무가 아닌가 한다. 봄에 피어오르는 새잎은 연한 자줏빛으로 영롱한 꽃처럼 아름답다. 원산지에서는 이 나무가 오래 사는 수목으로 알려져 있다. 사람들은 이 나무의 이름을 따 축수의 뜻으로 다른 사람의 아버지를 존칭할 때 춘부장椿府丈, 또는 춘당椿堂이라 한다. 남의 아버지를 높여 부르는 말이 춘당 또는 춘부장이 된 이유는 사랑채 뒤뜰에 이 나무를 심기 때문이다. 시성詩聖 두보는 그의 시에서 다음과 같이 말했다.

아무쪼록 아버님이 오래 살기를 바라는 뜻은　　日求椿壽永
하늘이 무너질 것 같은 슬픔을 염려하기 때문　　莫慮杞天崩

이때의 '춘椿'은 참나무 춘 자가 아니고 일본인이 쓰는 동백나무 춘 자도 아니다. 바로 참죽나무 춘 자를 말한다. 일본인은 이 춘椿을 동백나

무라고 알고 있다. 그러나 춘椿 자는 일본
에서만 동백나무를 일컫는 글자이지 같은
한자 문화권인 우리나라와 중국, 대만에서
는 참죽나무를 뜻한다.

알렉상드르 뒤마 피스의 소설 『동백꽃
여인La Dame aux Camelias』을 주세페 베르
디가 오페라로 작곡한 「라 트라비아타La
Traviata」는 우리나라에서도 '춘희椿姬'라는
이름으로 여러 번 공연한 적이 있다. 「라 트

참죽나무 꽃

라비아타」는 늘 동백꽃을 가슴에 꽂고 거리로 나와 손님을 유혹하는 창
녀 비올레타와 젊은 귀족 알프레도와의 사랑 이야기이다. '동백꽃 부인'
이라고 번역한다면 '춘희椿姬'라는 말은 맞지 않는다. '춘椿'은 동백나무
가 아니고 참죽나무이기 때문이다. 따라서 오페라 '춘희椿姬'는 '동백 아
가씨' 또는 '동백꽃 여인'이라고 번역해야 마땅하다. '춘희椿姬'라고 하면
참죽나무 아가씨가 되기 때문이다. 일부 음악인들이 일본 말을 아무 생
각 없이 수입하여 쓴 말이 굳어지면서 아직도 춘희라고 하는 것은 부끄
러운 일이다.

성현은 『용재총화慵齋叢話』에서 이렇게 썼다.

나의 외숙 안공安公은 부처夫妻 모두 나이 70세였다. 그의 아들이 부
모의 방을 수춘당壽椿堂이라고 이름 지었다. 그 집 동자에게 "네가 글壽椿

堂記을 지을 수 있겠느냐?"고 물었다. 그 자리에서 붓을 잡고 쓰기를 '참죽나무는 나무 중에서 오래 사는 것, 부모가 참죽나무처럼 장수하기를 효자와 어진 사람이 기원하네 椿者樹之樹者也 父母之壽如椿之壽者 孝子仁人之所欲也'라고 했다. 여러 사람들이 무릎을 치며 탄복했다.

이 글에서 보듯 어린이의 재주도 재주려니와 참죽나무는 부모의 장수를 기원하는 뜻을 담고 있다는 것을 알게 된다. 줄기가 구부러지지 않고 언제나 꼿꼿이 선 나무의 자태에서 건장한 젊음을 본 것 같다.

참죽나무는 멀구슬나무과에 속하는 낙엽교목으로 높이가 약 30미터까지 자란다. 나무껍질은 흑갈색이고 거칠게 갈라지며 세로로 벗겨지기도 한다. 묵은 가지는 자줏빛을 띤 짙은 갈색이지만 어린 가지는 회갈색으로 털이 있다가 점차 없어진다. 잎은 깃털 모양의 겹잎으로 어긋 달리고 길이 60센티미터 정도로 긴 편이다. 소엽은 피침형 또는 긴 타원형이며 10~20장이 서로 맞붙고 길이 8~15센티미터이다. 잎 표면에는 털이 없지만 뒷면의 맥 위에는 잔털이 나 있다. 소엽의 가장자리는 밋밋하거나 작은 톱니가 있는 것도 있다. 6월에 종 모양의 작은 꽃이 원추로 꽃차례를 이루며 밑으로 처진다. 뿌리의 껍질은 수렴제나 지사제로 쓴다. 참죽나무 열매는 짧은 꽃자루를 가지고 있고 하나씩 떨어져 있으며, 양끝이 뾰족하고 가운데가 볼록한 대추씨 모양이다. 꼬투리가 익으면 끝에서 껍질이 갈라져 벌어진다.

꼬투리는 긴 계란형이고 길이 2.5센티미터로 5개로 갈라진다. 10월에 꼬투리가 익어 벌어지면 양쪽에 날개를 가진 씨가 바람을 타고 날아가 사방으로 흩어진다. 채종하기 위해서는 꼬투리가 벌어지기 전에 거두었다가 볕에 말린다. 볕을 좋아하는 양수이며 비옥하고 토심이 깊은 곳에 심는 것이 좋다.

참죽나무와 비슷한 나무로 중국에서 유입되어 귀화식물로 정착한 가죽나무가 있다. 언뜻 보기에는 참죽나무와 비슷하지만 전혀 다른 수종이다. 가죽나무는 소태나무과에 속한다. 이들 두 수종을 구분한다면 가죽나무는 소엽이 홀수로 붙고 아래 부분이 크게 갈라져 있으며 여기에 사마귀 같은 돌기가 하나씩 있다. 이것은 벌레가 기생하여 식물 조직이 비정상적으로 비대해진 것이다. 그에 비해 참죽나무 잎에는 돌기가 없다. 참죽나무는 잎을 만지면 구수한 향기가 나는데 비해 가죽나무는 독하고 역한 냄새가 난다. 참죽나무는 주맥에서 뻗은 측맥이 마주보고 있지만 가죽나무는 측맥이 서로 엇갈려 있다.

지방에 따라서 참죽나무를 가죽나무로, 가죽나무를 개가죽나무로 부르기도 한다. 경상도 지방에서는 참죽나무라는 말을 쓰지 않고 가죽나무 또는 가중나무라고 부른다. 또 참죽나무를 참중나무로, 가죽나무를 가중나무로 부르기도 한다. 참죽나무를 이르는 한자 이름은 여러 가지이다. 춘아수椿芽樹, 춘수椿樹, 홍춘紅椿, 향저목香樗木, 진승목眞僧木이라 한다. 비슷한 가죽나무는 가승목假僧木, 취춘수臭椿樹, 산춘수山椿樹, 마춘馬椿, 악목惡木, 백춘白椿이라고 한다.

참죽나무는 잎에서 독특한 향기가 있기 때문에 향춘香椿 또는 저

참죽나무 싹

향樗香이라 불리기도 하는데 저향의 '저樗' 자는 가죽나무를 말한다. 참죽나무와 가죽나무가 서로 비슷하여 함께 부르는 수가 많아 빚어진 일이다. 실제 『본초강목』에서는 춘향과 저향을 구분하지 않고 모두 약으로 쓰는 것으로 적혀 있다. 1766년에 의관醫官이었던 유중림이 『산림경제』를 증보하여 엮은 『증보산림경제增補山林經濟』에도 참죽나무와 가죽나무를 '저樗 춤죽나모'라 하여 구분하지 않았다.

참죽나무는 10월에 채종한 것을 젖은 모래와 섞어 노천 매장하였다가 이듬해 봄에 상자에 뿌린다. 어린 묘가 10센티미터 정도 자랐을 때 뽑아 직근을 자르고 본밭에 심는다. 이렇게 하면 실뿌리가 잘 발달하여 이식성이 좋아진다. 녹지삽綠枝揷이 좋고 숙지삽熟枝揷은 발근율이 낮다. 가장 좋은 방법은 뿌리꽂이다. 손가락 정도의 뿌리를 15~20센티미터로 잘라 비스듬히 꽂아 두면 싹이 돋는다. 큰 나무 밑에서 자라는 어린 줄기를 포기 나누기 해도 잘 산다.

경상북도농업기술원 원예경영연구과 신용섭 박사 팀은 참죽나무 3년생 묘목을 2월 말에 무가온 비닐하우스에 심었더니 17일 후에 싹이 돋았고 한 달 후부터 순을 딸 수 있었다고 한다. 노지에서 재배하는 참죽나무보다 한 달 정도 앞당길 수 있어 소득이 높은 작물이 될 것으로 내다보고 있다. 하우스 비가림 재배는 따로 가온하지 않고 재배하며 적당한 토양 수분과 온도가 섭씨 40도 이상 올라가지 않도록 조절하면 수확이 가능하다고 밝혔다. 앞으로는 참죽나무 순을 한 달이나 앞서 맛볼 수 있게 되었다.

참죽나무는 큰 나무의 상징으로 여긴다. 『장자』에는 "옛날 참죽나무 거목이 있었는데 봄을 팔천 번, 가을을 팔천 번이나 맞이했다"고 적었다. 결국 팔천 년을 살았다는 말인데 과장을 좋아하는 중국인이지만 너무 심한 것 같다. 그만큼 오래 사는 큰 나무라는 뜻이다.

우리나라에서는 주로 충청도 이남 지역의 따뜻한 곳을 좋아하여 기호 지방에서는 큰 나무를 보기가 쉽지 않다. 서울 지방에서 참죽나무를 심으면 어릴 때 줄기가 잘 자라다가 겨울이면 가지 끝이 동해를 입기 쉽다. 그래서 해마다 되풀이 되면서 성장이 늦어지니까 순을 따기도 어렵다.

옛 선비들은 봄이면 참죽나무 순을 꺾어 채반에 담아 놓고 벗을 불러 시회詩會를 열었다. 마침 복사꽃이 피고 매향이 뜰에 가득한 때라 참죽나무 순은 맑은 송순주松筍酒나 연엽주蓮葉酒의 좋은 안주가 되었을 것이다. 참죽나무 순은 독특한 향기를 지니고 있다. 처음 먹어 본 사람은 그 냄새를 싫어하기도 하지만 한번 맛을 들이면 참죽나무 순이 돋아나는 봄을 잊지 못한다. 참죽나무 순은 춘엽채椿葉菜라 하여 옛 선비들이 무척이나 좋아했던 나물이다. 참죽나무 순은 여러 가지 반찬으로도 만들 수 있다. 갑자기 손님이라도 찾아왔을 때 참죽나무 순을 간장에

절이고 전을 부치면 간단한 반찬이 되었다. 참죽나무 잎을 따 죽을 끓이면 향기가 있어 노인도 좋아한다. 또한 참죽나무 순을 데쳐 찬물에 헹구고 꼬챙이에 꿴 다음 소금과 참기름, 깨소금을 뿌려 달걀을 씌워 지져 낸 전을 춘엽적椿葉炙이라 하여 봄철의 맛 중에서 으뜸으로 여겼다. 참죽나무 순은 날로 쌈으로 먹기도 한다. 조금 센 것은 날된장에 박아 두면 향기로운 장아찌가 된다. 초간장에 절여 저장 식품으로 먹기도 한다. 참죽나무 요리 중에서 백미는 참죽튀각이다. 참죽나무 순에 된 찹쌀풀을 발라 깨를 뿌려 볕에 말린다. 이것을 기름에 튀겨 낸 것이 바로 참죽튀각이다. 절에서 스님들이 즐겨 먹는 선식이다.

참죽나무의 어린 순은 생으로 먹으면 겨우내 잃었던 미각을 돋운다고 알려져 있다. 두릅과 함께 봄철에 먹는 대표적인 먹을거리로 비타민 B, C가 많이 들어 있어 생리 활성을 돕고 노화 방지에 효과가 있는 것으로 알려져 있다. 또 참죽나무 순에는 암세포 증식을 억제하는 플라보놀 글리코시드가 들어 있고, 심장 질환을 예방하는 효과가 있는 플라보노이드, 출혈 예방 치료제인 케르세틴과 루틴 등이 풍부한 것으로 알려져 있다.

참죽나무에는 다음과 같은 이야기도 전해진다. 어떤 사람이 절에서 참죽나무 순을 나물로 먹고 너무 맛이 있어 집에 돌아가 가족에게 이 나무를 말하려는데 그만 이름을 잊어버렸다고 한다. 그래서 중이 먹는 나무라 하여 중나무라 했던 것이 사람들의 입을 통해 알려지게 되었다는 것이다. 한데 이 나무와 비슷한 가죽나무가 있어 나중에는 진짜 중나무라는 뜻으로 참중나무라고 불렀다는 것이다. 사실 참죽나무는 양반 나무로 알려져 있다. 울타리에 심으면 남의 집으로 뿌리를 뻗지 않고 또 그 땅에서는 어린 줄기가 돋아나지 않는다. 예절을 잘 지키는 나무인 셈이다. 중부 이남 지역에서는 지금도 집집마다 참죽나무를 심고 가꾼다.

최자는『보한집補閑集』에서 문정공의 시를 인용하면서 다음과 같이 적기도 했다.

> 누가 반부般斧를 일대의 영웅이라 했는가
> 신령스런 참죽나무 재목 중에 홀로 우뚝하네

이 시를 보면 참죽나무가 귀한 목재로 쓰였음을 알 수 있다. 요즈음은 참죽나무 목재로 수석의 좌대를 깎은 것을 최고로 꼽는다. 그만큼 결이 아름답고 색이 좋으며 향기가 나기 때문이다. 더구나 동양의 회화 작품은 참죽나무 목재로 표구를 해야 그 작품에 격이 맞는다고 하여 병풍을 만드는 데에 이 나무를 애용했다. 액자를 만들고 서류함이나 보석함 같은 고급 가구를 짜는 데에도 사용된다. 또한 누에를 칠 수 있어서 비단을 짤 수도 있다. 한마디로 버릴 것이 하나도 없는 최고급 수종이다.

참죽나무가 자라는 봉원사 경내에는 여러 그루의 느티나무 거목이 현재 서울시 보호수로 지정되어 있다. 게다가 거대한 줄기의 단풍나무며 목련나무, 뽕나무도 자란다. 이러한 거목들이 자랄 수 있었던 것은 봉원사가 유서 깊은 사찰이면서 도심에서 벗어나 있어 한적하고, 수행하는 스님들이 주변의 숲을 잘 보호했기 때문이다.

봉원사의 참죽나무는 예사 나무가 아니다. 중부 이남 지방에서나 자라는 참죽나무를 추운 서울 지방에서 이토록 거목으로 자랄 수 있도록 한 것은 놀라운 일이다. 이러한 노거수야말로 앞으로도 충분히 살아가도록 보호해야 할 생명 문화재이다. 봉원사의 참죽나무도 앞으로 수십 년 아니 그 이상 살아갈 수 있도록 보호 대책을 서둘러야 한다. 나무는 싱싱하고 건강할 때 보호 대책을 마련해야 효과가 있다.

옛 선비들의 탐매 여행

봄날 창경궁 홍화문을 들어서면 맨 먼저 화사한 꽃이 구름처럼 피어 오른 광경에 놀란다. 해마다 봄이면 매화나무, 자두나무, 앵두나무, 명자나무 등에서 꽃이 피어 방문객을 맞이한다. 옥천교를 건너기도 전에 금천禁川 가장자리에 꽃구름을 이룬 매화가 향기를 퍼뜨려 정신을 혼미하게 한다. 꿈의 꽃 터널을 지나면 명정전에 이르게 된다. 궁궐의 정전은 판석으로 포장했기 때문에 나무를 심을 공간이 부족하다. 그래서 금천 가장자리를 효율적으로 이용하여 화목류를 심은 듯하다. 봄이면 꽃이 피고 여름의 과일 또한 얼마나 탐스러운가. 이곳에 심은 과목들은 모두 여름 과일이다. 자두, 매실, 살구, 앵두 같은 여름 과일은 보는 것만으로도 풍요를 느낄 수 있다. 해마다 많은 열매가 달리는 것을 보면서 임금도 그해의 풍년을 점쳤을 것이다.

매화는 다섯 장의 순결한 백색 꽃잎을 가진 아름다운 꽃이다. 그 모습이 애처롭고 은은한 향기를 지녔다. 그러나 꽃이 피면 오래도록 매달려 있지 못해 아쉬운 감이 있다. 미인박명이라 했던가. 매화 또한 덧없이 피었다가 지고 마는 것이 미인의 모습 같다고 하여 옛 시가에서는 곧잘 미인에 비유되곤 한다.

절개의 상징인 매화와 댓잎을 비녀에 새긴 것이 매화잠梅花簪이다. 일부종사의 미덕을 언제나 마음속으로 다짐한다는 뜻에서 과거에 여자들은 머리에 이것을 꽂았다. 축일에 부녀자가 머리에 매화를 장식梅花粧하는 것도 그 때문이다. 봄소식을 뜻하는 매신梅信은 긴 겨울을 보내고 꽃이 피듯 시련기를 이겨 낸 끝에 좋은 소식이 있음을 암시한다.

매화는 찬 서리를 이겨 내는 강인한 성정이 고난과 역경을 극복해 가는 선비의 의연한 자세와 닮았다 하여 군자의 꽃으로 추앙받는다. 외세의 억압에도 굽히지 않고 불의에 물들지 않으며 오히려 맑은 향을 주위에 퍼뜨리는 모습에서 선비의 기질을 발견한 것이다. 그래서였을까. 겨울에도 푸름을 잃지 않는 소나무와 대나무, 그리고 매화를 세한삼우歲寒三友라 하여 시인 묵객들이 작품 소재로 즐겨 다루었다.

매화는 가장 일찍 봄을 알리는 꽃이다. 끊임없는 정진과 고행의 수도 생활로 마음을 단련했지만 도를 이룰 수 없었던 송대의 어느 비구니 스님이 어느 날 매화를 통해 깨달음을 얻고 그때의 환희를 다음과 같은 한 편의 매화 시로 남기기도 했다.

종일토록 봄을 찾아 헤매었으나 볼 수 없었네 終日尋春不見春

창경궁의 매화나무

짚신 발로 산정에 올라 구름까지 찾아보았지 芒靴踏破嶺頭雲

돌아오니 언뜻 코끝을 스치는 매화 향기 歸來偶把梅花臭

봄은 어느새 찾아와 가지에 앉아 있었네 春在枝上已十分

　매화는 충절을 상징하며 선비의 기개와 의지를 나타낸다. 역사적으로
많은 명현들이 매화로 호를 삼았다. 사육신의 한 사람인 성삼문은 호를
매죽헌梅竹軒이라 하여 단종에 대한 충성심을 설중매雪中梅와 절개의 상
징인 대나무로 삼았다. 효종 때의 어영대장으로 북벌을 계획했던 이완
장군도 성삼문과 같은 매죽헌이란 호를 썼다. 매월당梅月堂 김시습이나
중종 때의 명필 매학정梅鶴亭 황기로, 우국열사였던 매천梅泉 황현 등도
모두 매화를 자신의 호로 사용했다. 고려 때 문하시중을 지낸 청백리
염제신의 호 역시 매화가 들어 있는 매헌梅軒이었으며, 윤봉길 의사와
임진왜란 때의 명장 이문범 장군의 호도 역시 매헌이다. 충절을 최고의
가치로 생각하고 오로지 국가와 민족을 위해 목숨까지 버릴 수 있었던
위인들은 이만큼 매화를 사랑했던 것이다. 여성들 중에서도 매화를 호
로 삼은 사람들이 많다. 조선조의 여류 시인 매창梅窓이 있는가 하면 춘
향전의 은퇴 기생 월매月梅는 보름달처럼 친근한 이름이다.
　다산 정약용 선생도 매화를 좋아해서 여러 편의 매화 시를 남겼다.
그가 매화를 품평한 글을 보면 "겹꽃이 홑꽃보다 못하고 붉은 꽃이 흰
꽃만 못하다. 백매白梅 중에서 꽃이 크고 거꾸로 피는 것을 골라 심는 것
이 좋다"고 했다.

백매   홍매

　매화에 얽힌 이야기 중에서 강남일지춘江南一枝春이란 고사로 유명한 육개와 범엽의 친교도 빠질 수 없다. 두 사람은 아름다운 꽃 한 가지를 보고 벗을 생각하는 멋스러운 우정을 나눈 것으로 유명하다. 육개는 멀고도 먼 강남에서 매화 한 다발에 우정을 담아서 친구에게 보냈다. 그 꽃이 가는 도중 시든다는 것은 문제가 되지 않는다. 범엽이 꽃을 받을 때쯤이면 이미 여름이 되어 있을지도 모르지만 그사이 두 사람의 우정은 마른 가지처럼 단단해져 있었을 것이다.

　　매화 가지를 꺾다가 마침 인편을 만났소　折梅逢驛使

　　한 다발 묶어 그대에게 보내오　寄與隴頭人

　　강남에서는 가진 것이 없어　江南無所有

　　가지에 봄을 실어 보내오　聊贈一枝春

옛 선비들의 탐매 여행

이 시구는 지금도 친구를 생각할 때면 널리 인용하는 명구이다.

전통적으로 매화는 달을 상징한다. 회화에서는 차가운 겨울의 보름달을 배경으로 꿋꿋하게 선 매화를 격조 높은 소재로 친다. 수많은 명작들이 둥근 보름달과 함께 설중매를 그렸다. 매화가 여인과 밤을 상징하고 신하를 뜻한다면 소나무는 낮이고 남성적이며 군왕을 상징한다. 그래서 정전의 집무실 뒤에 그린 「일월오악도日月五嶽圖」에는 붉은 소나무가 그려져 있다. 매화가 달과 같이 배치되는 데 비해 소나무는 붉은 해와 같이 그리는 것이 보통이다. 대체로 소나무와 매화는 함께 배치하지 않는다. 대나무는 소나무와 함께 그리는 반면 매화를 소나무와 같은 자리에 두지 않는 이유는 소나무로 상징되는 군왕과 매화로 상징되는 신하를 동격으로 할 수 없다는 생각이 지배적이었기 때문이다. 그에 비해 대나무는 곧잘 매화와도 함께 그려서 절개와 충절의 이미지를 강화시켰다. 조선조 중기 이후로 오면서 사람들은 「세한삼우도歲寒三友圖」를 즐겨 그렸는데 여기서 보이는 소재가 바로 송죽매松竹梅이다.

경복궁 자경전 담장에는 도제陶製로 부조된 늙은 매화와 보름달을 표현한 「월매도月梅圖」가 있다. 붉은색으로 구운 도제 줄기에 붉은 매화와 봉오리를 조각조각 붙여 모자이크 식으로 나타냈는데, 바탕은 모래와 황토, 회를 섞어 발라서 밝고, 검붉은 가지와 황색 보름달이 어우러진 걸작이다.

현존하는 한국 최고의 매화 그림은 고려 태조 왕건능王建陵의 벽화이다. 매화와 함께 대나무, 소나무를 섞어 그린 이 벽화는 당시에 이미 매화를 가꾸는 일이 상당히 성행했다는 것을 말해 준다. 고려시대 초기에 이미 승려들이나 일부 귀족들 사이에서 매화를 심고 가꾸던 원예 기술이 일반에게도 널리 퍼지게 되었다. 이것은 중국의 영향을 많이 받았기 때문으로 여겨진다.

낙화의 아름다움을 즐기기 위해 정원에 심는 꽃나무에는 여러 종류가 있다. 살구나무, 복사나무, 자두나무, 벚나무는 화사한 꽃도 좋지만 떨어지는 꽃잎이 유난히 아름다운 나무다. 그중에서도 매화의 낙화야말로 옛 문장가라면 누구든 한두 편의 시를 남겼을 정도로 중요한 작품 소재였다. 봄날 지면을 가득 덮은 새하얀 꽃잎은 눈처럼 맑고 깨끗하다. 낙화의 순결을 범할 수 없었던 어느 스님은 공작 깃털로 꽃잎을 쓸어 좁은 길을 내었다고 하는데 하물며 속인이 어찌 꽃잎을 밟고 지날 수 있었을까.

매실이 노랗게 익을 때쯤 내리는 비를 매우梅雨라 한다. 음력 6월은 강남에 장마가 시작되는 매우기梅雨期이다. 초여름을 매하梅夏라 하는 것도 그 때문이다. 매우는 폭우로 내리기보다 부슬부슬 여러 날 계속된다. 이때 내리는 비는 여름 과일인 매실과 살구를 살찌우는 생명의 물방울이다. 이슬비처럼 너무 적게 내려도 안 되고 그렇다고 소낙비처럼 너무 지나치게 내려서도 안 된다. 대지를 촉촉이 적시는 생명의 빗줄기가 되어야 한다.

송나라의 전설적인 인물인 임포는 항주 서호의 고산에 살면서 매화를 즐겼다. 그는 자작시 「산원소매山園小梅」에서 이렇게 읊었다.

맑은 물에 그림자 비스듬히 드리우고 　疎影橫斜水淸淺

은은한 향기 따라 달빛마저 흔들리네 　暗香浮動月黃昏

또한 그는 "매는 내 처요, 학은 내 아들梅妻鶴子"이라고 말하기도 했다. 매화와 함께 평생을 혼자 살았던 그가 아니면 어찌 이처럼 아름다운 글귀가 나왔을까. 서호에서 그가 숨어 살았던 유적은 오가는 시인 묵객들의 순례 코스가 되고 있다. 늙은 매화 등걸이 에워싸고 있는 그의 묘 바로 아래쪽에는 아들인 학의 묘가 지금까지 남아 있다.

조선에서도 중국의 영향을 받아 「세한삼우도」나 사군자 속에서 매화가 확고한 자리를 차지하곤 했다. 특히 사군자 속의 매화가 봄을 상징하는 식물로 알려지면서 일생을 사계절로 축소시켜 생각하는 경향이 두드러졌다. 봄의 매화, 여름의 난초, 가을의 국화, 겨울의 대나무가 그것이다. 인생을 계절에 비유하면 봄은 소년기요, 여름은 청년기, 가을은 장년기이며, 겨울은 노년기에 해당된다고 할 수 있다. 우리 인생에서 희망의 상징인 봄만 계속된다면 무슨 걱정이 있을까. 8폭 병풍 그림에 어김없이 매화가 등장하는 것은 봄날처럼 희망에 가득 찬 나날이 계속되라는 축원의 뜻이 담겨 있다. 뿐만 아니라 매화는 긴 겨울을 이겨 내고 늙은 가지에서 새싹을 틔워 화사한 꽃을 피우기 때문에 회춘, 건강, 장수의 상징으로 굳어지게 되었다. 늙은 나무에 꽃이 피듯 다시 젊어지기를 바라는 마음이 반영된 결과이다.

매화나무는 온대성 낙엽수이다. 따라서 겨울이 긴 우리나라에서 눈

속에서 꽃을 피운다는 것은 어려운 일이다. 눈을 뒤집어 쓴 매화 사진이 있다면 그것은 봄철 꽃이 피었을 때 눈이 쌓였고 그 장면을 사진에 담았기 때문이다. 설중매니 한매寒梅니 하지만 사실은 중국 강남 지방에서 자라는 매화를 말한다. 위도상 남쪽에 위치한 저장 성, 장쑤 성 같은 곳은 겨울에도 난대 상록성 식물이 자랄 수 있는 지역이다.

매화를 재배하는 원예 기술은 예전부터 상당히 발전했던 것 같다. 『산림경제』에는 매화 꽃꽂이에 대해 자세히 기록해 두었다. "돼지고기 삶은 물을 식혀서 기름을 떠내고 다시 끓여서 병에 붓는다. 여기에 매화 가지를 꽂으면 매실이 잘 달린다. 붕어 삶은 물에 꽂아도 마찬가지다. 또 다른 방법으로는 소금을 병 속에 넣고 꽂으면 꽃잎이 일찍 벌어지고 꽃모양도 예쁘다. 그리고 매화는 미지근한 물에 꽂으면 오래 간다."

『임원십육지林園十六誌』는 이렇게 적고 있다. "오래된 구리 항아리는 높이가 두세 자나 되는 것도 있는데 별로 쓸데가 없을 것 같지만 겨울에 유황을 약간 넣고 매화 가지를 꽂으면 아주 운치가 있다." 다락방 구석에 굴러다니는 골동품 항아리도 어떤 꽃을 꽂느냐에 따라 훌륭한 화병이 된다는 주장이다.

매년 매화가 피는 봄이면 선비들의 탐매探梅 여행이 이루어졌다. 전통적인 탐매 여행은 당나라의 시인 맹호연으로부터 시작되었다고 알려져 있다. 그는 장안 동쪽의 깊은 산에 숨어 살면서 산속에 자생하는 매화나무에서 처음 꽃이 피는 나무를 발견하면 오래도록 그 자리를 떠나지 못했다고 한다. 그가 장안에서 파교灞橋를 건너 산으로 탐매를 떠났기 때문에 '파교심매濟橋尋梅'라는 고사까지 생겼다. 중국에는 산과 들에 매화가 자생하기 때문에 이처럼 야생 매화를 찾았지만 우리나라에서는 사찰이나 지방의 관아 또는 고택에서 자라는 매화를 감상했다. 매화를 찾아 떠나는 탐매 여행은 다른 말로 심매尋梅 또는 방매訪梅라 했고, 매화를 보고 즐기는 일은 관매觀梅, 또는 완매玩梅라 했다.

옛 선비들은 지방 어느 산골에 희귀한 매화가 있다는 소식을 들으면 아무리 먼 곳이라 해도 그 매화를 보기 위해 길을 떠났다. 말을 타고 종자를 거느린 채 떠나거나, 어떤 때는 기생을 동반하기도 했다. 그들은 매화나무 아래에서 시를 짓고 술 향기와 매화 향기에 취했으며, 춤과 노래가 있는 풍류를 즐겼다. 단순히 한 그루의 꽃을 위해 떠난 것이 아니라 매화 속에 깃들인 선비 정신을 받들고 마음의 때를 씻기 위해 온몸으로 매향을 들이켰던 것이다.

매화는 네 가지 고귀한 성품을 지니고 있다고 알려져 있다. 함부로 번성하지 않아 희소가치가 있으며, 어린 나무라 할지라도 가지가 옆으로 퍼져 고태가 있다. 줄기는 너무 비대하지 않고 날렵하며, 한꺼번에 활짝 피지 않고 반쯤 개화한 것이 헤프지 않다. 또한 빛깔이 짙은 홍매보다 흰빛의 백매를 더욱 격조 높은 것으로 여겼다. 그중에서도 꽃받침이 연한 녹색인 백매를 으뜸으로 쳤다. 흰색은 빛깔의 모태요, 모든 색을 포용한다. 같은 백매라 해도 꽃받침까지 흰색일 때는 나무 전체가 희게 보일 것이다.

전통적으로 동양에서는 모란을 화중지왕花中之王으로 받들며 꽃 중의 꽃으로 칭송했다. 그러나 너무 화려하다거나 지나친 호사는 선비의 기질에 맞지 않았다. 그래서 옛 선비들은 모란의 농염보다는 매화의 냉염 冷艶을, 모란의 이향異香보다는 매화의 암향暗香을 사랑했는지도 모른다.

경상남도 산청군 단성면 운리 지리산 아래에는 현존하는 우리나라 최고最古 최대수最大樹인 정당매政堂梅라는 늙은 매화나무 한 그루가 서 있다. 정당매는 고려 말 강회백이 심었다고 전해진다. 남부 지방에 늙은 매화나무가 살아 있는 것은 원래 매화가 중국의 강남 지방처럼 따뜻한 고장에서 자라는 식물이기 때문이다. 경상남도 산청 지방에는 정당매 말고도 또 한 그루의 고매가 지금도 살아 있다. 단성면 남사리에 있는 7백여 년 된 고매는 고려의 명현 원정공 하즙이 심은 나무이다. 32대째 살고 있는 하영주 씨의 분양고가汾陽古家의 뜰에 선 이 고매는 해마다 봄이면 연한 분홍색 겹꽃을 피워 봄을 알린다. 지리산 천황봉 아래, 산청군 시천면 사리의 산천재에도 고매가 있다. 이 정사精舍는 거유 남명 조식 선생이 61세 되던 신유년(1561년)에 지었다고 전해지는데 이 뜰에 당시 선생이 손수 심었다는 고매 한 그루가 지금도 맑은 향을 주위에 퍼뜨린다. 산천재 건립 당시에 심었다면 450여 년이나 되는 셈이다. 이 고매는 연한 분홍빛이 도는 반겹꽃이며 향기가 지극히 맑다.

매화나무는 귀족의 나무로, 또한 선비의 나무로 고고하게 살다가 죽어서는 왕명으로 다시 살아나기도 했다. 임금이 대신을 부르는 일을 선소宣召라 하고 왕명을 선포하는 일을 선명宣命이라 했는데, 이때 매화나무 목재에 옻칠을 한 오매패烏梅牌를 내려 왕명임을 증명했다. 위급할 때

고려 말 강회백이 심은 6백 년 된 정당매

는 밤중이라도 오매패를 주어 사람을 보내면 그 패를 본 대신이 서둘러 궁궐로 들어갔다.

매화의 열매인 매실은 술을 담가 마시거나 잼, 시럽, 주스 등으로 가공해 먹기도 한다. 미숙과를 간장이나 된장에 절이면 장아찌가 되고, 독에 저장하여 식초를 낸 것을 매장梅漿이라 하여 조미료로 썼다. 일본에서는 소금에 절일 때 소엽의 잎을 함께 넣는다. 이렇게 하면 소엽의 붉은 색소가 물들어 우메보시라는 매실 장아찌가 된다. 매실의 씨를 빼고 꿀에 졸이면 매실정과가 된다. 쫄깃쫄깃하면서 새콤달콤한 맛이 일품이다.

매실이 요리의 재료가 된 것은 이미 기원전부터이다. 『예기禮記』에는 음식에 곁들이는 여섯 가지 음료 중에 매실로 담근 식초인 의醷를 마신다고 했다. 또 복숭아나 매실 절인 것을 먹을 때는 소금에 찍어 먹는다는 기록이 보인다. 매화의 꽃봉오리도 좋은 식재료이다. 꽃봉오리를 모아 말렸다가 뜨거운 물에 우려낸 것이 바로 매화차이다. 매화차를 마시면 매향을 혀끝으로 맛볼 수 있다. 또 매화를 베주머니에 싸서 술 항아리에 넣었다가 꺼내어 마시는 술을 매화주라 했다.

원래 매화나무는 남쪽 지방에서 자라는 식물이라 추위에 약한 편이다. 그런 매화나무를 창경궁의 금천 가장자리 물가에 심은 것부터 예사롭지 않다. 그 이유는 대기 중의 습도가 높으면 그만큼 겨울의 추위에도 잘 견디기 때문이다. 지금 남아 있는 노거수가 적어 자세히는 알 수 없지만 예로부터 궁궐에는 매화나무를 많이 심었다. 이 외에도 소나무와 대나무 같은 수종 역시 선비의 나무인 까닭에 궁궐에서 즐겨 심고 가꾸어 왔다. 창덕궁 동궁전 옆에는 4백 년 된 홍매가 최근까지 살아 있었으나 지금은 죽고 그 자리에서 후계목이 하늘을 향해 키를 높이고 있는 중이다.

잎사귀에 글을 쓴 학문의 나무

경운동 운현궁에는 늙은 감나무 두 그루가 해마다 많은 감을 달아 가을을 더욱 풍요롭게 한다. 그중 큰 나무는 줄기가 한 아름이 넘고 외줄기로 자라 중간에서부터 많은 가지가 갈라져 가을이면 짙푸른 잎사귀 사이에서 노란 감이 주저리주저리 익는다. 고종 황제가 어린 시절 이 감나무에 달린 홍시를 따 먹었다고 생각하니 황제의 나무가 아닌가. 옛날에는 서울에서도 집집마다 감나무를 심고 가꾸었다. 지금도 북창동이나 계동 같은 고가촌에서는 늙은 감나무를 볼 수 있다. 감나무는 내한성이 떨어지는 것으로 알고 있지만 사실은 서울의 환경에 적응한 감나무 수종만 잘 선택하면 얼마든지 가꿀 수 있다.

나무를 살아 있는 생명 문화재라 한다. 나무와 함께 살았던 인물을 연상할 수 있어 노거수는 역사를 간직하고 있다고 할 수 있다. 그래서 나무는 갖가지 이야기와 전설, 민속 문화를 품고 있는 것이다. 운현궁의 감

운현궁의 감나무

나무를 보면 화강석으로 쌓은 축대 위에 영산홍, 앵두 같은 관목을 심었는데 감나무는 이러한 나무 사이에서 우뚝 솟아 있다. 고목이면서도 상태는 좋은 편이어서 가을이면 운현궁을 찾는 사람들을 기쁘게 한다.

감나무는 성질이 이상해서 옮겨 심으면 잘 살지 못한다. 특히 늙은 나무를 옮겨 심을 때는 여간 주의를 기울이지 않으면 안 된다. 우리나라를 비롯하여 중국, 일본에 자생하는 온대성 감나무의 경우 이식성은 더욱 나쁘다. 일찍이 서양에서는 동양 원산의 감나무가 원예 가치가 뛰어난 식물이라고 인식하여 대량 재배를 서둘렀지만 번번이 실패했다고 한다.

가을 늦게 잎이 떨어지고 붉은 열매만 가득 달린 감나무를 보면 지극히 아름답다. 산속 고즈넉한 산사의 뒤뜰에 선 늙은 감나무는 그 사찰의 역사를 짐작할 수 있다. 영국 왕립식물원 큐가든에는 가장 잘 보이는 광장 중앙에 감나무를 심어 놓았다. 감나무가 그만큼 중요한 수목이기 때문이다.

경운동 운현궁의 감나무

감나무 꽃은 그해에 자란 녹색 가지에 핀다. 잎 사이에서 4장으로 된 노란 꽃잎은 끝이 밖으로 말린다. 수정이 끝나면 꽃 전체가 떨어져 내린다. 이 꽃을 주워 실에 꿰면 꽃목걸이가 된다. 큰 것은 손가락에 끼울 만하다. 초여름의 감꽃은 어린이들의 꽃반지가 되어 유년의 추억으로 남게 된다. 감꽃 중에서도 작은 돌감에서 떨어진 것은 맛이 달다. 떫은 감꽃이라도 시들시들 말리면 떫은맛이 없어져 어린이들의 군것질거리가 된다. 감나무가 100년이 되면 1000개의 감이 달린다는 말이 있다. 감나무 고목을 보고 자손의 번창을 기원하는 기자목祈子木으로 생각한 것도 바로 이런 까닭이다.

감나무는 잎이 넓다. 가을에 붉은색으로 물드는 단풍이야말로 풍성함을 전해 주는 표상이다. 지필묵이 귀했던 시절 감나무잎은 훌륭한 필기장이 되었다. 주운 잎을 한 장씩 펴서 책갈피 같은 것에 끼워 무거운 것으로 눌러 놓으면 된다. 여기에 먹으로 글씨를 쓰면 잘 써진다. 다른 잎은 미세한 털이 있어서 먹이 잘 묻지 않는 것이 보통이지만 감나무는 매끄러워 먹이 잘 묻는다. 글을 쓴 감잎의 꼭지에 구멍을 뚫고 묶으면 작은 책 한 권이 된다. 얼마나 운치 있는 책인가. 이것으로 한 권의 자작 시집을 만들어 볼 수도 있다. 옛 시인 묵객들은 '시엽제시柿葉題詩'라 하여 말린 감잎에 시를 써서 주고받았다. 감나무잎에 연시를 써서 연인에게 전하면 상대의 마음을 움직일 수 있다고 믿기도 했다. 시정이 담긴 천연의 멋진 러브레터라고나 할까. 한 장의 낙엽에 지나지 않지만 옛 선비들의 낭만이 서려 있다고 할 수 있다.

당나라의 단성식은 『유양잡조西陽雜俎』에서 감나무를 예찬했다. 감나무는 수명이 긴 나무이며, 좋은 그늘을 만들어 주고, 새가 집을 짓지 않으며, 벌레가 꾀지 않는다. 또 단풍이 아름답고, 열매가 먹음직하며, 잎에 글씨를 쓸 수 있으니 칠절七絶을 두루 갖춘 나무라 했다. 감나무는 잎이 넓어 글씨 공부를 할 수 있으니 문文, 목재가 단단해서 화살촉을 깎으니 무武, 겉과 속이 한결같이 붉으니 충忠, 치아가 없는 노인도 즐겨 먹을 수 있는 과일이니 효孝, 서리를 이기는 나무이니 절節이라 했다. 또한 목재가 검고黑, 잎이 푸르며靑, 꽃이 노랗고黃, 열매가 붉으며紅, 곶감이 희다白고 하여 오색오행五色五行, 오덕오방五德五方을 모두 갖춘 예절지수禮絶之樹로 아끼며 수많은 나무 중에서도 감나무를 으뜸으로 여겼다. 옛날에는 감나무 목재를 쪼개 속의 무늬를 보고 점을 치기도 했다. 감나무는 변재가 희고 심재는 검은색을 띤다. 나무 목재의 무늬에 따라 산수문도 되고 문자처럼 보일 수도 있다. 이것을 보고 길흉을 점치는 것이다.

시골 어느 마을을 가 보아도 감나무가 없는 마을은 없을 것이다. 감나무가 많은 것은 다른 과일나무에 비해 감이 식량으로 이용되었기 때문이다. 밤이나 배, 능금, 복숭아, 살구 등 많은 과일나무가 있지만 오래된 나무는 흔치 않다. 그만큼 중요한 과수로 생각하지 않았기 때문이다. 밤은 건율乾栗로 가공하고 대추도 그대로 말려 저장할 수 있지만 이 두 가지를 제외하면 다른 과일은 저장이 잘 안 된다. 세종 때 편찬한 『구황촬요救荒撮要』에는 과일을 가공하여 식량 대신 먹는다고 쓰여 있다. "말린 밤, 대추, 호두, 곶감, 이 네 가지 실과를 씨를 빼고 껍질을 벗겨 한데 짓찧어 고루 익힌다. 이것을 뭉쳐 떡을 찌거나 다식을 만들어 두고 먹으면 밥 생각이 없다"고 했다. 또 "고욤小柿이 익으면 씨를 바르고 대추도 씨를 발라 한데 찧어 먹으면 양식을 대신한다"고 기록되어 있다. 감은 물론 고욤까지 가을에 따 독에 담아 두면 훌륭한 겨울철 양식이 되었다. 특히 감을 깎아서 말린 곶감은 독에다 저장해 두면 이듬해 풋감이 나올 때까지 보관할 수 있었다. 따라서 당시의 겨울 저장 식품으로 이보다 좋은 것이 없었다. 곶감이 마르면 과육 속의 당분이 밖으로 빠져나와 하얀 분으로 뒤덮인다. 이 분을 시설柿雪 또는 시상柿霜이라 하는데 하얗게 돋아난 것일수록 맛이 달다. 그래서 곶감을 백시白柿라 부르기도 한다.

감은 유난히 이름이 많다. 미숙과도 말랑말랑한 것은 먹을 수 있다. 이것을 풋감이라 한다. 겉이 주황색으로 잘 익었어도 단단하면 떫어서 먹기가 곤란하다. 이런 것을 땡감이라 부른다. 땡감을 말랑말랑하게 후숙시키면 연시 또는 홍시가 된다. 물에 담가 떫은맛을 없앤 것을 침시沈柿라 한다. 껍질을 벗기고 말리면 곶감 또는 건시가 된다. 감을 불에 그슬려 말리면 오시烏柿가 되는데 한방에서는 기생충을 죽이고 상처의 고름을 없애는 데 쓴다. 또한 감은 품종에 따라 고종 황제가 즐겨 먹었다는 고종시高宗柿, 납작하고 껍질이 얇은 반시盤柿, 작은 감이 많이 달리는 돌감, 곶감을 만드는 둥시 따위로 나눌 수 있다. 최근 남부 지방에서 많이 재배하는 단감은 처음부터 떫은맛이 없어서 소비자의 인기를 얻고 있다. 감은 이처럼 식용 이외에도 약재로도 쓰였던 자원 식물이다. 감꼭지는 딸꾹질을 멎게 하고 기침과 트림을 다스린다. 감나무 잎은 차로 마시는데 비타민 C가 많이 든 과일이 바로 감이다. 곶감을 달여 마시면 설사를 멎는 데 효과적이다.

떫은 감에서 뽑은 즙은 옷감을 염색하는 데 쓴다. 제주도의 작업복인 갈옷은 감물을 들여 붉게 한 것이다. 감물을 들여 갈옷을 만드는 풍속은 고려 우왕 때부터 이어져 내려온 듯하다. 고려 우왕 8년(1382년) 명 태조는 전원前元의 제후국인 운남국雲南國을 평정하고 양왕梁王의 태자 백백태자伯伯太子와 그의 아들, 그리고 유십노를 비롯한 권속을 탐라에 이주시켰다. 공양왕 4년(1392년)에도 양왕의 자손을 탐라에 이주시켰다. 백백태자는 그 후 조선 태종 때 사망했는데 이러한 이질적인 민족의 이주로 외래문화도 함께 유입되기에 이르렀다. 바로 이때 감물을 들여 갈옷을 만드는 풍속이 고려에 전해진 것이다. 감에서 뽑은 타닌은 오늘날 잉크, 페인트 첨가제로도 쓰고 의약품을 만드는 데에도 사용된다.

한국의 전통 가구는 좌우대칭의 미라고 해도 지나친 말이 아닐 것이다. 여기에 가장 합당한 목재가 바로 감나무이다. 감나무 목재를 반으로 켜서 펼치면 좌우의 무늬가 대칭이 된다. 반닫이, 옷장, 머릿장 같은 가구에 먹감나무 목재판을 붙이면 좌우 대칭의 무늬를 살릴 수 있다. 가장 한국적인 아름다움을 표현할 수 있어서 예로부터 먹감나무 목재는 전통 가구 제조에 널리 쓰였다. 그러나 귀중한 먹감나무도 1970년대 나무젓가락이 유행하면서 늙은 감나무는 목재 수용으로 잘려 나갔다. 최근에는 골프가 유행하면서 한국산 감나무 목재가 골프채의 우드헤드로 최고라 하여 수출까지 하고 있다. 감나무의 수난 시대가 열린 셈이다.

경운동 운현궁의 감나무

온대성 감나무 목재가 가구재로 최적이듯 인도의 열대성 감나무류의 목재도 널리 쓰인다. 단단하기가 쇠와 같고 속이 검은 것도 있어서 휴대용 호신불을 깎는 데 좋다고 한다. 또 각종 의식용 불기 제작의 재료로도 쓰이니 인도감나무(진두가)야말로 없어서는 안 될 성수인 셈이다. 인도감나무가 자라는 불교의 나라 인도는 열대 기후대에 속하므로 갖가지 진귀한 과일이 풍성하다. 불경 속에는 이러한 진귀한 과일이 나오지만 대부분 산스크리트어를 한자로 음역했기 때문에 잘못 전달되는 수가 많다. 특히 한자 번역본 불경을 읽어야 하는 우리로서는 경전 속의 식물이 실제 어떤 식물인지 궁금할 때가 많다. 『대반니원경』「사의품」에 나오는 '진두가鎭頭迦'라는 과일 역시 산스크리트어를 한자로 음역한 것이다. 진두가는 달콤한 맛을 지닌 열대성 감나무의 열매를 말한다. 불경에서는 비슷한 것에 독이 있는 나무가 있어서 진리를 찾는 수행자가 진짜와 가짜를 구분하는 눈을 길러야 한다고 설파하고 있다.

과수원에는 두 가지의 과일나무가 자란다. 하나는 가라가迦羅迦이고 다른 한 나무는 진두가이다. 두 가지 나무는 잎과 꽃이 비슷하고 열매까지도 서로 닮았다. 진두가는 맛이 달지만 한 그루밖에 없다. 그러나 쓴 열매가 달리는 가라가 나무는 많다.

농장의 일꾼이 진두가 열매의 맛만 보고 가라가까지 한꺼번에 따서 시장에 내다 팔았다. 많은 사람들이 독이 들어 있는 가라가를 사 먹고 복통을 호소했다. 마침 그곳을 지나는 어떤 사람이 가라가와 진두가가 섞여 있는 것을 알고 가라가를 모두 버리게 했다.

불경에서는 진짜와 가짜가 언제나 함께 있기 때문에 가려내기가 힘들다고 가르친다. 더구나 가짜는 많지만 진짜는 하나밖에 없다. 오히려 가짜는 빛깔이 곱고 크며 먹음직스럽게 생겼다. 그에 비해 몸에 이로운 것은 빛깔도 화려하지 못하고 그리 크지 않아서 눈에 잘 띄지 않는 것이 보통이다. 마찬가지로 우리 주변에는 현인도 많지만 사악한 무리도 있다. 처음에는 친절을 베풀던 사람이 어느 날 갑자기 자신의 조그만 이익만을 좇아 상대를 속이고 우리 모두를 배반하기도 한다. 반면 어진 사람은 지나친 친절을 베푸는 일은 없지만 언제나 한결같이 남을 돕는다. 진두가는 겉과 속이 한결같은 그런 과일이다.

인도감나무는 인도 대륙 서해안 지역과 동인도, 스리랑카의 열대 해안 지역에 널리 분포하는 상록활엽 아교목이다. 나무 높이는 6~10미터 정도이고 옆으로 많은 가지가 벌어진다. 여름철 우기가 시작되기 직전에 묵은 잎 사이에서 새싹이 돋아나 작은 꽃이 다닥다닥 붙는다. 이 감나무의 열매는 힌디어로 가브gab, 벵갈어로는 캔드kend라 하여 맛있는 과일로 친다. 종류가 많고 여러 가지 원예 품종도 있다. 넓은 의미의 인도감나무는 태국, 자바, 말레이시아, 세레베스 섬에도 자생하지만 인도에서 자라는 것과 약간 다른 종이다.

열대성 감나무는 종류가 대단히 많아서 약 200여 종에 이른다. 목재로 쓰이는 감나무 중에 심재가 검은색을 띠면 흑단, 보라색을 띠는

감나무의 암꽃   감나무 무성화

것을 자단이라 하여 최고급 공예재로 쓴다. 인도에서는 목재를 에보니Ebony, 세이론 에보니Ceylon ebony, 또는 마르베 우드Marbee wood라 한다. 우리나라의 신안 앞바다에서 인양한 원대의 무역선에도 흑단과 자단 원목이 무더기로 선적돼 있었다. 6백 년 전의 목재가 바다에 가라앉아 있었던 것은 비중이 1.0~1.2나 되었기 때문이다. 당시의 무역선이 극동의 바다를 누비며 멀리 인도차이나반도에서 흑단과 같은 보물을 가득 싣고 우리나라와 일본까지 화물을 실어 날랐음을 보여 주는 사례다.

불경 속의 진두가와 비슷한 가라가란 어떤 식물일까. 식물학자들은 인도인들이 말하는 와피가란 나무일 것으로 추정하고 있다. 이 나무는 산스크리트어로 '비사 틴두까visa tinduka' 또는 '쿠라까kulaka'라 한다. 틴두까는 독이 있는 열매라는 뜻으로 '독진두가毒鎭頭迦'라고 쓰기도 한다. 사실 감나무와는 전혀 다른 종류로 열매의 크기가 비슷한데서 비유한 것으로 보인다. 잎은 진두가가 긴타원형인데 비해 가라가는 둥글며 세로로 엽맥 세 줄이 뚜렷하여 쉽게 구분할 수 있다. 열매도 진두가는 꼭지가 있지만 가라가는 꼭지가 없다. 가라가의 씨에서는 독극물인 스트

리크닌을 뽑아 의약품을 만든다. 인도의 원주민 중에는 가라가 씨에서 추출한 독을 화살촉에 묻혀 사냥에 쓰기도 한다. 어쨌든 인도의 진두가는 아니더라도 감나무는 불경 속의 나무와 사촌간임에 틀림없다. 만약 그렇다면 사찰의 늙은 감나무 보호 운동이라도 펼쳐야 할까 보다.

운현궁의 감나무는 제자리에서 오래도록 살아왔지만 아직도 푸름을 잃지 않았다. 오히려 날이 갈수록 무성해지는 느낌이다. 그 밖에도 매화나무, 호두나무, 자두나무, 살구나무 같은 과수들이 있어 해마다 계절의 풍요를 느끼게 한다. 서울 도심에 이만한 노거수가 살아 있다는 사실 자체만으로도 감동이 아닐 수 없다. 운현궁의 갖가지 진귀한 수목 중에서도 감나무야말로 조선의 나무가 아닌가 싶다. 선조들이 잘 가꾸어 왔듯이 먼 훗날까지 잘 살아 있었으면 좋겠다.

경운동 운현궁의 감나무

경복궁의 돌배나무

달밤에 보아야 더욱 아름다운 꽃

◉-◉-◉

경복궁 입구 오른쪽 관리사무소 앞에는 돌배나무 거목이 자란다. 주변의 살구나무와 회화나무, 말채나무와 함께 자라는 노거수이다. 높이 20미터가 넘는 큰 나무로 밑에서부터 세 갈래의 큰 줄기가 자라 위쪽에서 다시 많은 가지로 갈라져 해마다 흰 꽃이 화사하게 핀다. 이 돌배나무는 오늘날 우리가 먹는 배와는 달라서 작아도 향기롭고 맛이 시면서도 달다.

경복궁의 돌배나무는 주변의 단풍나무, 은행나무 그늘에 가려 나무가 위로만 자라고 있지만 누구 하나 관심을 가지지 않는다. 나무를 가꾸는 사람들은 그 나무가 쇠약해지면 우선 보기 싫다고 베어 버린다. 병이 들면 치료하기보다 베어 버리고 다른 나무를 사다 심으면 된다고 생각한다. 그늘이 져 노쇠한 돌배나무는 주변의 다른 나뭇가지를 조금 솎아 주어 볕이 잘 들도록 해 주면 다시 무성해진다. 그러나 이런 일을 하

경복궁의 돌배나무

지 않는다. 그래서 나무는 천천히 죽어 가면서 "햇볕이 그리워요" 하고 외치지만 그 소리는 사람들에게 들리지 않는다.

돌배나무 밑으로 가면 떨어진 낙엽부터가 주변의 나무와 판이하게 다르다. 이파리가 까만색이어서 쉽게 구별할 수 있다. 이 돌배나무는 가을이면 열매가 익어 저절로 떨어져 내린다. 땅에 떨어진 배에서도 향기를 강하게 풍기기 때문에 공원에 사는 짐승과 새들을 불러 모은다. 하지만 돌배나무는 꽃이 많이 피는 대신 열매는 적게 달리는 편이다. 반면 한번 꽃이 피면 흰 꽃이 가지가 보이지 않을 정도로 많이 피기 때문에 눈이 부실 지경이다.

배나무는 향기도 좋지만 녹색과 어울린 흰 꽃이 더없이 운치가 있다. 그래서 예로부터 중요한 관상식물로 아껴진 나무다. 그런 배나무를 어찌 버려둘 수 있었겠는가. 이처럼 옛 선비들에게 사랑받은 관상식물이긴 하지만 산에서 자생하는 배나무도 많다. 대부분의 과일나무가 외래종인데 비해 배나무는 우리 땅이 원산지이다. 그래서 아주 먼 옛날부터 과수로 재배했던 것 같다.

4월이 오면 배꽃 몽우리가 터질 듯이 부푼다. 꽃샘바람이 한 차례쯤 더 하고 나면 백설같이 희고 청초한 배꽃이 다투어 핀다. 배는 꽃만 흰 것이 아니고 깨물어 보면 속살도 희다. 흰 것을 좋아하는 우리 민족은 눈부시도록 희고 아름다운 배꽃을 특히 좋아한다. 청초한 아름다움은 여성에 비유되어 예로부터 풍류객의 시심을 자극하기에 충분한 조건을 갖추고 있었다. 옛 선비들은 뜰에 배나무를 심어 놓고 봄이면 배꽃을,

가을이면 주렁주렁 달린 배를 즐겼다. 또 풍류객들은 배꽃을 섞어 담근 술을 이화주梨花酒라 하여 즐겼다. 옛 시인 묵객들은 배꽃의 그 순수를 작품 소재로 즐겨 다루었다. 당나라의 시인 백향산은 이슬비에 젖은 배꽃에서 처연한 양귀비의 모습을 보고 "배꽃 한 가지가 봄비를 머금고 있네梨花一枝帶春雨"라고 읊었다. 고려 말의 명신 이조년의 시조는 배꽃이 핀 야경을 절묘하게 그려 냈다. 교과서에 소개되어 널리 읽힌 이 「다정가」야말로 배꽃을 소재로 한 시 가운데서도 백미라 할 만하다.

> 이화梨花에 월백하고 은한은 삼경인제
> 일지 춘심을 자규야 알랴마는
> 다정도 병인 양하여 잠 못 들어 하노라

배꽃이 활짝 핀 한밤중에 마침 보름달이 떠 배꽃 가지에 걸렸다. 은하수가 선명하게 걸려 있는 하늘 한쪽에서는 두견새가 밤새 울고, 꽃가지 하나에서 봄을 느낀다. 꽃이 지는 것을 보니 인생의 허무함이 이런 것인가. 꽃이 지는 것처럼 인생도 사라지고 말 것을 무엇 때문에 아옹다옹 살아야 하는가. 배꽃이 피어 봄을 타는 이 마음을 두견새 따위가 어찌 알겠는가. 정이 많아 오히려 불면증에 시달리는 이 마음의 병을 어찌 해야 하겠는가, 하는 내용이다. 이처럼 배꽃은 지는 모습이 아름다운 꽃이다. 낙화의 아름다운 정경을 절묘하게 표현한 소식蘇軾은 그의 시 「이화梨花」에서 다음과 같이 노래했다.

맑은 향기 실은 저녁 바람 부는 곳　冷香銷盡晩風吹

말없이 노을을 마주하고 서 있네　脉脉無言對落暉

어제는 천 그루의 배나무 눈인 듯하더니　舊日郭西千樹雪

이제는 나비가 되어 하염없이 나부끼네　今隨蝴蜨作團飛

　맑은 향기도 사라지고 저녁 해거름 마지막 한 줄기 바람도 찾아들었
는데 노을을 배경으로 하고 서 있는 수많은 흰 배나무 꽃밭. 어제까지만
해도 눈처럼 풍성하더니 실바람에 떨어지는 꽃잎은 흰나비가 되어 난
다는 내용이다. 이 얼마나 아름다운 글인가. 송도 명기 황진이의 무덤을
찾아가 제사를 지낸 임제는 그의 시 「무어별無語別」에서 다음과 같이 배
꽃을 읊기도 했다.

실개울 건너 열다섯 살 아가씨　十五越溪女

수줍어 한마디 말도 못한 채　羞人無語別

돌아와 가만히 문 잠가 놓고　歸來掩重門

배꽃 달 그림자 보며 눈물짓네　泣向梨花月

　창호지에 비친 배꽃 그림자를 보며 혼자 눈물짓는 순수. 사모하는 마
음을 말로 표현하지 못해 애태우는 그 모습을 한 떨기 배꽃과 달 그림
자로 그렸다. 중종 때 여류 시인 이매창은 지는 배꽃을 보고 한 편의 서
러운 시 「규중원閨中怨」을 빚었다.

흰빛 가득 배꽃이 피어 두견이도 우는 밤 　瓊苑梨花杜宇啼

뜰에 가득 달빛이 어려 더욱 서러워 　滿庭蟾影更凄凄

꿈에라도 만나려 하지만 잠은 아니 오고 　相思欲夢還無寐

매화 핀 창가에 기대니 어느새 새벽 닭 울음 　起倚梅窓聽五鷄

　이처럼 배꽃은 서러운 이별의 꽃이자 차가운 성정을 지니고 있어서 선비들이 좋아했던 이지적인 꽃이었다. 배꽃은 희다. 달빛에 비친 흰색은 더욱 희게 보이는 법이다. 그래서 배꽃은 달 밝은 밤에 바라보아야 제격이다. 희다 못해 푸르게 빛나는 배꽃의 그 화사함. 바로 정적이요, 동양적인 여백의 아름다움이다.

　우리 속담에도 배꽃은 좋은 의미로 쓰인다. "배꽃 같은 속살"이라고 하면 미인의 희고 고운 살결을 말하는 것이고, "배 먹고 이 닦기"는 달콤한 배를 먹고 났더니 치아가 배 속의 단단한 부분에 닦여져 깨끗해졌다는 말이다. 한 가지 일로 두 가지를 얻었으니 배는 행운의 과일인 셈이다. "배 썩은 것은 딸을 주고, 상한 밤은 며느리에게 준다"는 옛말도 있다. 제가 낳은 자식은 언제나 사랑스럽다는 뜻이겠지만, 옛날에는 썩어도 먹을 수 있는 값진 과일이 바로 배였다.

　철인 스피노자는 "내일 세계의 종말이 올지라도 나는 오늘 한 그루의 사과나무를 심겠다"고 했다. 사과가 서양인들이 좋아하는 과일이라면 배는 동양의 과일이다. 영조 때 영의정 벼슬을 지낸 정호가 고향에 은거하고 있을 때였다. 도승지 이형좌가 임금의 명을 받고 정호를 모시러 그의

배나무의 꽃

달밤에 보아야 더욱 아름다운 꽃

돌배나무 열매

고향인 충주로 내려갔다. 그 때 마침 정호는 배나무에 접을 붙이고 있었다. 이형좌가 "공의 연세가 이미 80을 넘었거늘 언제 배를 따 드시겠습니까?" 하고 물었으나 정호는 말이 없었다. 후에 이형좌가 충청감사가 되어 인사차 다시 찾았더니 정호가 잘 익은 배를 쟁반 가득 내오는 것이었다. 하도 맛이 좋아 어디 산이냐고 묻자 정호는 웃으며 이렇게 말했다. "자네가 언제 배를 따 먹겠느냐고 물었지만 나는 이미 몇 해 전부터 이 배를 따 먹고 있네." 국가의 동량이 될 후진에게 배를 통해 인내와 끈기, 그리고 계획성 있는 마음가짐을 가르쳤던 것이다. 몸으로 보여 준 실천적 교훈이어서 오늘을 사는 우리에게도 시사하는 바가 크다.

서울의 이화여대 자리는 옛날에는 봄이면 배꽃이 만발했던 배꽃 동산이었다. 그 때문에 지금까지 이화동산이란 지명이 남아 있다. 우리나라는 세계에서 가장 질 좋은 배가 나는 곳이다. 옛날 봉산의 배, 평양의 밤, 울릉도의 복숭아, 풍기의 감, 보은의 대추, 제주의 귤은 우리나라의 대표적인 과수였다. 그중에서도 황해도의 봉산배, 함경도의 함흥배와 원산배, 평안도의 의주배와 가산배는 널리 알려진 특산물이었다. 특히 함흥의 문향배는 워낙 맛이 좋아 관리들의 주구가 심했다. 그들의 수탈에 견디지 못한 주민들이 배나무를 일부러 말려 죽이기도 했다. 이 문향배를 문배 혹은 크고 굵어서 왕돌배라고도 불렀는데 날로 먹지만 잘게 썰어 말린 것을 건리乾梨라 해서 물에 데쳐 국수를 만들어 먹기도 했다.『경도잡지京都雜志』에는 수향배가 나온다. 수향배는 추향배라고도 하는데 황주, 봉산 것이 제일이라고 쓰여 있다.

배는 과종果宗, 옥유玉乳, 밀부蜜父, 백손황百損黃이라 부르기도 했다. 익어도 껍질이 푸른 것을 청술네靑梨라 하고 껍질이 붉은 것을 문배赤梨라고 한다. 검게 언 배를 물에 담가 얼음을 뺀 다음 검은 껍질을 벗기고 깨물면 향기롭고 달콤한데 이를 산리酸梨라 한다.

배는 민간약으로 쓰이기도 했다. 특히 배즙을 내 생강즙과 꿀을 타마시면 담과 기침에 특효약이다. 심한 기침에는 배 한 개를 썰어 양젖이나 우유를 섞어 달여 마셨다. 배의 속을 파내고 생강과 밀납蜜蠟을 넣어봉한 뒤 진흙을 발라 구운 것을 이강고梨薑膏라 하는데 이 역시 기침의 특효약이다. 아이들 백일기침에는 큰 배를 골라 속을 파내고 콩나물과 꿀 한 숟가락을 넣어 따뜻한 아랫목에 묻어 하루를 재웠다가 고인 물을 먹이면 좋다는 기록도 보인다. 그 밖에도 배는 이뇨 작용에 쓰이기도 했고 복통이 오면 싱싱한 배나무 잎을 진하게 달여 그 물을 마시기도 했다. 불고기 육회에 배를 섞으면 효소의 작용으로 고기가 연해지고 소화가 잘된다. 소화력이 하도 좋다 보니 "송아지를 배나무에 매 놓고 일을 보고 오니 고삐만 남았더라"는 우스개가 있을 정도다. 배즙에 생강과 꿀을 넣어 빚은 이강주梨薑酒는 전주의 명주이다.

배나무는 과일뿐만 아니라 목재도 쓰임이 많다. 배나무 목재는 재질이 단단해서 우리 전통 목가구의 뼈대는 대부분 배나무 목재로 만들었다. 결이 고와 액자를 만들고 목기로도 쓰인다. 다식판이나 목판 인쇄용 판각도 배나무를 썼다. 포졸들이 허리에 차고 다녔던 육모 방망이도 배나무 목재로 만든 것이 많다. 경상도에서는 한 해에 배꽃이 두 번 피면 풍년이 든다며 좋아한다. 풍성한 배꽃은 잘 익은 과일만큼이나 풍요로운 감을 우리에게 주기 때문이다.

그런데 맛있는 과일로, 귀중한 목재 자원으로 쓰인 우리의 재래종 배나무가 사라지고 있다. 좋은 형질의 배를 개량하기 위해서는 여러 가지 원종이 있어야 한다. 병충해에 강하고, 수확이 많으며, 맛이 좋고, 굵은 배를 생산하는 일은 대단히 중요하다. 미래 첨단 농업은 세계와의 경쟁이 필연적이다. 그때를 위해서라도 여러 가지 재래종 배나무의 수집이 시급하다. 배나무는 한반도가 원산지인 까닭이다. 전국 방방곡곡에서 자라고 있는 배나무 품종을 모두 모은 식물원이 있어야 한다. 지금도 오래된 배나무 고목이 사라지고 있다. 열매가 작거나 맛이 시다는 이유로 사람들이 외면하고 있으나 그러한 원종이야말로 대단히 중요한 유전 자원이다. 더 나아가 세계 각국에 흩어져 있는 모든 배나무 품종을 심고 가꾸면서 품종을 개량하고, 재배 방법을 연구하는 배나무 연구 센터를 마련하는 일도 시급하다.

경복궁의 돌배나무는 가지를 옆으로 뻗지 못하고 위로만 자랐다. 그러다 보니 나이는 많은데 줄기가 가늘다. 밑에서 뻗은 줄기는 햇볕을 쬐려고 위로만 발돋움을 하고 있는 중이다. 꽃도 볕이 잘 비치는 위쪽에만 핀다. 그러다 보니 열매도 많이 달리지 못하고 겨우 명맥만 유지하고 있다. 처음 돌배나무를 심었을 때는 가지가 옆으로 자라고 수세도 강건했을 것이다. 하지만 주변에 있는 나무들이 더 무성하게 자라니 돌배나무의 성장이 늦어졌을 것이다.

돌배나무는 관상식물이기 이전에 열매가 조수류의 먹이가 되므로 더 많은 나무를 심어 잘 가꾸어야 한다. 돌배나무 같은 열매가 잘 달리는 나무를 심으면 많은 산새와 다람쥐 같은 동물들을 도심의 숲으로 불러 모을 수 있다. 그래서 배나무는 풍요로운 환경을 조성하는 데에도 크게 기여한다. 돌배나무의 가치는 다른 나무에 비해 더없이 큰 편이다.

배꽃 화사하게 핀 경복궁의 봄을 상상해 본다. 얼마나 풍요로운 고궁이 되겠는가.

달밤에 보아야 더욱 아름다운 꽃

남산의 소나무
영원한 겨레의 푸른 기상

서울의 중심에 우뚝 솟은 남산은 예로부터 소나무가 많은 산으로 알려져 있다. 남산에 소나무가 많은 것은 정상 부근이 바위가 많은 봉우리로 이루어져 있고 동남쪽 산비탈은 거친 마사로 뒤덮여 있기 때문이다. 물이 부족한 까닭에 낙엽수가 잘 자라지 못한다. 그래서 양지에서 자라는 소나무만이 거친 땅에 뿌리를 내릴 수 있다.

소나무는 양수이고 산성 토양에서도 잘 견디는 강인한 식물이다. 그래서 남산의 소나무는 수백 년을 굳건히 버텨 온 듯하다. 조선시대 때 그토록 잘 가꾼 소나무 숲은 6·25전쟁을 거치면서 남벌로 많이 줄어들었다. 지난 1980년대에 남산 식생 복원 사업을 하면서 많은 소나무를 심어 이제는 훌륭한 송림을 조성하는 데 성공했다. 당시에 심은 소나무는 30~50년 생 조선 소나무로 문인목 형태의 수형을 유지하고 있어 여간 운치가 있는 것이 아니다.

정원수도 시류에 따라 유행을 탄다. 요즈음 아파트 조경이나 거리의 가로수로 심는 소나무를 보면 대부분 산에서 경제수로나 쓸 수 있는 나무를 옮겨 심다 보니 그저 장대 같은 수형이 대부분이다. 이러한 나무는 같은 소나무라 해도 목재를 생산하기 위한 경제수이지 미학적인 나무는 아니다. 옛 문인들이 즐겨 심고 가꾸었던 소나무는 줄기가 S 자로 구부러지고 가지가 처지며 붉은 껍질이 거북이 등껍질 같은 모습을 하고 있다. 바로 겸재 정선이나 표암 강세황의 산수화에 나오는 그 소나무가 바로 문인목이다.

소나무는 우리 겨레의 기상을 그대로 담고 있는 나무이기도 하다. 우리는 애국가를 부를 때마다 "남산 위의 저 소나무 철갑을 두른 듯" 영원토록 푸름을 잃지 않기를 바란다. 외래종인 아까시나무가 극성을 부리기 전까지만 해도 남산은 소나무 숲이 우거져 있었다고 한다. 소나무는 지독한 양수여서 주위에 다른 활엽수가 자라면 그 자리를 내줄 수밖에 없다. 지금도 남산의 정상 부근은 소나무가 무성한데 그런 곳은 바위 절벽으로 되어 있어 낙엽 활엽수가 뿌리를 내릴 수 없기 때문이다.

서울 종로구 화동 23번지는 사육신 중의 한 사람인 성삼문 선생이 살던 집이다. 조선 말 순조 때까지만 해도 성삼문이 손수 심었다는 소나무가 살아 있었고 '성삼문수식송成三問手植松'이란 석비까지 세워져 있었다고 하나 지금은 그 행방을 알 수 없다. 충신의 대명사였던 성삼문은 군왕을 나타내는 소나무를 뜰에 심어 충성을 다짐했던 것이다.

흔히 소나무와 잣나무는 완성된 인격자에 비유된다. 예로부터 "무성한 소나무에 하례함은 오직 잣나무 뿐賀得茂松偏是柏"이라 했다. 훌륭한 사람에게는 훌륭한 인재가 끊이질 않는다는 말이다. 이처럼 송백松柏이야말로 군자君子로 여겼다. 나아가 소나무는 사철이 푸르다 해서 장수와 건강을 뜻하기도 했다. 그래서 옛 그림에서는 수복강녕壽福康寧을 염원하는 뜻으로 「십장생도十長生圖」에 소나무를 등장시켰다. 솔방울은 결실과 풍요를 뜻하고 다복과 자손의 번창을 상징하기도 한다.

우리의 옛 풍속에 정월이면 한 해를 맞이하는 뜻으로 어른들에게 새해 인사를 드렸다. 가까이 모시는 어른들은 직접 세배를 드렸으나 멀리 계시는 분에게는 서신으로 새해 안부를 전했는데 이때 수복강녕을 담은 소나무와 학 그림을 즐겨 사용했다. 그 그림을 세화歲畵라 한다. 오늘날로 말하자면 연하장과 같은 것이라 할 수 있다.

고려의 문장가 이규보는 『동국이상국집東國李相國集』에서 소나무를 이렇게 적었다.

날씨가 추운 뒤에야 송백이 맨 뒤에 마른다는 것을 안다고 하였으니, 모든 식물 가운데 능히 절개를 지키는 것으로는 소나무와 잣나무 같은 것이 없다. 절개를 지킬 뿐만 아니라 천 년이 지나도 가지와 잎이 변하지 않으니 이는 하늘이 오래 살게 하는 식물이다.

모든 초목이 푸른 여름에는 소나무와 잣나무의 그 청정한 아름다움이나 가치를 모른다고 했다. 겨울이 되어 초목의 잎이 떨어진 뒤에도 송백만이 변함없으니 절개를 지키는 선비의 기상이 바로 이 나무와 같지 않을까.

소나무는 솔이라 하고 한자로는 송松이라 쓴다. '솔'은 윗자리, 높다, 으뜸 같은 의미를 지니고 있다. 모든 나무의 어른이란 뜻이다. 또 나무 중에서도 재상의 자리에 올라 있는 것으로 여겨져서 산의 주인으로 모자람이 없다고 할 수 있다. 제주 민요에도 소나무는 산천의 보배라고 했다. 소나무만이 나무 중의 나무이기 때문이다.

　　물 속이 보배는 진주가 보배
　　산천이 보배는 소낭기 보배
　　인간이 보배는 ᄌᆞ속이 보배

바다에서 가장 값진 것이 진주이듯 육상에서 가치 있는 것은 소나무라 노래하고 있는 것이다. 예로부터 소나무는 함부로 베지 않았고 재목으로 가꾸어 왔다. 강희안은 『양화소록』에서 소나무를 이렇게 적고 있다.

소나무는 성질이 사람의 입김이나 봄기운을 가장 싫어하고 추위에 잘 견딘다. 겨울에는 양지 바른 곳에 옮겨 심었다가 봄이 되면 다시 분에 심는 것이 좋다. 물 주기를 게을리하지 않고 또한 나무 그늘 아래 두지 않는다. 분은 자와기를 쓴다. 이 솔은 금강, 묘향 두 산의 정상에 잘 나는데 스님들이 캐다가 불전향佛前香을 만든다.

진나라의 장발이 쓴 『오록吳錄』에 이런 이야기가 있다. 옛날 어느 마을에 정교란 사람이 살았는데 그는 어느 날 배 위에 커다란 소나무가 자라는 꿈을 꾸었다. 문득 꿈에서 깨어났지만 꿈자리가 사나워 견딜 수 없었던 그는 현자에게 해몽을 의뢰했다. 그러자 현자가 "소나무松를 뜯어보면 십팔공十八公이니 18년 후에 정승公이 될 꿈"이라고 했다. 정교는 그 꿈을 믿고 열심히 학문을 익혀 재상이 되었다는 것이다. 또한 소나무는 청빈의 대명사로 불리기도 한다. 옛 도인들이나 산사에서 수도하는 고승들은 대나무 열매竹米에 솔잎을 씹으며 몸과 마음을 가다듬었다. 당나라 때 반사정이란 선비의 일화도 유명하다. 그가 세상을 버리고 소요곡에 은거하고 있을 때 고종이 그를 불러 벼슬 자리에 앉을 것을 부탁하고는 바라는 바를 물었다. 그러자 반사정은 "오로지 우거진 소나무 숲과 맑은 샘이 있는 곳이면 족할 뿐"이라고 말했다고 한다. 소나무는 외국에서도 널리 사랑 받는다. 특히 칠레의 안데스 산맥 고산 지대에 사는 인디오들은 매년 추수감사제를 벌일 때 소나무 가지를 신성시하여 악령을 쫓는 것으로 여긴다. 또한 광장의 중앙에 나무 기둥을 세우고 말린 옥수수와 함께 소나무 가지를 매단다. 제단에는 솔잎을 깔아 정갈하게 하고 송진 가루를 태워 그 연기로 향을 대신한다.

이 땅에 소나무가 자라기 시작한 것은 지금으로부터 6천 년 전부터라고 한다. 예로부터 소나무를 신령스럽게 생각했으므로 지금도 마을 앞에 송림을 조성하여 당산 숲으로 삼은 곳이 전국 각지에 남아 있다. 영목, 신목으로 숭상하여 재앙과 사귀를 막아 주는 것으로 믿었기 때문이

1	2
3	

1. 소나무 수꽃
2. 소나무 암꽃
3. 솔방울

다. 출산 때 산모와 아기를 보호하기 위해 왼새끼를 꼬아 솔가지와 숯을 꽂는 것도 같은 이유다. 뿐만 아니라 동제를 지내는 제단 주위에는 붉은 황토를 뿌리고 솔가지로 부정을 쓸어 낸다. 마을을 수호하는 장승도 소나무 줄기로 깎는다. 죽은 이의 유택幽宅인 산소 주위에 심는 나무도 소나무를 으뜸으로 친다. 송림 아래에는 다른 잡목이 자라지 못하기 때문이다. 잡초가 자라지 못하니 들쥐나 뱀 같은 짐승 또한 살지 못한다.

소나무 목재는 건축 자재로도 최고다. 현존하는 최고 목조 건축물인 부석사 무량수전도 소나무로 지은 건축물이다. 소나무 목재가 없었다면 국보 1호인 숭례문도, 보물 1호인 흥인지문도 남아 있지 못했을 것이다. 또한 소나무는 가구를 만들거나 배를 건조할 때 사용되고 펄프재로 쓰이기도 한다. 또 송진을 증류하여 여러 가지 휘발성 기름을 얻고 의약품 원료로도 쓰인다. 기름이 귀했던 시절 관솔 가지는 조명용 기름 대신으로 쓰였다. 그러한 관솔불을 송명松明이라 불렀다. 제주도에서는 소나무 가지에 붙인 불이라는 뜻으로 살칵불이라 하는데 한번 불을 붙여 놓으면 쉽게 꺼지지 않아 주로 밖에서 일을 할 때 사용했다. 하지만 그을음이 많이 나기 때문에 살칵불은 돌코냉이라고 하는 돌로 만든 등잔 위에서 피웠다. 일제 때는 항공기 기름을 정제하기 위해 군관민을 독려하여 관솔 가지를 모으기도 했다.

또한 솔가지를 태운 그을음에 아교를 섞어 만든 먹을 송연묵松烟墨이라 하여 최고급으로 쳤다. 『득수루잡초得樹樓雜鈔』란 책에는 "옛사람들은 먹을 만들 때 송연을 사용했다. 당나라 때는 상당上黨의 먹이 향기와 먹색이 고운 최상품이었다"고 적혀 있다. 송나라 때 서긍이 쓴 『고려도경高麗圖經』에는 "광주, 영주, 양주 세 고을에서 소나무가 많은데 잎이 두 가닥인 것과 다섯 가닥인 것이 있다. 다섯 가닥 소나무에서 열매가 달린다. 또 땅이 비옥하여 복령茯苓이 잘 자란다"고 적고 있다. 우리나라 백두산의 소나무 목재는 멀리 중국에서도 알아주는 명산물이

반송

었던 것 같다. 김종서가 편찬한 『고려사절요高麗史節要』 23권 충선왕 조에는 백두산의 목재로 배 100척을 만들고 우리 쌀 3천 석을 싣고 원나라로 갔다는 기록이 보인다. 이 때문에 특히 서해의 교주, 양광 지방이 큰 피해를 입었다고 한다.

왕태후가 절을 짓고자 하니 홍복원의 손자 중희, 중경 등이 아뢰기를 "백두산에 아름다운 재목이 많습니다. 군사 2천 명을 주시면 질 좋은 소나무 목재를 벌채하여 압록강을 통해 흘려 보내고 배로 수송하게 하면 아주 편리할 것입니다." 그리하여 황제가 요양성선사 유현을 우리나라로 보내 배를 만들었는데 그 피해가 말할 수 없었다.

송홧가루는 예로부터 청혈 강장식품으로 알려져 신선식이라 했고, 송

화다식이야말로 한과 중에서 으뜸이다. 송편은 솔잎을 깔고 쪄야 제 맛이 나고 쉽게 변질되지 않는다. 송이는 솔밭에서만 얻을 수 있고 복령이라는 귀한 약재 또한 소나무 그루터기에서 채취한다. 또한 솔잎으로는 차를 만들어 마시기도 하는데 대부분의 차는 데워서 마시는 반면 솔잎차는 차게 해서 마신다. 냉정한 정신 상태를 가지려는 뜻에서다. 불린 콩을 갈아 콩즙을 만들고 솔잎즙을 짜 섞어 먹는 음식이야말로 불가에 비전돼 내려오는 선식이다. 솔잎을 생식하면 암을 예방하고 눈이 밝아지며 추위와 굶주림을 모른다고 전해진다. 송엽주松葉酒, 송화주松花酒, 송순주松筍酒는 머리를 맑게 하는 민속주이며 중풍과 치매 같은 성인병을 예방한다고 알려져 있다.

남산의 소나무야말로 조선의 시인 묵객들이 그토록 사랑했던 문인목이었다. 그래서 같은 소나무일망정 문인목 스타일의 소나무가 진정 관상 가치가 있는 전통 미학 속의 나무라 할 수 있다. 남산의 소나무는 민족의 가슴속에 깊이 뿌리를 내린 만큼 영원히 푸르러야 한다. 우리는 늙은 소나무 줄기에서 굳건한 기상을 느끼며 풍상에 맞서는 인내심을 기른다. 남산의 소나무야말로 어떤 환경에서도 시들지 않는 강인한 생명력을 품고 있다. 그 소나무를 보면서 우리는 외세에 항거하는 자주 독립 정신을 키우고 선조들의 나라 사랑 정신을 느낀다. 남산의 소나무는 겨레의 표상이다.

짙은 향기로 첫서리를 알리는 꽃

서울 능동의 어린이대공원 식물원에는 여러 가지 열대식물과 상록성 난대식물이 자란다. 우리나라가 원산인 동백나무, 후박나무, 굴거리나무, 까마귀쪽나무 같은 상록활엽수가 있는가 하면 금목서, 관음죽, 야자나무, 종려나무, 인도고무나무 등 외국에서 들여온 나무도 있다. 이중에서 금목서는 우리나라 남부 해안 지방이나 섬에서는 얼마든지 가꿀 수 있다. 금목서는 이른 봄 잎겨드랑이에서 노란 꽃이 피어 맑은 향기를 퍼뜨린다. 꽃보다 향기를 즐기기 위해 심는 관상식물이다. 줄기는 곧추 서고 가지가 많이 갈라지며 오래된 가지는 저절로 수형이 동그랗게 자란다. 따라서 전지를 할 필요가 없다. 전지를 하면 오히려 꽃이 잘 피지 않는 수가 있다. 가지를 다듬는다고 자르면 잘린 부위 끝에서 싹이 돋아나 더 빨리 자라기 때문에 보기 싫어진다. 또한 꽃의 색깔에 따라 황금색으로 핀 꽃을 금목서金木犀, 흰색으로 핀 것을 은목서銀木犀, 백녹색을

금목서   금목서 꽃

그냥 목서木犀라고 부른다. 중국에서는 붉은 꽃이 피는 것을 단계화丹桂花라 하여 더욱 귀하게 여겼다.

예로부터 약재로 이용했는데 향기가 멀리 퍼지는 까닭에 구리향九里香이라 부르기도 했고, 바위틈에 뿌리를 잘 내려 암계岩桂 혹은 계목桂木이라고도 불렸다. 금목서는 꽃이 질 때쯤이면 초록색의 긴 타원형 열매가 맺힌다. 다닥다닥 가지에 붙은 아름다운 열매가 겨울을 나고 다음해 여름과 가을을 지나 다시 서리가 내리고 꽃이 필 때쯤 열매가 익는다. 1년을 가지에 매달려 있는 셈이다.

지구상의 수많은 꽃과 열매가 한 나뭇가지에서 서로 마주 보며, 피고 익기란 여간 드문 일이 아니다. 꽃과 열매가 마주 보고 피고 익는 차나무를 사람들은 신이 인간에게 내린 최상의 선물이라고 극찬을 한다. 금목서도 차나무처럼 꽃과 열매가 서로 마주 본다 해서 실화상봉수實花相逢

능동 어린이대공원의 금목서

樹라고 부른다. 하지만 아쉽게도 중부 지방 이북에서는 금목서를 좀처럼 볼 수 없다. 내한성이 약해서 노지에서는 잘 자라지 못하기 때문이다.

중국의 문호 임어당은, "연꽃은 상쾌한 여름 아침을 느끼게 해 주고 목서는 추월秋月과 중추명일中秋明日을 연상시킨다"고 했다. 또 목서가 갖고 있는 감미로운 향기 때문에 "내 서상 위에 올려놓고 싶은 꽃이 두 가지가 있는데 바로 목서와 수선"이라고 말하기도 했다. 머리를 맑게 해 주는 그윽한 목서향이야말로 서재에 어울리는 꽃이 아닐 수 없다. 그런데 사람마다 꽃을 보는 느낌이 서로 다른 것 같다. 생활환경이 다르고 성장 과정이 달라서 꽃에 대한 추억 또한 다르기 때문이다. 임어당은 목서의 맑은 향이 가을 보름달처럼 투명하다고 느꼈다. 사실 목서는 사랑채에 심는 선비의 꽃이다. 옛 선비들은 목서를 지극히 아껴서 가지치기 같은 중요한 관리는 남의 손을 빌리지 않았다. 물론 물 주기 같은 하찮은 일도 아녀자나 종에게 맡기지 않았다. 16세기 말 중국의 원중랑은 그의 저서 『병사甁史』에서 나무의 물 주기에 대하여 자세히 기록해 놓았다.

꽃에 물은 주는 것은 취객을 깨우는 비처럼, 전체로 스며드는 이슬처럼 주어야 한다. 금방 길어온 맑은 샘물을 조금씩 뿌려 주는 것이 좋다. 물 주는 일은 텁수룩한 머슴아이나 하녀에게 맡겨서는 안 된다. 매화는 세상을 등진 학자에게, 모란은 단장한 예쁜 처녀에게, 목서는 총명한 아들에게, 연꽃은 요염한 첩에게, 국화는 고인을 사모하는 분에게 그 일을 맡기는 것이 좋다.

　매화나 국화와 같은 사군자는 선비의 손에 맡겨 그 성정을 취하게 하고, 모란과 연꽃은 여성의 섬세한 마음이 젖어 들어 더욱 화사한 꽃으로 피어나기를 바라는 뜻에서 맡기라는 것이다. 추위에 향기를 더하는 목서는 냉정한 판단과 총명한 지혜를 더 중요하게 생각하는 이들에게 어울린다고 생각했던 것 같다. 이처럼 목서를 좋아하다 보니 옛 선비들은 목서꽃이 피면 차마 혼자서 즐기지 못했다. 그래서 꽃그늘 아래 좋은 찻자리를 마련하고 벗을 불렀다. 때는 초겨울이라 바람은 상쾌하고 꽃향기 또한 머리를 맑게 한다. 게다가 싸늘한 달빛이 있어 꽃 빛은 더욱 맑고 신비스럽게 보인다. 술이 거나해지면 시심을 돋우기 위해 꽃놀이를 하기도 했다. 이 놀이는 우선 자리에 모인 사람들이 마주 보고 죽 둘러앉으면 악사가 북을 치는데 그 장단에 맞춰 목서 가지를 등 뒤에서 옆사람에게 전한다. 어느 순간 악사가 북 장단을 멈추면 꽃가지를 들고 있는 사람이 벌을 받게 되는데 시를 한 수 짓고 벌주 한 잔을 마신다. 목서의 본고장인 중국 서호 지방의 풍속이다.

　목서는 꽃만 예쁜 것이 아니다. 잎은 동백나무나 차나무처럼 언제나 푸름을 자랑한다. 따라서 겨울의 메마른 정원을 녹색으로 풍요롭게 만든다. 잎이나 꽃뿐 아니라 금목서의 달콤한 향기는 더욱 일품이다. 꽃에서 향수를 채취하고 꽃잎은 말려 향신료로 쓴다. 중국에서는 신부가 말린 꽃을 비단 주머니에 넣어 잠옷 속에 고이 간직하기도 한다. 목서향은 최음 효과가 그만이라니 사모하는 사람에게 사랑을 호소하기에 이만한 나무가 어디 있겠는가.

목서의 학명인 *Osmanthus fragrans*의 *Osmanthus*는 그리스어로 향기라는 osme와 꽃이라는 anthos의 합성어이다. 또 frag도 향기가 있다는 뜻이다. 중국이 원산지로 그들이 세계에 자랑하는 나무가 바로 목서다. 항주 식물원은 도록에는 물론이고 식물원의 눈에 띄는 자리마다 금목서를 심어 식물 대국임을 말없이 뽐낸다.

목서의 이파리는 기침과 가래를 삭이고, 중풍과 버짐, 치통 치료에 썼고 구취제로도 사용했다. 꽃이 피었을 때 꽃과 잎을 채취해 그늘에 말렸다가 밀폐 저장해서 두고두고 썼다고 한다. 녹차를 끓일 때 말린 목서 꽃 서너 송이를 함께 넣고 끓이면 향기로운 목서차가 되고 꽃으로 술을 담가 마시거나 소금에 절여 반찬으로 삼을 수도 있다. 꽃을 우려 낸 물로 머리를 감으면 윤기가 나고 향기로워진다. 또한 뿌리의 껍질을 벗겨 말렸다가 요통, 치통에 달여 마시고 목재는 단단하고 치밀해 조각재로 쓴다.

꽃이 귀한 초겨울에 금목서의 꽃을 즐길 수 있다는 것은 큰 복이다. 겨울 내내 푸른 잎과 자주색 열매, 섬세하고 풍성한 가지에 황홀한 향기까지 갖추어 정원수로는 금목서를 대신할 식물이 없다고 말한다. 키 3~4미터의 관목으로 남쪽 땅의 생울타리 조경용으로, 정원수로, 도로의 조경용으로 최고의 수종이라지만 입맛대로 쉽게 찾을 수 없으니 안타깝다.

옛 사람들은 목서를 전설 속의 계수나무처럼 진귀한 목재로 생각했

박달목서 꽃

던 것 같다. 당나라에서는 진사 과거를 열 때 시험관이 금목서와 은목서의 가지를 가지고 높고 낮은 것을 가리기도 했다. 그런데 '목서'라는 다소 이상한 이름을 누가 지었을까. 거기에는 몇 가지 설이 있다.

가장 널리 알려진 이야기는 중국의 선승인 동양화상東陽和尙이 쓴 『강호집江湖集』에 실려 있다. 그 내용에 따르면 목서라는 이름은 하늘에서 내려 온 두 신선의 이름을 따서 지었다고 한다.

누가 말하기를 영은산에 두 신선이 꽃을 갖고 내려왔는데 그 향기가 오래도록 남아 있었다. 사람들이 그 꽃을 몰랐는데 이목李木과 이서李犀라는 사람이 말하기를 하늘나라의 계화桂花가 땅에 떨어져 다시 살아났다고 했다. 사람들은 두 사람이 돌아간 후에야 그들이 신선이라는 것을 알았다. 두 신선의 이름을 따 목서木犀라고 불렀다.

우리나라에 자생하는 목서로는 제주도와 거문도에서 자라는 박달목서가 있다. 제주도 서귀포 지역에 박달목서 암나무가 자라고 북제주 절부암에 수나무 거목이 자라는데 서로 떨어져 있어 열매를 맺지 못했다. 산림청 남부 육종장에서 암나무 가지를 잘라 꺾꽂이로 뿌리를 내린 묘목을 길러 절부암의 수나무 옆에 심어 주었는데 비로서 두 그루의 박달목서가 혼인을 하여 20여 년이 지난 현재 암나무에서 해마다 많은 종자가 달린다고 한다. 남부 지방에서는 노지에서도 금목서가 얼마든지 월동이 가능하지만 서울에서 월동을 했다는 말은 듣지 못했다. 하지만 한번 시도해 볼 만하다. 금목서의 묘목을 심고 뿌리 주변에 짚을 덮어 지면이 얼지 않게 해 주면 된다. 그런 다음 찬바람을 막기 위해 거적으로 바람막이를 세워 주면 웬만한 추위는 이겨 낼 수 있다. 언젠가는 서울에서도 공원이나 도로에 심은 금목서나 은목서를 볼 수 있지 않을까 기대해 본다.

더 높은 곳을 향한 뜨거운 열정

신촌에서 광화문으로 가는 금화터널 진입로 벽면에는 줄사철나무, 마삭줄, 미국담쟁이덩굴 같은 덩굴 식물을 식재해 놓았다. 여기에는 곳곳에 능소화 덩굴도 벽면을 타고 기어오른다. 아직은 눈에 띄게 무성한 편은 아니지만 앞으로 많은 꽃이 피면 시멘트 벽면이 온통 거대한 꽃담으로 바뀔 것이다. 최근에는 고속도로 진입로의 방음벽에도 덩굴식물을 많이 심고 있다. 도로변의 방음벽은 인근 주택가의 자동차 소음을 막기 위해 설치한 구조물이다. 원래 목적에 하나를 더해 여기에 담쟁이를 심어 녹색 벽을 만들겠다는 것이 담장 녹화 사업이다. 한때 무성했던 담쟁이가 해를 거듭하면서 시들게 되자 도로공사나 자치단체 환경 팀은 그 대안을 연구하게 되었다. 기존에는 담쟁이가 뿌리를 내릴 공간이 부족하고 흙이 적은 관계로 금방 토양이 산성화하여 식물 성장을 방해했던 것이다. 그래서 대안으로 여러 가지 덩굴식물을 후보에 올렸는데 송악,

마삭줄, 줄사철나무는 건조하고 찬 공기에 약한 것으로 나타났다. 그러다 보니 이왕이면 꽃이 화려한 것을 심자는 뜻에서 능소화와 붉은인동 등이 선택되었다.

금화터널의 벽면 녹화도 어느 정도 성공을 거두었다. 겨울에도 줄사철나무, 마삭줄 같은 상록성 넝쿨식물이 잎사귀 색은 약간 갈색을 띠지만 그대로 살아 있다. 여기에 같이 심은 능소화 줄기는 벌써 낫자루만큼 굵어졌다. 여름이면 주황색 꽃이 화사하게 피어날 것이다.

여름 한철 정원을 가장 화려하게 수놓는 능소화는 중국 남부가 원산인 낙엽덩굴성 목본식물이다. 줄기에 공기뿌리氣根를 갖고 있어서 나무 줄기나 바위에 붙어 기어오른다. 재배 역사가 긴 관계로 여러 가지 이름

금화터널의 능소화 덩굴

더 높은 곳을 향한 뜨거운 열정

을 갖고 있다. 지화지, 수태화, 등라화, 능거복, 귀목, 능소, 등라초, 추라, 상수오공, 쇄골풍 등으로 불리고 학명은 *Campsis grandiflora*이다.

능소화의 마주 돋아난 잎은 홀수깃털꼴겹잎이며 7~9장의 소엽이 한 장의 잎을 이룬다. 맨 끝에 달린 잎은 크고 타원형이며 끝이 뾰족하고 가장자리에 톱니가 있다. 7~8월에 가지 끝에서 나팔 모양의 주황색 꽃이 주저리를 이룬다. 꽃은 하루 동안만 피고 이튿날이면 다시 새로운 꽃이 피기를 반복한다.

잘 익은 살굿빛으로 벌어진 꽃잎은 끝이 다섯 장으로 얕게 갈라져 있다. 끝이 찢어진 나팔 모양이라고나 할까. 능소화는 통꽃으로 떨어지는 꽃이다. 싱싱한 꽃이 떨어지는 것을 보면 아깝다 못해 처절하다는 표현이 더 어울릴 것 같다. 떠날 때를 알고 떠나는 사람의 뒷모습은 아름답다고 했던가. 능소화는 떠날 때가 되지 않아도 떨어져 가꾸는 이를 애타게 한다.

예로부터 시인 묵객들이 작품의 소재로 즐겨 다루었던 관상식물이 바로 능소화이다. 원산지에서는 시냇가의 나무가 드문드문 서 있는 숲 가장자리에서 자라고 바위 절벽이나 큰 나무 등걸을 기어오르기도 한다. 우리나라에서는 담장에 붙여 가꾸거나 고사목에 줄기를 붙여 가꾼다. 주로 관상용으로 재배하며 약용으로 쓰기 위해 심은 곳은 아직 보지 못했다.

생육 조건은 따뜻하고 습기가 많은 곳을 좋아하므로 중남부 지방에서 재배하는 것이 좋다. 서울 지방의 경우 겨울에 세찬 바람이 부는 곳

능소화 줄기

능소화의 기근

더 높은 곳을 향한 뜨거운 열정

능소화

에 심으면 가지가 말라 죽기
쉽다. 줄기 아래쪽을 짚으로
감싸 주거나 찬바람을 막아
줄 필요가 있다. 장마철에 줄
기를 잘라 모래에 꽂고 비닐
을 덮어 습도를 유지하면 뿌
리가 자라고 싹이 돋아난다.
꺾꽂이를 통해 번식한 어린 포기는 겨울에 말라 죽기 쉬우므로 땅에 묻
어 월동시키는 것이 안전하다.

능소화는 독성을 가진 독초 식물로 분류한다. 맹독이 있는 것은 아니
지만 보통 정도의 독성을 갖고 있어서 잎과 꽃을 말려 약으로 쓴다. 활
짝 핀 꽃을 볕에 말리면 짙은 갈색이 되는데 기부가 합쳐진 대롱 모양이
고 약간의 향기가 남아 있다. 혀끝을 대 보면 쌉쌀하고 신맛을 느낄 수
있다. 능소화 꽃가루가 눈에 들어가면 실명한다는 말이 있다. 이런저런
문헌을 조사해 봤지만 능소화 꽃가루에 독성이 강하다는 연구 결과를
접할 수는 없었다. 전체에 독이 있다는 것은 알려져 있지만 꽃가루에 더
욱 강한 독성을 내포하고 있다는 사실은 아직 확인되지 않았다.

『신농본초경神農本草經』에는 "능소화는 맛이 시큼하고 성질은 약간 차
다"고 했고, 『본초비요本草備要』에서는 "맛은 맵고 독이 있다"고 적혀 있
다. 능소화의 약효는 "피를 차게 하고 피가 맺힌 것을 풀어 주며 여성의
피가 맺혀 생리가 없거나 불규칙할 때, 주독으로 코가 붉은 사람을 치료

하는데 효과가 있다"고 기록되어 있다. 능소화의 성분에 대해서는 아직 규명된 것이 없고 확인할 길이 없다. 따라서 약재라고는 하나 독성이 있으므로 함부로 쓰면 매우 위험하다. 민간약으로 쓸 때도 반드시 한의사의 처방에 따라야 한다. 다만 꽃을 감상하기 위해 능소화를 심을 때 독성은 별다른 영향을 끼치지 않는다. 능소화의 독성 피해를 입었다는 사례를 아직까지는 듣지 못했다. 시골 고향집에도 수십 년 된 능소화가 있었는데 해마다 여름이면 온통 담장을 뒤덮을 정도로 수많은 꽃이 폈다. 우리 형제는 어릴 때부터 그 꽃그늘에서 뛰놀았고 꽃을 주워 소꿉놀이를 했다. 또 꽃을 동생의 머리에 꽂아 장식해 주었고 실에 끼워 긴 꽃목걸이를 만들기도 했다. 혹 바람이 불어 꽃 주저리가 떨어진 것이 있으면 어머니는 아깝다며 그 꽃줄기를 주워 병에 꽂아 방 안을 장식하기도 했다. 그처럼 꽃을 가까이 할 수 있었던 것은 꽃가루에 독성이 있다는 사실을 듣지 못한 때문이기도 하려니와 실제 꽃가루가 많은 식물도 아니기 때문이다.

능소화가 벽을 잘 타고 오르는 비밀은 줄기에 있는 뿌리털에 있다. 한번 붙으면 쉽게 떨어지지 않기 때문에 관리가 쉬운 편이다. 꽃이 피는 기간이 길고 여름철 꽃이 귀한 때 예쁜 꽃을 피우기 때문에 관상용으로 더욱 가치가 있다. 그러다 보니 예로부터 동양에서는 능소화를 즐겨 가꾸면서 시와 그림의 소재로 아껴왔다. 금화터널 진입로의 능소화도 줄기가 날로 무성해질 것이다. 충분히 뻗어 오른 덩굴마다 탐스러운 꽃차례가 주저리를 이루면 나팔 모양의 주황색 꽃이 팡파르를 울릴 것이다.

더 높은 곳을 향해 기어올라 뜨거운 열정을 불태울 그날을 기대해 본다.

금화터널에 능소화가 우거지면 시멘트 벽면은 온통 녹색의 숲이 되고 꽃담으로 바뀔 것이다. 이렇게 되면 서울의 또 다른 명소가 한 군데 더 늘어나고 사진 속에서 추억할 만한 장소가 생기는 셈이다. 능소화가 활짝 핀 서울의 도로변은 한결 풍요로울 것이다. 집집마다 담장을 타고 오른 능소화 꽃의 화사한 풍경이 떠오른다. 정원에 능소화를 심는 일은 적극 권장할 만하다. 마음 놓고 능소화를 심고 가꾸면서 옛 선비들의 멋을 느껴 보는 것도 좋을 것이다. 꽃을 통해 고고한 선비의 문화를 재현해 내는 일이야말로 고상한 취미 중 하나가 아닐까?

전설 속에서 자라는 나무

...

사랑의 입맞춤은 이 나무 아래에서

북한산 아래 우이동 장흥으로 넘어가는 고갯길 못 미처 왼쪽 숲을 오르면 팔부 능선쯤에 아름드리 신갈나무 숲을 만나게 된다. 이곳은 등산로가 없어 일반인에게는 공개되지 않는 곳이라 생태계가 잘 보존돼 있다. 더구나 산 아래 골짜기에 경찰 경비 부대가 있어 사람들의 접근을 막는 관계로 산 아래에 사는 사람들조차 출입 금지 구역으로 남아 있었던 곳이다. 이 지역에는 둘레가 1.5~2미터나 되는 신갈나무, 갈참나무 거목이 자란다. 여기에 자생하는 신갈나무 나뭇가지마다 겨우살이가 까치집처럼 매달려 있다.

몇 해 전까지만 해도 더 많은 겨우살이가 매달려 있었으나 최근 약재로 쓰면서 사람들이 몰래 들어가 함부로 채취하여 그 수가 부쩍 줄어들었다. 겨우살이는 자연 상태에서도 번식이 까다로운 관계로 아주 빠른 속도로 절멸해 가는 식물이다. 새들이 씨를 먹고 나뭇가지에 옮겨 주어야 하고 여기서 싹이 터 스스로 껍질을 뚫고 들어가 수액과 양분을 섭취해야 살 수 있다. 생장 방법이 까다롭기도 하지만 낙엽수도 늙은 나뭇가지가 아니면 안 된다. 숲이 날로 황폐해져 가는 이때에 큰 나무가 없으니 씨를 옮긴다고 해도 발아하기가 어렵다. 이러한 희귀 식물을 약이라는 이유로 마구 채취하고 있다. 더구나 북한산은 국립공원으로 지정한 곳이다. 그런데도 당국의 눈을 피해 약초꾼들이 제집처럼 드나들고 있다.

겨울이 되면 산은 온통 하얀 설원으로 바뀐다. 초겨울부터 내린 눈은 응달에 쌓이고 쌓여 이듬해 4월 말이 되어야 녹는다. 먼저 내린 눈이 채 녹기도 전에 다시 그 위에 눈이 쌓이기를 반복하는 동안 봄을 맞이하게 된다. 이처럼 모든 것이 죽은 듯 깊은 겨울잠에 빠져 있을 때에도 노목의 가지에서 제 세상을 만난 양 푸름을 잃지 않는 녹색 다발이 있다. 바로 겨우살이다. 북풍한설이 몰아칠수록 높은 가지에 까치집처럼 매달린 겨우살이는 흔들흔들 마냥 신난다. 추위가 매서울수록 더욱 푸르다. 주로 참나무류의 줄기에 붙어 자라는 것을 볼 수 있지만 서어나무, 버드나무, 팽나무 등 낙엽활엽수의 거목에도 산다. 언제나 키 큰 나무 가지 끝에 붙어 사는 백수 같은 녀석이다.

땅에다 뿌리를 박고 사는 나무와는 달리 겨우살이는 남의 몸에 깊숙이 다리를 뻗고 산다. 가뭄을 걱정하지 않아도 되고 나무꾼의 도끼 자루에 마음을 졸이지 않아도 되는 팔자 좋은 친구이다. 가을에 콩알 같은 둥근 열매가 노랗게 익으면 멧비둘기나 산새가 이것을 따 먹는다. 그

1

2

1. 꼬리겨우살이
2. 겨우살이

사랑의 입맞춤은 이 나무 아래에서

리고 다른 나뭇가지로 옮겨 가 분비물과 함께 버려진 씨에서 비로소 싹이 튼다. 뿌리는 나무껍질을 뚫고 가지 속으로 파고 들어가 마음껏 영양분을 빨아먹고 산다. 겨우살이 열매의 겉껍질을 벗기면 속에 점액질의 과즙이 들어차 있는 것을 볼 수 있다. 새들은 달콤한 이 과즙을 먹기 위해 겨우살이가 붙은 참나무 숲을 찾는다. 새는 겨우살이 열매를 삼키지만 딱딱한 씨는 소화되지 않고 버려지게 된다. 그런데 겨우살이의 씨는 그냥 나뭇가지에 있을 때는 쉽게 발아하지 않는다. 반드시 동물의 장을 통과하여 소화 효소에 의해 섬유질이 분해되었을 때에 싹이 튼다. 겨우살이의 씨를 감싸고 있는 딱딱한 껍질은 표면에 에나멜질의 코팅 처리가 되어 있는 것이나 마찬가지이다. 장을 통과한 뒤에 에나멜질이 녹아 껍질이 수분을 흡수해야 이어서 싹이 튼다. 새의 분비물은 비료 성분이 적은 가지에서 겨우살이의 싹이 자라는데 훌륭한 밑거름이 되기도 한다.

처음 싹이 트면 두 장의 떡잎이 벌어지고 가운데에서 줄기가 자란다. 가지는 계속 두 개씩 뻗어 나간다. 가지 끝에 달린 잎은 두 장이 마주 붙고 긴 타원형이며 두껍다. 황록색의 작은 꽃은 아주 작아서 잘 보이지 않는다. 작긴 하지만 그래도 4~6장의 꽃잎도 있고 수술도 있다.

겨우살이의 뿌리는 단단한 목질부로 이루어져 있다. 숙주나무의 줄기에 쐐기꼴의 목질성 뿌리를 깊이 박아 줄기를 늘어뜨린다. 크게 자라면 줄기가 빽빽한 것이 지름이 1미터 정도의 녹색 공처럼 보인다. 그 위에 흰 눈이라도 쌓이면 선명한 녹색이 더욱 푸르게 보인다. 겨우살이는 높고 깨끗한 가지, 그중에서도 명당 자리만 골라 뿌리를 박고 사철 놀고먹는다. 일하지 않고도 양식 걱정을 할 필요가 없으니 신선놀음이 따로 없다. 그러면서도 사람들로부터는 불사신의 상징으로, 하늘이 내린 신령스런 나무로 숭앙을 받으니 땅에다 뿌리를 박고 사는 나무의 입장에서 보면 약 오르기 짝이 없다.

겨우살이는 추위에도 푸르다는 뜻에서 동청冬靑, 기생해서 사는 나무라 해서 기생목寄生木, 더부살이꾼이라 해서 우목寓木, 나뭇가지에 새가 앉아 있는 것 같다 해서 새나무蔦蘿木 등으로 불리기도 한다.

평안도에서는 전염병이 돌면 문 밖에 겨우살이를 걸어 두고 역신을 쫓았다. 오래 묵은 밤나무에 달린 겨우살이를 해치면 신의 노여움을 입어 마을에 큰 재앙이 닥친다는 속설이 있었기 때문이다. 평안남도 함종 지방은 밤이 많이 나는 곳이다. 어느 때 밤나무에 겨우살이가 무성하여 나무가 말라 죽어 갔지만 아무도 겨우살이를 제거하려 들지 않았다. 더구나 함종 지방의 밤은 나라님에게 바치는 진상품이었던 까닭에 지방 수령으로서는 큰일이 아닐 수 없었다. 겨우살이에 대한 믿음이 일반 백성들로 하여금 그 일을 하지 못하게 했던 것이다.

미국이나 유럽에서는 성탄절 축하 파티가 열리는 방의 문설주에 겨우살이를 걸어 놓고 그 아래로 지나가면 행운이 따른다고 믿었다. 모든 생명체가 겨울이라는 계절의 신 앞에 무릎을 꿇을 때도 겨우살이는 홀로 청춘을 노래하고 있기 때문이다. 더욱 아름답고 에로틱한 풍습도 있다. 좋아하는 사람의 마음을 잘 알 수 없을 때는 겨우살이가 붙은 참나무를 찾아가는 것이 좋다고 여겼던 것이다. 겨우살이 밑에서 하는 입맞춤은 상대방이 싫은 경우라 해도 따귀를 때리지 않는다니 고마운 나무임에 틀림없다. 사랑하는 사이라면 키스 정도는 해도 좋다는 암시를 품고 있는 나무다. 지금도 이러한 풍습이 남아 있어 성탄절이 오면 거리에는 겨우살이 가지가 등장한다. 파티장 옆에 겨우살이 가지를 걸어 둔 은밀한 방을 마련하기도 한다. 키스를 할 때마다 기념으로 열매 한 알씩을 떼어 내게 되는 데 다른 참석자도 물론 입맞춤을 하게 되므로 겨우살이 열매는 오래되지 않아 모두 없어진다. 열매가 없어지면 파티도 끝이 나고 키스 타임도 끝이 난다. 입맞춤할 때 열매에 대고 "이 사람과 결혼을 할 수 있게 해 주세요"라고 빌면 이루어진다고 한다.

고대 영국의 켈트족 사이에서는 드루이드교가 번창했다. 그들은 참나무를 매우 신성시했는데 겨우살이 또한 신성한 것으로 믿었다. 드루이드교도들은 참나무에 신이 깃들어 산다고 믿었다. 그 때문에 예배하는 곳도 참나무 숲에 마련했다. 참나무에 사는 신이 낙엽이 떨어지면 가지에 매달려 있는 푸른 겨우살이로 옮겨간다고 생각했다. 그래서 한겨울이면 드루이드교 승려들은 겨우살이 의식을 올렸다. 먼저 젊은 승려가 순결을 상징하는 흰옷으로 갈아입고 나무에 올라가 황금 칼로 겨우살이를 자른다. 나무 아래에는 떨어진 열매와 가지를 모으기 위해 흰 천을 깔아 놓는다. 가장 탐스러운 가지를 골라 물병에 꽂고 의식을 올린다. 가지를 꽂았던 물은 만병통치약이라는 뜻으로 '옴니아 사난스Omnia sanans'라 하여 매우 귀한 것으로 여겼다. 의식이 끝나면 겨우살이 가지를 신

자들에게 골고루 나누어
주어 집에 매달아 두도
록 했다.

스웨덴에서는 겨우살
이가 천둥 번개 때문에
생기는 식물로 믿었다. 따
라서 화마火魔에서 사람
을 보호해 주고 벼락을

붉은겨우살이

피하는 효력이 있다고 생각했다. 이탈리아에서도 겨우살이가 화재와 재
앙을 막아 준다고 믿었다. 아프리카의 어느 부족은 겨우살이를 몸에 지
니면 부상을 입지 않는다는 믿음이 있다. 그래서 전쟁에 나설 때면 반드
시 겨우살이의 마른 가지를 하나씩 몸에 지녀 부적 대신으로 썼다. 아
녀자들은 전장으로 떠나는 남편이나 아들에게 겨우살이를 챙겨 주었다
고 한다.

우리나라에서 자라는 겨우살이에는 붉은겨우살이와 여름이면 넓은
잎이 돋아나지만 겨울에는 낙엽이 지는 꼬리겨우살이가 있다. 또 동백
나무겨우살이는 제주도를 비롯한 남부 도서 지방의 동백나무, 사스레
피나무, 가시나무류에 기생한다. 참나무겨우살이는 동백나무, 후박나무
같은 상록활엽수에 기생하는 상록관목이다.

겨우살이는 기생식물이지만 녹색 잎을 갖고 있다. 따라서 스스로 광
합성을 할 수 있기 때문에 종자에 녹말을 저장한다. 다만 뿌리가 없어서

수분과 각종 유기물을 숙주나무에 의존할 수밖에 없는 것이다.

사실 겨우살이는 동서양이 모두 만병통치약으로 썼다. 특히 참나무류에서 자라는 것을 곡기생槲寄生, 뽕나무 가지에서 자라는 것을 상상기생목桑上寄生木, 또는 상기생桑寄生이라 하여 귀한 약재로 친다. 특히 뽕나무에 기생하는 겨우살이가 많았던 모양인지 이두吏讀에 상수상동사리桑樹上冬沙里로 표기하고 있다. 옛날에는 누에를 기르는 뽕나무를 신성시하여 궁궐 내에도 뽕밭이 있었다. 수백 년 된 뽕나무가 많았으니 자연히 늙은 가지에는 겨우살이가 매달려 있었을 것이다. 뽕나무겨우살이가 귀한 약재이긴 하지만 지금은 구하기 어려운 전설 속의 약재가 되고 말았다.

조선시대에는 백령도 일원이 뽕나무겨우살이의 특산지였다. 『조선왕조실록』에 보면 세종 13년 3월 10일조에 다음과 같은 기록이 보인다. "김자견이란 의원이 황해도 백령도와 대청도에서 자라는 뽕나무겨우살이 50근을 채취하여 조정에 보내왔다. 이곳에는 뽕나무겨우살이가 없었는데 순심별감 고전성이 발견하여 세상에 알려지게 된 것이다."

또 광해군 7년 1월 8일조에는 명약인 뽕나무겨우살이 종자가 없어지게 한 일로 김기명을 벌주라는 내용이 사간원으로부터 올라왔다.

뽕나무겨우살이는 얻기 어려운 명약입니다. 팔도 어느 곳에서도 나지 않는데 오직 백령도에서만 생산되는 귀한 약재입니다. 첨사 김기명이 관재棺材로 쓰려고 뽕나무겨우살이가 매달린 늙은 뽕나무를 베려고 하여 주민들이 일제히 나서서 베지 못하게 했습니다. 그런데도 끝내 백성들의 말을 듣지 않고 모두 베어 버렸습니다. 내국의 의원이 뽕나무겨우살이를 보내라고 독촉을 하자 가짜 뽕나무겨우살이를 올려 보냈습니다. 잡아다가 문책하는 것이 마땅할 것입니다.

뽕나무겨우살이 때문에 죄를 물을 만큼 귀하게 여겼던 것이다. 서양에서는 참나무에 매달린 겨우살이를 매우 신성시하여 얼마 전까지만해도 이름 있는 의사들까지 간질병 약으로 권할 정도였다고 한다. 최근독일에서는 겨우살이를 가공하여 항암제를 개발했다는 외신도 들려온바 있다.

꼬리겨우살이의 잎이 붙은 줄기에는 아비쿨라린 성분이 포함되어 있는데 혈중 콜레스테롤을 낮추고 혈관을 확장시켜 동맥 경화, 중풍, 노인성 치매의 예방과 치료에 탁월한 효과가 있다고 알려져 있다. 최근 중국의학계에서는 겨우살이에서 추출한 아비쿨라린으로 중풍 치료제를 합성하여 놀라운 치료 효과를 보았다고 발표했다. 또 겨우살이는 눈을 밝게 하고 몸을 가볍게 하며, 머리털과 치아를 단단하게 한다. 산모에게 특히 좋으며 애를 못 낳는 여자에게는 아기를 갖게 한다고 전해진다. 풍습으로 오는 통증이나 허리가 아플 때, 독활, 방풍, 속단과 함께 달여 마시면 효과가 있다. 가슴이 두근거리고 불안할 때는 당귀, 차즈기와 함께 쓰면 좋다. 협심증이나 고혈압에는 두충, 갈근, 황금, 잇꽃, 꿀풀과 함께 쓴다.

뽕나무겨우살이는 맛이 쓰고 온화한 성질을 가지고 있으며, 피를 보충하고 근육에 윤기를 준다고 했다. 또 풍을 발산시키고 경락을 잘 통하게 하며, 간과 신장을 튼튼하게 하고 뼈와 근육을 강화시키는 효능이 있다고 알려져 있다. 일반적으로 풍을 제거하고 경락을 잘 통하게 하는 위령선, 독활, 강활 등 따뜻하고 건조한 성질의 약과는 달라서, 관절통과 류머티즘 등을 앓고 있는 환자에게 매우 적합하다. 뽕나무겨우살이는 태아를 안정시키는 효능도 있다.

유럽에서는 새끼를 못 낳는 가축에 먹여 새끼를 낳게 만들기도 한다. 특히 암말에 겨우살이를 먹이면 곧 발정을 하게 되고 튼튼한 새끼를 낳는다고 전해진다. 겨우살이에 성적 흥분을 일으키는 물질이 있다는 것을 이미 오래전부터 알고 있었던 것이다. 겨우살이 밑에서 하는 입맞춤도 알고 보면 상당히 과학적인 데가 있는 셈이다. 하지만 아무리 몸에 좋은 약재라 해도 의사의 지시에 따라 복용해야 하는 것이 상식이다. 그런데도 요즘 사람들은 의사를 믿지 않고 오히려 돌팔이를 믿는 세상이 되었다. 어느 한 사람이 몸에 좋다고 하면 뱀, 개구리도 잡아먹고 지렁이, 굼벵이까지 삶아 먹는 지경이다. 몸에 좋다는 말 한 마디에 지리산의 고로쇠나무는 수액을 채취 당해 말라 죽어 가고 있으며, 오대산 마가목은 껍질이 벗긴 채 백골로 변해 가고 있다. 누가 무엇이 좋다고 하면 자생지의 식물 자원은 싹쓸이를 당한다. 몸에 좋다는 말만 믿고 독초인 쇠뜨기를 끓여 먹고 설사병으로 죽다가 살아난 사람도 있고, 독초인 인동을 무슨 보약인 줄 착각하는 사람들도 많다. 강장제로 알려진 삼지구

엽초가 효험이 있다는 말이 나돌자 비슷한 모양의 독초인 연잎꿩의다리나 산꿩의다리가 비싼 값에 팔리기도 했다. 지구자라고 불리는 헛개나무가 당뇨병에 좋다고 알려지자마자 전국적으로 잘려 나가 지금은 희귀식물이 되었으며, 신경통 치료제라는 이름으로 참회나무, 화살나무, 회잎나무 같은 노박덩굴과 식물이 무더기로 수난을 당하고 있다. 언제까지 이 짓을 계속해야 하는 걸까.

겨우살이가 약재로 개발되어 인류를 불치병에서 구할 수만 있다면 얼마나 다행인가. 그때를 위해서라도 겨우살이는 살아 있어야 한다. 약리 효과가 알려지기까지에는 수많은 의학자와 약리학 관계자가 생체실험과 임상실험을 거쳐야 한다. 그 결과로 약효가 검증되는 것인데 누구한 사람의 말만 믿고 자생지의 식물 자원이 멸종 위기까지 간다면 얼마나 한심한 일이겠는가. 겨우살이를 살리기 위해서는 기생할 숲이 있어야 한다. 그리고 식물의 아름다움을 바라볼 줄 아는 눈을 길러야 한다.

북한산의 희귀 식물이 하나 둘 사라질 때마다 우리는 더 많은 것을 잃을까 걱정을 해 왔다. 사패산 터널 위에 있던 산개나리 역시 한 그루도 남김 없이 송두리째 사라졌다. 북한산의 노랑할미꽃도 이제는 볼 수 없다. 이러한 희귀 식물이 어디 한두 가지이겠는가. 인근의 수백 년 된 신갈나무 군락은 누군가에 의해 껍질이 벗겨진 채 말라 죽었다. 북한산의 숲이 사라지고 있는 것이다. 모두 사람들에 의해 파괴가 자행된 생태계의 상처들이다. 이제 몇 남지 않은 겨우살이도 언제 절멸될지 모른다. 그 자리에 일본에서 들여온 일본목련이 여기저기 돋아나고 있다. 우리 지생 수종들이 제자리를 빼앗기지 않도록 잘 보살펴 주어야 할 필요가 있다.

점점 사라져 가고 있는 겨우살이를 보고 싶으면 내장산, 오대산, 속리산을 찾아가면 된다. 겨울에 가면 노란 보석처럼 투명한 겨우살이 열매와 그 열매를 따는 산새들을 만날 수 있다. 겨울 산이 이처럼 아름다울까 하고 새삼 놀라게 될 것이다.

지상에서 자라는 달 속의 나무

서울 종로구 관훈동 SK 건설 빌딩 화단에는 계수나무 10여 그루가 자란다. 높이 20미터에 가슴높이 둘레가 60~70센티미터나 되는 큰 나무이다. 봄이면 발그레한 잎이 돋아나 여름에 짙은 그늘을 만든다. 가을에는 샛노란 단풍으로 우리를 기쁘게 한다. 이 계수나무는 수직으로 죽죽 뻗어 오른 줄기가 강하고 주변의 회화나무, 목련, 벚나무와 어우러져 자란다. 계수나무의 매력은 아무래도 가을의 단풍이다. 하트 모양의 황금색 잎은 두 장씩 마주 붙어 사람들의 발길을 사로잡는다.

여름에 이 나무 앞에 서면 향기로운 냄새가 혼을 다 빼놓는다. 계수나무는 한때 일본 수종이라며 외면을 당했으나 잎에서 향기가 나는 아름다운 나무로 알려지면서 차츰 인기를 더해 가고 있다. 예로부터 계수나무는 달 속에서 자라는 꿈의 나무였다. 물론 이제는 달에서 계수나무를 찾는 사람은 드물다. 하지만 달을 올려다보면 검게 보이는 부분이

계수나무

관훈동의 계수나무

지금도 꼭 계수나무처럼 보인다. 그 부분을 다른 말로는 계백桂魄이라고
한다. 계백은 달의 별칭이다.

예로부터 달에는 광한전이 있고 그 옆에는 계수나무가 자란다고 여겨
졌다. 광한전의 주인은 항아姮娥라는 천녀天女이다. 월궁 속의 미인인 항
아는 불사약을 갖고 있어서 영원히 죽지 않는다고 믿어 왔다.

이 밖에도 달에서 자라는 계수나무에 얽힌 이야기는 많다. 계수나무
를 잘라 초가삼간을 지어 부모님을 봉양하겠다는 효심 어린 이야기에
서부터 달 속의 계수나무는 높이가 500장에 이르며 그 나무 아래에서
한 남자가 항상 이 나무를 자르고 있다는 이야기도 있다. 이 이야기에
등장하는 남자의 이름은 오강吳剛인데 선술을 배우다가 죄를 지어 그
벌로 달의 계수나무를 자르는 일을 하게 되었지만 나무의 상처가 금방
아물어 자르려고 해도 끝이 없다고 한다. 아무튼 계수나무가 있어 달도
달답다고 하겠다.

실제 계수나무는 달 속의 나무처럼 신비스럽기도 하고 단정한 모습
이 기품 있어 보인다. 계수의 계桂는 일본이 이 나무에 붙인 한자 이름이
다. 중국은 연향수連香樹라 불렀다. 우리나라에서는 자생하는 것이 없기
때문에 계수라는 이름보다는 일본 이름인 '가쓰라'로 하는 것이 옳다고
식물학자인 최영전이 말하기도 했다.

가쓰라라는 이름은 가쓰香出에서 비롯된 것으로 나뭇잎의 향기가 좋
아 향을 만드는 원료로 쓰였기 때문에 이런 이름을 얻게 되었다고 한다.
이 향을 얻기 위해서는 8월 초부터 210~240센티미터짜리 가지를 두세

단풍이 든 계수나무   계수나무 잎

개 잘라 잎을 따서 멍석에 펴 바싹 말린다. 그런 다음 말린 것을 가루로 만들어 향으로 쓰는 것이다.

계수나무는 보통 키가 30미터에 줄기의 지름이 2미터까지 이르는 큰 나무이다. 잎은 독특한 느낌을 준다. 둥근 보름달이 평화를 상징하는 것처럼 계수나무의 잎 역시 바라보면 평화를 느낄 수 있다. 경기도 포천의 광릉수목원에는 어른 두 명이 마주 껴안아야 겨우 손이 닿을 만한 커다란 계수나무가 아직도 살아 있다.

둥근 피나무 잎은 풍만을, 앵두는 앳됨을, 사과는 예술적인 맛을, 수박은 소란스러움을, 감은 고요함을 느낄 수 있다. 박은 여성적이고, 호박은 남성적인 둥근 맛을 지니고 있다. 계수나무 잎은 앙큼한 애교를 감추고 있다.

계수나무는 암수가 다른 자웅이주雌雄異株이다. 이른 봄에 잎이 필 때면 붉은색을 띠기 때문에 하늘에 분홍색 구름이 떠 있는 것처럼 장관을 이룬다. 꽃은 꽃잎과 꽃받침이 없다. 암꽃과 수꽃은 각각 암술과 수술로만 되어 있다. 또한 계수나무과에는 계수나무속 하나만 있다. 그것도 두 종은 일본에 있고 변종 하나가 중국에 있을 뿐 지구상의 다른 곳에서는 찾아볼 수가 없다.

중국에서 말하는 계수桂樹는 목서木犀를 말한다. 일본의 계수나무와는 전혀 다른 수종이다. 우리나라의 남부 도서 지방에서 정원에 널리 심는 금목서, 은목서 따위를 중국인들은 계수라 하며 좋아한다. 겨울에 꽃이 피기 때문에 향기가 맑고 멀리 퍼지는 것이 특징이다.

일본 아이누들은 계수나무의 껍질을 태워서 그 재를 물에 넣고 끓인 다음 식혀서 머리를 감는 샴푸로 이용했다. 나무껍질을 삶은 물에 밥을 지어서 누룩을 넣고 술을 빚기도 한다. 또 마름 열매를 삶은 것 위에 껍질 가루를 뿌려 두면 좋은 누룩이 되었다.

최근 우리나라에서도 계수나무를 조경수로 많이 심고 있다. 이름이 계수일 뿐 전설 속의

계수나무 꼬투리

계수와는 아무런 연관이 없는데도 신비스런 나무인양 고급 정원수로 손꼽히고 있다. 이 땅에 일본산의 계수나무를 심기보다 우리 자생 수종을 보다 많이 심었으면 좋겠다.

관훈동에서 볼 수 있는 계수나무는 여러 포기씩 무리를 지어 자라는 중이다. 모아서 식재한 까닭이다. 줄기는 곧추서고 가지가 원줄기를 감싸듯 사선으로 뻗어 오르고 있다. 가만히 두면 저절로 둥근 수형을 이루어 여간 아름다운 것이 아니다. 계수나무는 가지가 구부러지는 법이 없다. 그저 똑바로 뻗어 오른다. 그래서 가느다란 가지를 보면서도 힘찬 기운을 느낄 수 있다. 특히나 하트 모양의 잎은 연인에게 편지를 보낼 때 종이 사이에 끼워 넣거나 책갈피로 이용하기에도 안성맞춤이다. 이래저래 계수나무는 분명 사랑스러운 나무임에는 틀림없다.

송월동 한국기상산업진흥원의 팽나무
춘궁기를 견뎌 낸 먹을거리

　서울시 종로구 송월동 한국기상산업진흥원으로 들어가는 진입로 양
쪽에는 아름드리 팽나무가 한 그루씩 서 있다. 이 나무는 담장에 바짝
기댄 채 양쪽으로 가지를 크게 벌려 입구를 온통 가릴 정도로 무성하
다. 사방으로 줄기를 펼치고 다시 수많은 가지가 갈라져 무성한 잎을 뒤
덮고 있다. 입구에 서 있으면서 한 그루씩 딱 버티고 있는 모습이 듬직
하다. 큰 나무를 보면 건장한 사내가 빈틈없이 지켜 주는 것 같아 우선
마음이 든든하다. 이곳의 팽나무도 마찬가지다. 마치 수문장처럼 버티
고 서 있는 모습에서 이곳을 지나는 사람들에게 심적으로 안정감을 주
게 된다.
　팽나무 잎사귀는 짙은 녹색이고 표면에는 광택이 있다. 여름이면 햇
빛에 반사된 잎이 녹색 바다에 부서지는 파도처럼 보인다. 사실 팽나
무는 곧추 자라는 나무가 아니다. 밑에서부터 옆으로 가지를 펼치는 성

질이 있어 넓은 면적을 차지하여 햇볕에 몸을 맡기기 때문에 어린 묘목일 때부터 다른 나무와 차별을 둔다. 팽나무의 껍질은 매끈하고 이른 봄에 잎과 동시에 꽃이 피는데 워낙 작은 것들이 잔가지에 모여 있는 데다가 꽃잎이 퇴화해 잘 보이지 않는다. 여름에는 녹두알보다 작은 열매가 잎겨드랑이마다 하나씩 달린다. 가을이면 열매는 오렌지색으로 익는다. 이 열매의 과피를 먹으면 달착지근하다. 열매는 작아도 워낙 많이 달리기 때문에 수많은 산새들이 찾아온다. 겨울에도 열매가 쉽게 떨어지지 않고 오래도록 달려 있어서 겨울 철새들에게는 좋은 먹잇감이 된다.

팽나무는 충청도 이남 지역의 해안 지방에서는 동신목으로 보호되는 것들이 많다. 특히 바닷가 마을에서는 느티나무와 함께 해신을 모시는 당집 근처의 숲을 이루는 것이 보통이다. 그러다 보니 수백 년 된 노거수들이 전국에 흩어져 자라고 있다. 사실 팽나무는 이름보다는 서낭당이나 정월 대보름 당제를 드리는 신목이라 해야 이해가 빠르다. 예로부터 신령이 깃들어 있는 신목으로 여러 이 땅의 주민들과 함께 희로애락을 해 온 향토 수종이다. 팽나무는 미태나무, 폭나무, 평나무, 패구나무, 포구나무라고도 불린다.

팽나무는 잎이 타원형이며 가장자리에 톱니가 나 있다. 지방에 따라서는 봄철에 돋아나는 어린 싹을 나물로 먹기도 한다. 팽나무의 잔가지는 약재로 요통, 관절통, 월경 불순, 습진, 옴 등에 사용된다. 또한 팽나무는 워낙 나무가 크게 자라고 굵어서 고급 목재로 꼽는다. 결이 곱고 재질이 튼튼하여 고급 가구재로 안성맞춤이다. 팽나무 밑으로 가면 작

팽나무

춘궁기를 견뎌 낸 먹을거리

팽나무 열매   팽나무와 비슷한 푸조나무 열매

은 묘목이 돋아난 것을 흔히 보게 된다. 씨가 떨어지면 그 자리에서 싹
이 돋아나기 때문에 어린 묘목을 쉽게 찾을 수 있다.

  느릅나무과에 딸린 낙엽교목인 팽나무는 나무껍질이 회색이다. 2년
생의 가지는 갈색이고 1년생의 가지는 녹색을 띠는 것이 특징이다. 바
람이 부는 방향으로 가지를 뻗는 이상한 버릇을 가지고 있고 생김새도
나름 독특하다. 줄기와 잎, 열매까지 모두가 예술적으로 생긴데다가 여
름 땡볕에 시원한 그늘을 푸짐하게 내리는 등 애당초 사람들이 좋아하
는 모든 것을 갖추고 있는 나무가 바로 팽나무이다. 이러한 팽나무가 중
국과 일본은 물론 우리나라 전역에 골고루 분포돼 있다. 김알지의 전설
이 있는 경주 계림의 숲은 팽나무 천지다. 경주 김씨의 조상목이나 다름
이 없다.

  부산광역시 북구 구포동 백양산 밑에서 낙동강을 보고 있는 5백 년
생 팽나무는 천연기념물 309호이고, 완도의 팽나무는 밑둥치의 둘레만
7.5미터로 어른 다섯 명이 둘러싸야 할 정도로 크다. 북제주군의 한림읍
명월 마을에 있는 4백 살 된 팽나무 군락은 제주의 넋이나 다름없다. 옛

날부터 동수감洞樹監을 두어 나뭇가지 하나라도 꺾었다가는 벌을 내렸다고 한다. 지난 1948년 4·3사건 때 공비 토벌을 이유로 이 팽나무 숲을 베어 내려고 할 때 "나무 대신 차라리 우리를 베라"며 주민들이 목숨을 걸고 지킨 것으로 유명하다.

또한 경상남도 고성군 마암면 삼락리의 팽나무는 금목신金木神이란 이름으로 논 4백 평까지 소유하고 있는데 법적으로 등기까지 되어 있다. 마을에서는 해마다 정월 보름이면 이 나무에서 동제를 올리곤 했는데 1967년에 이동수 씨가 팽나무의 이름을 짓고 자기 소유의 논 4백 평을 제수 장만용으로 등기를 했다고 한다. 지금은 그해에 정해진 제주가 농사를 짓고 수확된 곡식을 처분해 성대한 동제를 올리고 있다. 특히 이 나무는 임진왜란 때 고사를 지내고 출진한 거북선이 50여 척의 왜선을 때려 부쉈다고 해서 유명하다.

팽나무는 가지가 촘촘하게 자라고 섬세하게 배열되기 때문에 겨울의 나목이 아름답다. 창경궁의 팽나무도 마찬가지다. 느티나무처럼 가는 가지가 촘촘하게 붙어 푸른 하늘을 배경으로 서 있으면 그야말로 기막힌 아름다움을 연출한다. 특히 바닷가의 해풍을 맞으며 자라는 것은 가지가 더 꼬부라져 장관이다. 키는 작고 옆으로 퍼져 있는 수형을 보면 정말 볼 만하다.

창경궁에서 종묘로 가는 입구에는 검은 열매가 달리는 검팽나무 한 그루가 있었으나 지금은 베어 내고 없다. 그 주변에는 희귀 수종인 검팽나무 외에도 주엽나무와 매자나무 같은 좋은 나무가 있었는데 다 베어 내고 지금은 흔적만 남아 있는 것이 안타깝다.

송월동의 팽나무는 가을에 가장 돋보인다. 노란 단풍이 들면 주변의 어떤 나무보다 화려하다. 마치 큰 은행나무처럼 고운 노란색으로 물든다. 그리고 늦은 가을날 소리 없이 떨어져 내리면서 지면을 온통 금빛으로 바꾸어 놓는다. 나무의 금빛 이파리들이 아스팔트의 검은빛을 가려 고귀한 황금색으로 바꾸게 되니 이런 조화가 또 어디 있을까. 기상대의 팽나무를 보고 있으면 바닷가 고향 마을의 향수를 일깨우게 된다. 어린 시절 나무줄기에 올라가 놀았고 가을에 노랗게 익은 열매를 씹으며 짧은 가을을 보냈다. 이러한 자생 수종을 입구에 심은 조경사의 심미안에 감사할 따름이다. 도시의 자투리 공간 어느 곳이나 외래 수종이 판을 치는 요즈음 우리 자생 수종을 심고 가꾸는 분들의 노고를 잊지 말았으면 좋겠다.

송월동 한국기상산업진흥원의 팽나무

독립공원의 무궁화

삼천리 강토에 핀 겨레의 꽃

◉-◉-◉

서대문 독립공원에는 수십 그루의 무궁화가 자란다. 크기는 그리 큰 편이 아니지만 해마다 여름이면 보라색 또는 자주색 꽃을 피워 관람객을 맞이한다. 독립공원은 일제 강점기에 서대문 형무소라는 이름으로 숱한 독립투사들이 조국 광복을 위해 투쟁하다가 옥고를 치른 곳이다. 더구나 독립문은 중국 사신을 영접하기 위해 세운 영은문이 있던 자리에 민족의 자주성 확립을 위해 세운 기념물이다. 그 독립문에 무궁화를 심고 가꾸는 일은 당연한 일이 아닐 수 없다. 해마다 8월 15일 광복절을 전후하여 독립공원에서는 무궁화 전시회가 열린다. 이 시기가 되면 중요한 무궁화 품종 수십 종을 화분에 심어 꽃을 피운 분재들을 볼 수 있다.

사실 우리나라에서 키우는 대부분의 무궁화는 가꾸는 방법이 만족스럽지 못하다. 먼저 무궁화 가지를 너무 많이 자른다. 해마다 봄이면 굵은 줄기만 남기고 가지를 잘라 버리기 때문에 나무가 크게 자라지 못

독립공원의 무궁화

한다. 어린 새 줄기에서 꽃이 피긴 하지만 웃자라기만 하고 꽃이 많이 피
지는 않는다. 가지를 자르지 않고 그대로 두면 우선 수형이 동그랗게 자
라 운치가 있고 나무가 오래되면 많은 꽃이 피어 관상 가치도 높아진다.

 무궁화는 먼 옛날부터 우리 민족을 대표하는 이상적인 꽃이다. 추위
에 강한데다 토양에 대한 적응력이 크고, 무엇보다 그 모양이 군자의 기
상을 지닌 꽃이라 불렸다. 무궁화의 학명은 *Hibiscus syriacus*로 앞
의 *Hibiscus*는 이집트의 '달의 신' 히비스Hibis를 닮은 꽃이라는 뜻이
다. *syriacus*는 시리아에서 자라는 나무라는 뜻인데 이 식물에 이름을
붙인 식물학자 린네가 무궁화를 시리아 원산으로 본 때문이다. 세계에

200여 품종, 국내에만 70여 품종이 있다. 백의민족을 자부한 탓인지 예로부터 선조들은 흰색 무궁화에 애착을 가졌다. 한국무궁화연구회 같은 무궁화 관련 단체에서는 흰색 바탕에 붉은 단심이 들어간 무궁화꽃을 표준 나라꽃으로 정한 바 있다.

무궁화의 원산지가 밝혀진 것은 비교적 최근의 일이다. 인도 북부와 중국 윈난 성, 쓰촨 성 일원에서 야생 무궁화가 자라는 것이 밝혀진 것이다. 한반도에서는 아직 무궁화 자생지가 발견된 적이 없다. 현재 우리가 재배하는 무궁화는 *Hibiscus*속 식물 중에서도 위도상 가장 북쪽에서 자란다.

무궁화는 온대성 낙엽 활엽수로 한반도에서는 평안도까지 자라고, 그 위쪽에서는 겨울 추위를 이기지 못한다. 산지에 자생하는 무궁화가 없다는 데서 외래식물이라고 주장하는 사람도 있다. 먼 옛날 한반도와 대륙이 연결돼 황해가 육지였을 때는 이 땅에도 무궁화가 자라고 있었을 것이다. 그러다 빙하기를 거치는 동안 내한성이 약한 것들부터 자생지에서 하나씩 죽어 갔고, 관상용으로 재배하는 것만 오늘날까지 보존되었을 것으로 보인다.

무궁화의 우리 이름은 '무우게'이다. 김정상은 1955년에 펴낸 『무궁화보無窮花譜』에서 "1923년 전남 완도군 소안면 비자리 앞 바닷가에서 자라는 수십 주의 굵은 무궁화나무를 보았다. 마을 노인들은 무궁화라는 이름보다 '무우게'라고 부른다"고 적고 있다. 기원전 4세기에 쓴 중국의 옛 지리서 『산해경山海經』에는 이미 우리나라를 일러 근역槿域이라 하고 "서로 양보해 다툴 줄 모르는 군자의 나라"라 했다. 무궁화는 나무인 목근과 풀꽃인 순으로 크게 나눈다. 『시경』에서는 '안여순화顔如舜華'라 해서 아름다운 여자를 무궁화에 비유하기도 했다. 이때의 순舜은 초본성 관목인 부용Hibiscus mutabilis을 지칭하는 것 같다. 무궁화 대신 근화槿花, 훈화薰華, 순영舜英, 일급日及, 일화日華 등 많은 이름이 있으나 모두가 아름답다는 뜻이다. 신라 때 최고 문장가였던 최치원이 지어 당에 보낸 국서에는 다음과 같은 구절도 보인다.

근화향(신라)은 겸양자중한데 호시국의 횡포는 날로 더한다

槿花鄕謙讓自沈 楛矢國毒痛愈盛

이수광의 『지봉유설』에는 중국 문헌을 인용하여 다음과 같이 말하기도 했다.

고려에서 보낸 국서에 본국을 근화향槿花鄕이라 했다

高麗時表詞 稱本國爲槿花鄕

또 『고금주古今注』에는 아래와 같은 소개글도 보인다.

군자의 나라는 지방이 천 리인데 무궁화木槿花가 많더라

君子之國 地方千里 多木槿花

무궁화로 부르게 된 것은 고려 말 이규보가 처음 사용한 듯하다. 그는 『동국이상국집』에서 문공文公과 박환고가 무궁화를 두고 서로 토론한 내용을 적고 있다. 토론 중에 무궁화는 꽃이 많이 피는 까닭에 '무궁無窮'으로 적어야 한다는 내용이 보인다. 다른 한 사람은 옛날 어느 임금이 이 꽃을 너무 사랑하여 여섯 왕궁의 비를 거들떠보지 않았다는 고사에서 나온 말이므로 '무궁無宮'이라고 해야 옳다고 했다. 이규보는 두 선비의 주장에 대해 이같이 적었다.

> **근화를 이르는 두 이름은** 槿花之二名
>
> **나의 벗 두 명으로부터 시작되었네** 發自吾二友

방편자 유희가 쓴 『물명고物名考』에는 목근은 무궁화라 하고 반친瘢槻, 순일급蕣日及, 조개모락화朝開暮落花, 화노花奴, 옥증玉蒸, 애화愛花, 화상화花上花라고 적었다. 우리말 무궁화의 가장 오래된 문헌이라 할 수 있다. 『양화소록』을 쓴 강희안과 선비 안사형이 주고받은 글도 전해진다. 강희안의 화보花譜에 무궁화가 빠진 것을 두고 안사형은 다음과 같이 말했다.

> 우리나라에는 단군이 개국하실 때부터 이미 무궁화가 있었기 때문에 중국에서 우리나라를 일컬어 근역이라 하였습니다. 따라서 근화는 예로부터 우리 동토東土의 봄을 장식하였음을 알 수 있습니다……. 무궁

화는 홍과 백 두 가지가 있는데 흰 것은 빛깔이 백작약과 같으니 형께서 흰 것을 보지 못하였기 때문에 화보에 넣지 않은 것은 아닌지요. 『시경』에 '얼굴이 순영과 같다'고 한 것은 흰 꽃을 말한 것 같습니다. 6~7년 전 충주 지방에서 흰 무궁화白槿花를 보았습니다.

이에 강희안은 다음과 같이 화답했다고 전해진다.

……흰 꽃을 받아 보고 이게 바로 무궁화舜華로 우리나라의 옛 봄을 상징한다는 가르침을 알았고, 비로소 우물 안에서 나와 하늘을 보았다 하겠습니다…….

역사적으로 무궁화를 찬양한 명시는 많다. 『세황근지世黃謹誌』 「남화편南華篇」에는 아래와 같은 구절이 보인다.

무궁화가 푸른 산봉우리를 가리는데 槿花低映碧山峯
첫 해장술은 백옥 같은 얼굴을 취기로 물들이네 卯酒初酣白玉容

고려조의 최충헌은 그의 시에서 아래와 같이 읊기도 했다.

붉은 앵두, 자줏빛 죽순은 때가 지나려 하고 朱櫻紫筍時將過
붉은 무궁화, 빨간 석류는 맵시 또한 곱기도 해라 紅槿丹榴態赤姸

무궁화의 다양한 품종들

1	2
3	4

1. 블루문
2. 충무
3. 블루드페
4. 설악

조선조에는 과거에 급제하면 다홍색과 보라색, 노란색 무궁화를 꽂게 했는데 이것이 어사화이다. 궁에서 간단한 잔치에도 신하들의 사모에 무궁화를 꽂고 이를 진찬화進饌花라 불렀다. 지금 우리나라에서 최고 훈장도 무궁화대훈장이다. 무궁화는 꽃이 별로 많지 않은 여름에 핀다. 『예기』「월령月令」편에 "이달이면…… 반하가 자라고 무궁화가 핀다仲夏生 木槿榮"고 했다. 무궁화는 7월부터 피기 시작해 서리가 내리는 10월까지 끊임없이 피고 진다.

명나라의 이시진이 쓴 『본초강목』이나 조선조의 허준이 저술한 『동의보감』에는 무궁화가 이질이나 설사를 멎게 하고 대하, 옴, 도장부스럼을 다스린다고 적혀 있다. 치질, 탈항, 신경통에 직효약이라는 구절도 보인다. 어린잎은 귀한 약재로 차 대용으로 쓰였다. 이 같은 무궁화가 뼈 아픈 수난을 겪은 것은 일제 치하인 1933년 11월부터이다. 한서翰西 남궁억 선생의 무궁화를 통한 민족혼 고취 운동이 탄로 나는 소위 '무궁화사건' 이후 일제는 전국의 무궁화를 죄다 뽑아 버리게 했다. 그러고서 무궁화를 보고 있거나 만지면 눈병이 나고 부스럼이 난다는 등의 온갖 악소문을 퍼뜨려 무궁화를 멀리하도록 했다. 그도 모자라 무궁화는 꽃이 지저분하고 벌레가 많이 꾀는 몹쓸 나무라고 어린이들에게 세뇌 교육을 시켰다. 그 결과 무궁화는 변소 옆이나 담 모퉁이로 밀려 났다. 천대 받는 꽃이 되어 광복 반세기를 맞았고, 아직도 그 명예를 충분하게 회복하지 못하고 있다.

현재에는 한국무궁화연구회 등 많은 단체가 무궁화 선양 운동을 벌이고 있다. 유달영, 염도의 같은 육종학자들은 무궁화 품종 개량에 많은 노력을 기울여 왔다. 그 결과 배달, 화랑, 아사달, 사임당, 한빛 등 우리의 냄새가 물씬 풍기는 100여 종의 새 품종도 개발해 냈다. 성균관대학 심경구 교수는 밤에도 시들지 않는 '심산'이라는 3배체 무궁화 품종을 만들어 내기도 했다. 이제 무궁화는 밤에도 볼 수 있는 꽃이 되었지만 아직도 나라꽃으로 제자리를 잡지 못하고 있는 것 같아 안타깝기만 하다. 더구나 나무는 오래 묵은 줄기가 운치 있는데 무궁화는 아교목이긴 해도 오래도록 자라게 두면 줄기가 굵어지고 고태가 나 역시 운치가 있다. 늙은 고매古梅에서 세월의 풍치를 느끼고 성근 가지를 통해 문기文氣를 느끼게 되는 것과 같다. 그래서 나무는 오래 묵은 것일수록 고태가 깃들게 되고 운치를 느낄 수 있는 것이다.

독립공원이라면 최소한 수십 년 된 무궁화 한 그루쯤은 식재돼 있어야 격에 맞다. 이제부터라도 무궁화 거목을 가꾸어야 한다. 전국 최고 최대의 무궁화는 아니더라도 노거수라고 할 만큼 나무를 가꾸어야 한다. 그래서 무궁화를 통해 민족정기를 바로 세우고 나무를 통해 나라를 사랑하고 민족을 아끼는 마음을 다잡아야 한다. 독립공원의 무궁화가 더욱 화사한 꽃 빛을 피워 우리의 마음을 살찌우고 이 땅을 화사하게 빛나도록 해야 한다. 무궁화는 겨레의 마음에 피는 꽃이요, 나라를 상징하는 꽃이기 때문이다. 삼천리 방방곡곡에 무궁화 꽃이 화사하게 피는 꽃동산을 가꾸어야 한다.

인류 역사를 만든 한 알의 열매

경부고속도로 진입로인 양재 나들목 녹지에는 사과나무 수십 그루가 자란다. 과수원에서 재배하던 것을 옮겨 심은 관계로 왜성이어서 나무는 작아도 사과가 잘 달린다. 이 지역 녹지에는 소나무 숲이 조성돼 있고 조팝나무, 영산홍, 쥐똥나무 같은 관상수들이 식재돼 있다. 사과나무는 병충해에 약해서 관상수로 가꾸기는 어려운 것이 사실이다. 그러나 이곳의 사과나무는 봄부터 가을까지 병충해 방제를 해 주는 등 지속적인 관리로 사과가 잘 달린다. 지금은 부사나 선홍, 홍로, 양광 같은 품종을 많이 재배하지만 조선시대에는 능금나무를 널리 심었다. 사과보다 열매는 작고 신맛이 강하지만 병충해에 잘 견디고 수세가 강해서 수확량이 많았다.

지금은 헐리고 없지만 경복궁의 옛 석조전 뒤에는 궁궐 과수원이 있었다. 대추나무, 살구나무, 능금나무가 수십 그루 자라고 있었는데 지금은 흔적도 없이 사라졌다. 바로 학술원과 예술원으로 쓰던 건물 뒤쪽이 그곳이다. 능금나무는 봄철 잎과 동시에 꽃이 피는데 흰색 또는 연한 자주색이고 꽃잎에는 연분홍 얼룩무늬가 있다. 가을에 빨갛게 익는 열매는 신맛이 강하면 무 구덩이 같은 곳에 저장했다가 먹었는데, 그러면 향이 무척 강하고 달게 변했다. 1960년대까지만 해도 서울의 세검정 골짜기에는 능금과 자두 과수원이 많았다. 그러나 그 과수원 단지는 지금 택지가 되어 이제는 능금나무도 사라지고 말았다.

한국의 가을은 사과의 계절이다. 사과만큼 인류의 사랑을 받은 과일도 드물다. 그중에서도 빛깔과 향미로 세계적인 것이 우리나라의 사과이다. 사과 재배지로는 천혜의 땅이기 때문이다. 하얀 5장의 꽃잎에 황금색 꽃술의 사과꽃도 좋지만 사과는 역시 휘어지도록 주렁주렁 열린 씨알 굵은 과일로의 사과가 제격이다. 온대성 낙엽과수로 예로부터 25여 종이 유라시아와 북미 등 3대륙에서 재배해 왔다. 유사 이전의 스위스

사과나무 꽃   꽃사과

유적지에서 탄화된 사과가 발견된 것으로 봐서 사과의 역사도 인류의 역사만큼이나 깊은 것으로 보인다. 사과는 성경 덕분에 특히 유명해졌다. 먹지 말라던 선악과를 아담이 먹다가 하나님에게 들켰는데 이때 먹은 선악과가 바로 사과라고 주장하는 이도 있다. 아담은 제대로 씹지 않은 선악과를 꿀꺽 삼키다 목에 걸리고 말았다. 그래서 남자들의 튀어나온 목의 결후結喉를 '아담의 사과'라 부르기도 한다. 사과에 얽힌 유래는 이 밖에도 많다. 뉴턴이 만유인력의 법칙을 발견했을 때도 사과가 나오고, 신궁神弓 윌리엄 텔이 아들의 머리 위에 올린 사과를 맞춘 이야기도 유명하다.

사과는 중앙아시아가 원산이다. 전한 시대 장건이 서역을 정벌하면서 중국에 유입된 것으로 보인다. 투르판어로 사과를 '핑구리pinguri'라 하는데 산스크리트어에서 따온 말이다. 당시 서역에서 유입된 식물 자원 중에는 보리와 밀 같은 주곡에서부터 대추, 포도, 호두, 석류 같은 과일나무가 있었다. 또 참깨와 땅콩, 마늘, 당근, 오이, 수박 같은 양념 채소류도 들어 있었다. 사과는 고려시대에 이미 이 땅에 소개돼 핑그리라 불렸고 조선시대에는 내柰 또는 빈파頻婆, 평파苹波, 평과苹果, 빈과頻果, 빙과氷果, 내자柰子, 사과査果 등으로 불렸다. 유희는 『물명고』에서 "임금林檎은 배와 비슷하지만 배가 아니며 '능금'이라고도 하고 미금이라고도 한다. 또 임금의 하나로 열매가 큰 것을 빈파라 한다"고 적었다. 이 기록을 보면 우리말 '능금'은 '늠금'에서 왔음을 알 수 있다. 『본초강목』에는 "사과와 능금은 동류이종同類異種이다. 내柰의 과실은 임금과 크기가 비슷하다. 서부 지역에서 많이 나지만 다른 곳에서도 재배할 수 있다. 흰색, 붉은색, 푸른색이 있는데 흰색은 소내素柰, 붉은 것은 단내丹柰 또는 주내朱柰, 청색은 녹내綠柰이고 모두 여름에 익는다. 양주에는 동내冬柰가 있는데 겨울에 익는다"고 했다. 또한 『서경잡기西京雜記』를 보면 "상림원上林苑에 됫박만큼이나 큰 자내紫柰가 있는데 씨는 보라색이고 꽃은 푸른색이며 즙은 옻칠과 같아서 옷에 묻으면 지워지지 않는다. 이것을 지의내脂衣柰라고 하는데 본품의 변종"이라는 기록도 보인다. 『임원십육지林園十六志』에는 광주와 함흥의 명산물로 빈과를 들고 있다. 오늘과 같은 경제적 재배는 불과 100년 안팎으로 외국 선교사와 일본인의 손으로 서울, 인천, 군산, 평양, 원산, 대구 등지에서 본격적인 재배가 시작됐다.

붉은색인 홍옥은 신맛과 단맛이 적당해 어린이와 여자들의 사랑을 받았다. 푸른색인 인도는 육질이 단단한 반면 물기가 적어 눈이 내리는 겨울에 먹으면 달콤한 밤을 먹는 듯했다. 황금색 골덴은 향기가 짙고 육질이 연해 아이스크림을 먹는 느낌이다. 국광은 홍옥에 비해 알이 작다. 단맛과 신맛이 적당하나 향기가 적다. 12월까지 수확해 만생종으로 인기를 얻었다. 그 밖에 스타킹, 이와이 등 품종도 다양했으나 요즈음 사과하면 부사를 꼽는다. 여러 품종의 장점을 모두 모아 개량한 것으로 세계적으로 인기이다. 현대의 육종 기술은 사람의 머리만큼이나 큰 세계 제일이라는 사과 품종을 만들어 내기에 이르렀다.

사과하면 생각나는 것이 유년기의 사과 서리이다. 그러나 지금은 사과 서리는커녕 과수원 울타리 밖으로 사과가 붉게 익어 가지가 휘늘어

사과나무

양재 나들목의 사과나무

져도 아무도 따 먹지 않는 시대가 되었다. 사과 서리는 먹을 것이 귀했던 시절의 추억 속에서나 찾아야 할까.

성현은 『용재총화』에서 다음과 같이 능금나무에 관한 이야기를 쓰기도 했다.

> 내가 젊었을 때 친구 방옹과 함께 글을 읽었다. 이웃에 친구 조회의 집이 있었는데 그 집에 능금나무가 있었다. 하루는 방옹이 자꾸 졸음이 오니 조회의 집에 가서 능금이나 먹자고 했다. 두 사람이 함께 그 집에 갔더니 마침 능금이 붉게 익어 있었다. 그러나 대문이 굳게 잠겨 있어서 들어갈 수 없었다.

성현은 마당에 하인들이 있었지만 술을 마시면서도 못 들은 척하는 것을 괘씸하게 생각했던 것 같다. 그래서 담장 밖의 느티나무에 매어 놓은 말을 각자 한 필씩 타고 돌아왔다고 했다. 물론 이튿날 조회가 찾아갔음은 물론이다. 이처럼 옛날에는 사과가 흔하지 않은 고급 과일이었다.

사과는 방향성이 좋아서 향료를 뽑아 화장품 원료로 쓰기도 한다. 나무는 단단하고 아름다운 광택을 지녀 조각용 목재로 사용된다. 언 사과는 감기에, 즙은 더위를 물리치는 데에 썼다. 강장, 청혈, 진해, 이뇨제로도 사용되었다.

대구에 미인이 많은 것은 능금 때문이라는 말이 있다. 시험관 속에서 산성인 사과는 사람 몸속에 들어가면 알칼리성으로 변하니 사과를 많이 먹으면 미인이 된다는 것도 과학적으로 증명이 되는 셈이다. 얼마 전까지만 해도 대구 능금이라 했지만 지금은 경상북도 북부 지방, 안동, 영주, 문경, 상주 지방이 사과 명산지로 떠오르고 있다. 사과 주산지가 점차 북쪽으로 옮겨 가고 있는 중이다. 사과는 함경도 이북에서는 잘 자라지 못한다. 그 대신 배가 유명하여 맛과 향이 뛰어나다고 조선시대의 여러 문헌에도 소개되어 있다.

연변 조선족 자치주인 연길, 용정 일대에는 사과배라는 과일나무를 많이 재배한다. 내한성이 강해서 이곳의 주산물이 되고 있다. 사과와 배의 중간 형태를 한 과일이라 할 수 있는데, 황록색으로 익는 껍질을 보면 사과에 가깝지만 맛은 오히려 배에 가깝고 사과처럼 시큼하면서도 달디단 배 맛이 난다. 반면 우리나라의 재래종 사과라 할 수 있는 능금은 크기가 계란 정도이고 붉은색으로 익는다. 신맛이 강하면서도 향기가 짙다. 강원도와 황해도에서 많이 재배했으며 지금도 시골 농가에 서 있는 것을 가끔씩 볼 수 있었다. 서울의 경복궁에도 약 2백 년 생으로 추정되는 능금나무가 자라고 있었다. 이처럼 오래 산 나무는 내병성이 강하다거나 내한성, 내공해성이 특별히 강한 개체인 경우가 대부분이다. 따라서 유전 자원 확보라는 차원에서 종자 번식을 통해 다른 곳에서도 재배할 필요가 있다. 또 접을 붙이거나 삽목 등 여러 가지 재배 방법을 시도하여 그 나무의 종을 보존해야 한다.

사과는 그리스 신화에서도 사랑의 상징으로 나타나는 것을 볼 수 있다. 이 신화에 따르면 펠레우스와 테티스가 결혼식을 올리게 되어 모든 신들에게 청첩장을 보냈지만 불평의 신인 에리스에게는 전하지 않았다고 한다. 성스러운 결혼식을 기쁨으로 맞이하기 위해서였다. 화가 난 에리스는 결혼식을 방해하기로 마음먹었다. 그는 황금 사과 한 알을 결혼식장으로 던졌다. 그 사과에는 이렇게 쓰여 있었다.

"가장 아름다운 분께 이 사과를 드립니다."

식장에 참석한 여신들은 서로 자신이 예쁘다고 다투기 시작했다. 정작 신랑 신부는 제쳐 둔 채 싸움이 벌어지기 직전이었다. 가장 격렬하게 다투고 있던 헤라와 아프로디테, 아테나 여신은 제우스에게 판결을 부탁했다. 난처해진 제우스는 트로이의 왕자 파리스에게 황금 사과를 주어 세 여신 중에 그에게서 황금 사과를 받는 여신을 최고의 여신으로 삼기로 했다. 먼저 제우스의 부인 헤라는 파리스에 이렇게 속삭였다. "내게 사과를 주면 세상을 지배하는 권력을 당신에게 주겠어요."

지혜의 여신 아테나는 이렇게 속삭였다. "내가 가장 아름답다고 말해 준다면 당신이 세상에서 가장 총명한 사람이 되게 하겠어요."

마지막으로 아름다움의 신 아프로디테의 차례가 되었다. "나를 예쁘다고 지지해 주면 세상에서 가장 아름다운 미인을 아내로 맞이하게 해 주겠어요."

이렇게 말하자 파리스는 아프로디테에게 사과를 넘겨주고 말았다. 예나 지금이나 미인에게는 약한 것이 남자의 마음인가 보다.

유럽에서는 사과 껍질을 바닥에 던져 점을 치는 풍습이 있다. 껍질이 떨어져 알파벳 글자 모양을 만들면 이것을 읽어 결혼 상대자의 머리글자로 이해했던 것이다. 최근 동양에서도 사과를 축복의 상징처럼 생각하는 것 같다. 과수원에서는 풋사과에 수壽 자나 복福 자 스티커를 붙여 붉게 익었을 때 사과 표면에 글자가 나타나도록 한다. 요즈음에는 축祝 자나 합격 등의 글자까지 넣은 사과가 시중에서 팔리고 있다. 이처럼 대만에서 시작된 사과의 글자 넣기가 우리나라에서도 널리 유행하면서 몇 해 전부터는 세계 각국으로 인기리에 팔려 나가고 있다. 작은 아이디어 덕분에 사과가 외화 획득을 하는 효자 농산물이 된 셈이다.

성현은 『용재총화』에서 서로 비슷한 식물을 짝지어 놓았는데 거기에 보면 "세상 만물에는 서로 비슷한 것이 많다. 목단과 작약이 비슷하고, 배와 능금이 비슷하며, 개암과 밤이 서로 닮았다"라고 쓰여 있다. 배와 능금이 겉모습은 비슷하지만 다른 과일이라며 진품과 유사한 것을 가릴 줄 알아야 한다는 뜻이다.

능금나무 큰 나무가 없기 때문에 고목 또한 매우 귀해서 쉽게 찾을 수 없다. 환경부에서는 능금나무를 희귀 및 멸종 위기 식물 후보종으로 지정한 바 있다. 또 산림청에서도 희귀 식물 목록에 넣어 보호하고 있으나 큰 나무를 찾기는 어렵다. 능금나무는 사과나무의 원종에 가까운 품종이다. 능금나무처럼 천 년 이상 재배해 온 나무도 흔치 않을 것이다. 그만큼 열매가 맛이 좋고 병충해에 강한 품종인 까닭이다.

양재 나들목의 사과나무는 부사 품종이다. 줄기가 회백색이고 수피는 매끄러운 편이다. 잎은 긴 잎자루가 있고 뒷면이 회록색을 띤다. 잎 가장자리에는 톱니가 나 있다. 이곳의 사과나무는 해마다 봄이면 연한 분홍색을 띤 흰 꽃을 피운다. 잎과 동시에 꽃이 피기 때문에 다른 나무에 비해 꽃이 풍성한 편은 아니다. 그래도 워낙 향기가 좋아 이곳을 지나는 사람들에게 고향의 정취를 느끼게 해 준다.

　앞으로 더 많은 사과나무를 심었으면 좋겠다. 그리하여 도심에서도 사과나무를 볼 수 있었으면 좋겠다.

조선 왕조와 흥망성쇠를 같이한 나무

서울의 탑골공원에 가면 늙은 자두나무 서너 그루가 서쪽 담장 아래에서 해마다 봄이면 하얀 꽃을 피운다. 나무줄기는 도심의 매연 속에서도 거뜬히 견디며 꽃이 피고 열매가 익어 공원을 찾는 사람들을 기쁘게한다. 최근에는 별별 품종의 자두나무가 재배되고 있지만 재래종 자두나무는 열매가 짙은 자줏빛으로 익고 신맛이 강하다. 그렇지만 예로부터 중요한 여름 과일이었던 까닭에 재배 역사가 긴 편이다.

탑골공원의 자두나무는 높이가 거의 5~6미터에 이르는 큰 나무이고 수많은 가지가 갈라져 수세 또한 무성한 편이다. 언제 심었는지 알 수는 없지만 최소한 100여 년은 넘었을 것으로 추정해 보면 옛 선조들도 이 나무의 열매를 따 먹었을 것이다. 이른 봄 하얀 꽃이 피어 높은 돌담 위로 불쑥 솟아오른 것을 보면 지나는 사람들의 마음까지 흐뭇하게 한다. 도심을 걷다가 향기에 이끌려 눈을 들었을 때 그곳에 핀 새하얀 자두나

탑골공원의 자두나무

조선 왕조와 흥망성쇠를 같이한 나무

무 꽃. 탑골공원의 자두나무는 도시인에게 봄을 알리는 기특한 나무인 것이다. 자두나무는 그렇게 귀한 수종은 아니지만 서울의, 그것도 종로에서 해마다 봄을 알리고 여름에 열매가 무르익는 자두나무가 있다는 것은 대단한 일이다. 가는 잎사귀 사이에서 몇 개씩 짙은 자줏빛으로 익어 가는 자두를 보면 저절로 입안에 침이 고인다.

자두는 예로부터 좋은 여름 과일이었다. 옛날에는 한양에서도 집집마다 자두나무를 심고 가꾸었을 정도로 흔한 과일이었다. 재래종 자두나무는 알이 작고 맛이 지극히 시어서 오늘날 과일나무로 여기지는 않는 것 같다. 시골에서나 가끔 볼 수 있을 뿐 여간해서는 눈에 띄지 않는다. 그 대신 농장에서는 신품종을 심어 재미를 보고 있다. 열매 빛깔이 짙은 자주색인 것, 연초록색 과일이 크고 과즙이 많은 것, 과육이 피처럼 붉은 것도 있다. 이러한 우수한 신품종을 심으면서 우리의 재래종 자두나무는 하나 둘 사라지게 되었다.

일찍이 식물학자 이창복 박사는 자두와 앵두를 교잡시켜 굵은 앵두를 만들어 보라고 권한 바 있다. 이렇게 하면 앵두 열매가 훨씬 굵어져 대추알 정도는 될 것이라고 했지만 아직 연구에 성공했다는 말은 듣지 못했다. 근연종과의 교잡은 그만큼 어렵다. 교잡에 성공했다고 해도 나무의 성장을 좋게 하기 위해서는 다른 자두나무에 접을 붙여 키워야 한다.

자두는 한자로 자도紫桃라 하여 붉은 복숭아로 보았다. 또 예전에는 오얏나무라고 부르기도 했다. 3월에 움을 틔우는 자두나무 꽃은 4월이면 절정을 이룬다. 제아무리 무신경한 사람이라도 자두나무 꽃밭에 들어서면 가슴이 울렁거린다고 했다. 자두는 중국이 원산지로 대추, 밤, 감, 배와 함께 다섯 과일五果 중 하나로 무척이나 중히 여겼다.『예기』에 이미 "복숭아와 오얏, 살구, 매실을 임금께 진상했다"는 기록이 보인다. 유희가 쓴『물명고』에는 자두를 오얏이라 하고 우리말로 '외앗'이라 했으며 열매를 가경자嘉慶子, 범어로는 거릉가居陵迦라 한다고 적었다. 자두의 품종에 대해서는 열매가 큰 것을 '굴탈이'라 하며, 열매가 작고 일찍 익는 것을 '올외앗', 크고 자주색이며 맛이 좋은 것을 '자도'라고 적었다. 우리말 오얏이 옛말 '외앗'에서 왔음을 알 수 있다.

우리나라에서의 재배 역사를 정확하게 알 수는 없지만 신라 때 벌써 가꾸었다는 기록이 남아 있다. 신라 말 풍수의 대가 도선대사는『비기秘記』에 "고려 왕씨에 이어 이씨가 한양에 도읍한다繼王者李而都於漢陽"라고 예언했다. 고려 조정은 예민한 반응을 보여 고려 중엽부터 한양에 벌리사伐李使를 두었다. 백악白岳, 지금의 북한산에 자두나무가 무성할 때면 반드시 모두 찍어서 이씨의 기운을 누르려고 하기도 했다. 이후 5백여 년 전에 이씨 왕조를 예견한 도선대사의 예언이 무학대사에 의해 실현된 것이라고 사람들은 무릎을 쳤다. 이렇게 생각하는 데에는 다음과 같은 일화도 한몫을 했다.

무학대사가 도읍지를 정하려고 만경대의 맥을 밟아 남으로 가다가 비봉에 이르렀는데 다음과 같은 도선대사의 비석을 발견했다고 한다. "무학은 이곳에 잘못 이르렀다無學誤尋到此." 무학대사는 길을 잘못 잡았음을 알고 그 길을 되돌아가 만경대의 정남맥으로 좇아 바로 백악에 이르

자두나무 꽃

자두나무 열매

탑골공원의 자두나무

니 삼맥이 합하여 한 덩어리가 되는 명당을 발견하고 그 아래 궁성의 터를 잡았다고 한다. 그곳이 바로 고려 조정이 신경을 쓰며 자두나무를 베던 자리라는 전설이다. 고려 왕조는 해마다 자두나무를 찍으며 그 기를 눌렀으나 결국 이씨를 잡지 못해 나라를 빼앗긴 셈이다. 지난 1970년대까지 서울 자하문 밖은 자두나무의 명산지였다.

자두나무 꽃이야말로 한 해의 풍년을 점치기에 아주 좋았다. 『신선록神仙錄』에는, "노자의 어머니는 노자를 가지고 오얏나무 밑에 있었다"는 기록이 보이는데, 자두나무의 기를 받고 태어나 성을 이씨라 했다는 것이다. 전국 말기의 정치가 여불위가 편찬한 『여씨춘추呂氏春秋』「중춘기仲春紀」에도 자두나무의 기록이 보인다. "2월은 우수절로서 복사꽃과 자두나무 꽃이 피는 때"라며 봄의 대표적인 꽃으로 복사꽃과 자두나무 꽃을 꼽았다. 계절적으로 중국의 남쪽 지방은 음력 2월이 봄이지만 우리나라에서는 4월이 되어야만 비로소 자두나무 꽃을 볼 수 있다. 고려 고종 때의 학자 쌍명제 이인로는 자두나무에 관한 시를 남기기도 했다.

일찍이 흰 사슴에 구름멍에 채워서　曾將玉鹿駕雲車

들어간 간 곳에 열여덟 아름다운 궁이라　入處瓊宮十八餘

나무 아래에서 태어났기로 나무의 성을 따르니　樹不初生因作姓

그때부터 이씨는 사방으로 퍼져 나갔네　從玆仙李便扶疎

이씨 조선의 문장은 자두나무 꽃이다. 창덕궁 인정전은 대한제국 시절 황제가 외국 사신을 접견했던 건물이다. 용마루에는 조선 황실의 문장인 청동제 자두나무 꽃 다섯 송이가 박혀 있다. 넷은 왕을 말하고 다섯은 황제를 상징한다. 고종 황제 대에 와서 비로소 중국의 그늘에서 벗어나 대한제국이라는 자주 독립 국가를 세우게 된 것이다. 한때 인정전의 자두나무 꽃을 왜인들이 설치한 벚꽃이라 하여 철거해야 한다고 해프닝을 벌인 적도 있었다. 아직도 조선 황실의 문장을 배꽃으로 잘못 알고 있는 사람도 있다. 발음이 같은 자두나무 꽃李花을 배꽃梨花으로 착각한 때문으로 풀이된다. 고려 명종 때의 학자 노봉 김극기는 『노봉집』에서 자두를 이렇게 노래했다.

꽃을 향한 마음은 은혜로운 바람에 놀라고　花心驚惠風

새소리에 온화한 기운을 느낀다　鳥聲感和氣

붉은빛은 복숭아를 붉게 물들이고　朱朱上緋桃

희디흰 빛은 닦은 오얏을 찾는다　白白尋鍊李

자두나무는 제사에 쓰이는 과일이어서 능묘나 사찰, 저택 주변에 심는 풍속이 있었다. 이하부정관李下不正冠이라 해 자두나무 밑에서는 갓끈을 고쳐 매면 도둑으로 오해받기 쉽다고 했다. 오해받을 일을 하지 말라는 교훈적인 말도 자두나무 때문에 생겼다. 『동국세시기東國歲時記』에 보면 자두나무와 대추나무를 시집보내는 내용도 나온다. "과일나무 가지에 돌을 끼워 두면 과일이 많이 달린다. 이를 '과일나무 시집보내기'라 한다. 섣달 그믐날, 설날, 정월 보름 어느 때 해도 좋다." 유종본의 『종과소種果疏』에도 비슷한 기록이 남아 있다. "오얏나무를 시집보낼 때는 정월 초하루 또는 보름이 좋다." 진호의 『화력신재花曆新栽』에도 "섣달 그믐날 장대로 오얏나무 가지를 때리면 결실이 좋으며, 설날 석류나무 가지에 돌을 끼우면 열매가 크다"는 내용이 보인다. 서광계의 『농정전서農政全書』에는 "오직 오얏나무에만 이 방법을 쓴다"고 적혀 있다.

자두나무는 봄에 꽃을 피우는데 흰 꽃처럼 보이지만 녹색이 섞인 빛깔이다. 꽃이 필 때 어린 싹이 돋아나기 때문에 먼 데서 보면 연한 백록색으로 보이기도 한다. 열매는 꿀에 재었다가 먹기도 하고 씨를 빼고 말려서 건과를 만들기도 했다. 이것을 이건李乾이라 한다. 우리나라에서는 3백 년이 된 자두나무도 볼 수 있다. 경상남도 합천군 가야면 매안리에 있는데, 높이가 13미터에 이른다. 이곳에서는 봄에 이 자두나무에 싹이 트는 모양의 좋고 나쁨에 따라 그해의 농사를 점친다고 한다.

다시 탑골공원의 자두나무를 바라본다. 이번 여름도 다가기 전인데 아직도 열매가 뜨거운 햇살을 받아 향기를 물씬 풍긴다. 벌써 무르익은 열매에서는 까치란 놈이 쪼았는지 상처가 생겼고 다른 쪽은 새들이 과즙 향기에 이끌려 찾아왔다. 하지만 탑골공원의 자두나무도 도심의 공해를 이기지 못하는지 차츰 가지 끝이 말라 가고 있다. 해마다 조금씩 마른 가지가 늘어 가는 것을 보면서 나무나 사람도 자연에 있을 때가 가장 건강하다는 생각이 든다. 시골의 밭둑이나 산비탈 공터에서 자라는 늙은 자두나무는 얼마나 건강한 모습이던가. 좋은 환경에서 자란 나무에서 건강한 열매가 달리고 이 열매를 먹는 산새들이며 뭇 짐승들까지 두루 건강하지 않을까. 그래도 탑골공원의 자두나무가 오래도록 살아 있기를 바라는 마음 간절하다.

관악산의 철쭉
뻐꾸기의 피 울음 속에 피는 꽃

관악산은 메마른 산이다 정상부가 아니어도 돌과 바위가 많고 물이 적다. 하지만 이런 곳에도 철쭉은 자라고 있다. 서울 근교의 산지에서 철쭉이 없는 곳은 없을 것이다. 어느 곳을 가더라도 산지의 능선을 올라서면 철쭉 군락지가 나타난다. 철쭉은 볕이 잘 들고 건조한 땅에서 잘 자란다. 특히 진달래목 식물은 산성 토양에 견디는 힘이 강해서 진달래와 철쭉이 자라는 곳은 척박한 땅이거나 능선의 메마른 곳이 대부분이다. 관악산은 화강암이 드러난 능선이 많다. 이런 곳은 대부분 등산로가 되었는데 길가에서 흔히 보게 되는 것이 철쭉이다. 철쭉은 진달래가 지고 난 후 연분홍 꽃이 피는데 잎이 나오기 전에 꽃이 피는 것이 보통이다. 잎은 5~6장씩 촘촘하게 붙어 있어 돌려난 것처럼 보인다.

철쭉은 봄이면 화사한 연분홍 꽃을 피워 우리의 마음을 사로잡는다. 철쭉이나 진달래 꽃잎에는 짙은 자주색 꿀점이 무수히 많다. 이 점이야말로 곤충을 꿀샘으로 안내하는 화살표 같은 것이다. 또 이러한 점이 있어 꽃이 더욱 화사하게 보인다.

산지를 걷다 보면 숲을 벗어나 어느덧 능선에 올라섰을 때 보이는 철쭉 군락지에 발이 멈추기 마련이다. 능선에서는 철쭉이 있어 그 그늘 속을 걷게 되는데 봄이면 꽃 터널 속을 지나게 되고 여름이면 싱그러운 녹음 아래를 통과하게 된다. 관악산의 철쭉은 개체 수가 많기도 하지만 분포지도 넓은 편이다. 물론 진달래도 섞여 자란다. 이러한 관목류는 꽃이 크고 색채가 아름다워 우리나라의 봄을 장식하는 대표적인 화목류라할 수 있다. 철쭉의 연분홍 꽃잎은 두껍고 크며 가지가 보이지 않을 정도로 많이 핀다. 흰색으로 피는 철쭉도 있으므로 분홍을 기본으로 하여 유난히 붉은색 등을 선발하여 적절히 섞는다면 다양한 색채의 철쭉 꽃밭을 만들 수 있다.

산철쭉은 계곡의 물가에서 자란다. 자갈이 깔린 모래땅이나 물가 바위틈에 붙고 절벽에 매달려 자라기도 한다. 철쭉에 비해 잎이 나온 후에 꽃이 핀다. 붉은색에 가까운 짙은 자주색이고 꽃잎이 얇다. 높이가 1미터 정도로 자라고 밑에서부터 많은 가지가 갈라져 전지를 하지 않아도 둥근 수형을 이룬다. 따라서 공원의 잔디밭이나 고속도로변에 심거나 생울타리로 활용할 수 있다. 물을 좋아하기 때문에 너무 메마른 곳은 성장이 좋지 않다. 다소 습도가 높은 곳에 심는 것이 안전하다.

산철쭉은 서울 북한산에서 동경대학의 나까이中井孟之進에 의해 처음 학계에 발표된 식물이다. 철쭉류 중에서도 북방계에 서식하는 관계로 아잘레아Azalea 품종의 내한성을 기르기 위해서 교잡에 쓰고 있다. 따라서 철쭉류의 육종학에서는 대단히 중요한 원종으로 취급된다. 원예학에서는 산철쭉을 'Korean azalea'라고 부르기도 한다. 산철쭉 중에서 흰 꽃이 피는 흰산철쭉, 겹꽃으로 피는 겹산철쭉은 지금도 많이 재배하고 있다.

철쭉류 중에서는 한라산에서 자라는 참꽃나무를 뺄 수 없다. 짙은 주황색으로 피는 꽃은 5월경 잎과 동시에 피지만 잎은 꽃에 가려져 잘 보이지 않는다. 높이 3~6미터까지 자라며 철쭉류 중에서 비교적 대형에 속한다. 꽃 색깔이 특이해서 다른 철쭉과 함께 심으면 다양한 색채의 아름다움을 감상할 수 있다. 움이 잘 돋아나기 때문에 가지를 잘라 키를 낮출 수도 있다. 이러한 자생 철쭉류는 거의가 원종이어서 다른 원예종과 교잡을 통해 신품종을 만들어 낼 수 있다. 실제 우리 자생종과 교잡하여 새 품종을 길러 낸 예도 있다. 우리나라에서도 많이 재배하고

흰산철쭉 꽃   산철쭉 꽃

철쭉의 반엽종 잎

있는 기리시마 철쭉은 일본 구주 지방의 왜철쭉과 우리의 산철쭉을 교잡한 것이다. 꽃 색깔이 짙고 내한성이 강해 북반구 여러 나라에서 인기를 누리는 원예종이다.

우리나라의 상록성 철쭉류도 자원으로서의 가치가 높은 자생 식물이다. 만병초, 홍만병초, 노랑만병초, 담자리참꽃 등은 내한성이 극히 강해서 백두산 정상 부근을 비롯하여 한라산, 설악산 등 고산 지대에서 자란다. 특히 홍만병초는 울릉도 등지에서 자라며 꽃잎이 붉은색을 띠고 있어 더욱 화사하게 보인다. 하지만 재배는 까다로운 편이다. 겨울철 습도가 높은 곳에서는 잘 견디며 내한성을 길러 주기 위해 다른 상록성 철쭉류와 교잡할 때 쓰인다.

원예종으로 기르고 있는 상록성 철쭉류는 크게 중국 윈난 성 일원의 고산지대에서 자라는 종류, 북미 원산, 그리고 극동 아시아산으로 나눌 수 있다. 꽃색이 화려한 것은 아시아의 아열대 고산지대에서 자라는 것들이 많은데 잎이 싱그럽고 꽃도 다화성이어서 관상 가치가 높다. 그러나 북쪽으로 오면 겨울철 건조한 기후에 대단히 약하다. 이 문제를 해결할 수 있는 것이 바로 동북아시아 원산의 상록성 철쭉류이거나 북미 원산의 철쭉류이다. 우리의 자생 철쭉류 중에서는 만병초, 노랑만병초 같은 유전인자가 아열대산 철쭉에 섞여 내한성을 높여 주게 된다. 철쭉은 장미, 국화, 카네이션과 함께 세계적으로 꽃 소비가 가장 많은 식물이다. 지금까지 소비량이 계속 증가하고 있으며 앞으로도 별다른 변동이 없을 것으로 내다보고 있다.

국내에서도 봄철 분재로 사랑받고 있는 철쭉류는 많다. 아잘레아, 키리시마, 히리도, 사스키, 백두견화 따위는 대부분 중국이나 일본이 원산지로 알려져 있다. 내한성이 약해서 흔히 서양 철쭉으로 알려진 아잘레아는 중국 윈난 성과 인도차이나 반도의 고산지대가 원산이다. 19세기 초에 유럽으로 전해져 벨기에, 영국 등지에서 개량돼 지금은 수십 품종으로 늘어났다. 일본 서남부 원산의 사스키는 그 품종만 해도 수백 종이나 된다. 백두견화도 원산지가 중국이거나 일본일 것으로 추정하고 있다. 이처럼 중국과 일본 원산의 철쭉류가 대량으로 재배되고 연구되어 온 것에 비하면 우리 자생 철쭉류에 대한 연구는 아직 활발하지 못한 편이다. 그나마 원예시험장의 홍영표 박사나 서울여대의 김정식 교수 같은 분이 우리 자생 철쭉류에 대한 품종 개량 작업을 계속해 온 관계로 몇몇 신품종을 발표한 바 있다.

화훼 연구가 최영전은 철쭉의 우리말 유래에 대해 이렇게 설명했다. "철쭉은 한자어 척촉躑躅이 변한 말로 척촉이 철촉, 다시 철쭉이 되었다." 순자의 『예론禮論』에는 "독이 있는 철쭉을 많이 먹으면 그 독성 때문에 팔딱팔딱 뛴다以足擊地也고 하여 척촉이라 한다"고 적혀 있다. 반면 철쭉은 『삼국유사』에서 아름다운 꽃으로 기록돼 있기도 하다. 기록에 따르면 수로부인이 강릉 원님으로 부임하는 남편 순정공을 따라 수레에 흔들리며 가고 있을 때 석벽이 병풍처럼 둘러쳐진 천길 높이에 철쭉꽃이 활짝 피어 있었다고 한다. 너무 아름다운 꽃에 반한 수로부인은 누가 저 꽃을 꺾어 올 수 없느냐고 물었다. 그러나 아무도 선뜻 나서는 이가 없었다. 이때 길가의 노인이 「헌화가獻花歌」를 지어 불렀다.

> 붉은 바위 절벽 밑에서　紫布岩乎希
> 암소를 끌고 있는 이 노인을　執音乎手母牛放敎遣
> 부끄럽게 생각하지 않으신다면　吾肹不喩慚肹伊賜等
> 저 꽃을 꺾어 바치오리다　花肹折叱可獻乎理音如

아름다운 여인을 위해서는 목숨까지 바칠 수 있는 저 신라인의 용기와 신사도를 이 노래 속에서 엿볼 수 있다. 수로부인이 얼마나 아름다웠는지 신들조차 그 미모에 반할 정도였다고 한다. 한번은 이런 일도 있었다. 수로부인이 임해정에서 점심을 먹고 있었는데 바다의 용이 나타나 수로부인을 끌고 물속으로 사라졌다. 한 노인이 여러 사람이 지껄이면 쇠도 녹일 수 있다며 사람을 모아 막대기로 땅을 치게 했더니 과연 용이 수로부인을 다시 데려다 주었다고 한다. 이처럼 아름다운 수로부인도 절벽에 매달린 철쭉꽃의 아름다움에는 마음을 빼앗기고 만 것이다. 철쭉이 미인의 마음을 사로잡았다고나 할까? 고려 광종 때 시중 벼슬을 지낸 문정공 최승로는 시 「장생전후백엽두견화長生殿後百葉杜鵑花」에서 철쭉을 다음과 같이 읊었다.

　　　지난해에도 붉은 난간에 가득 피었더니 　去年曾是滿朱欄

　　　오늘 보아도 꽃다운 모습 다르지 않네 　今日芳姿又一般

　최자의 『보한집補閑集』에 실려 있는 이 시는 고려 초기의 작품으로 철
쭉을 읊은 우리나라 최초의 시로 높이 평가 받고 있다. 강희안은 『양화소
록』에서 당시의 원예식물을 9등품으로 나누었다. 이중에서 철쭉은 6등에
두고 이같이 말했다. "시우時友라 한다. 홍백 두 가지가 있는데 흰 꽃이
운치가 있다. 마땅히 북쪽을 향해 심으며, 습한 땅을 싫어한다." 또 일본
척촉화 조에서는 다음과 같은 기록을 볼 수 있다.

　세종 23년 봄, 일본에서 왜철쭉 두어 분을 공물로 보내왔다. ……나
는 작은 뿌리를 얻을 수 있어서 한 뿌리는 뜰에 심고 한 뿌리는 분에 심
었다. 땅에 심은 것은 겨울에 얼어 죽었지만 분에 심은 것은 잘 자랐다.
4~5월이면 다른 꽃들이 모두 죽었는데도 이 꽃은 너무 곱고 찬란한 것
이 새빨간 비단 같다. 오두막에 사는 사람으로서 참으로 과분하고 혼자
구경하기가 아깝다. 집에 찾아오는 손님 앞에 이 한 분의 꽃을 보이면
무슨 꽃인지 알아보는 이가 없다.

　강희안은 꽃의 아름다움을 적고 꽃을 얻은 자신의 감회를 다시 이렇

게 썼다. "아! 섬나라 오랑캐가 동해 밖의 먼 곳에 위치하여 우리나라 서울과의 거리가 만여 리나 되는데도 주상의 덕화가 그곳까지 미치도다. 그렇지 않다면 어찌 저들이 사신을 보내 공직의 예를 닦고 심지어 이런 꽃까지 바치겠는가. 중국의 한나라에서 사신을 서역까지 보내 18년이 지난 뒤에 겨우 석류 한 가지를 얻어 온 것에 비하면 얼마나 먼 길인가." 강희안의 식물을 사랑하는 마음과 신하로서의 충성심을 다시 확인할 수 있는 아름다운 글이다. 강희안은 이 기록에서 왜철쭉은 너무 따뜻하게 하지 말고 물을 주되 습기가 많게 하면 안 된다고 했다. 또한 서향처럼 휘묻이를 통해 번식시킬 수 있다고 자세하게 가르치고 있다. 김일손의 『속두류산기續頭流山記』에 의하면 지금도 그렇지만 당시의 지리산은 봄이면 골짜기마다 철쭉이 만발했던 것 같다.

10여 리 구불구불 가파른 길을 숨을 헐떡이면서 올라갔다. 칡덩굴을 붙잡고 가까스로 높은 고개에 이르니 철쭉이 만발해 있었다. 별천지에 온 것 같은 경치에 취해 나도 모르게 꽃가지를 꺾어 머리에 꽂았다. 그리고 다른 사람들에게도 모두 꽃을 꽂으라고 일렀다.

당대의 근엄한 선비가 철쭉의 아름다움에 취해 머리에 꽃을 꽂고 춘흥에 겨워하는 장면이 눈에 선하다. 진달래 꽃잎보다 두꺼운 철쭉꽃은 독특한 아름다움이 있다. 이처럼 철쭉이 아름답긴 하지만 우리의 정원에 심겨져 있는 모습은 많이 볼 수 없다. 우리 꽃보다는 영산홍 같은 외래종이 도시의 조경수로 인기를 얻고 있다. 이러한 때에 우리의 자생 수종인 철쭉과 산철쭉, 진달래꽃 같은 수목을 식재하면 얼마나 풍요로워질 것인가. 관악산의 철쭉은 우리의 나무이며 우리 꽃이다. 이러한 우리 꽃을 우리 땅, 서울의 공원이며 도로 조경에 쓴다면 그만큼 친환경적인 도시를 가꿀 수 있을 것이다.

가장 긴 재배 역사를 가진 꽃나무

금호동 산비탈 골목을 오르면 담장 아래로 늘어진 덩굴장미가 핏빛으로 피어 있다. 5월의 햇살을 받아 붉게 피어난 꽃이 맑은 향기를 더한다. 해마다 가난한 마음에 희망의 메시지를 전하려는 듯 미소로 답하는 꽃이다. 그 화려한 자태에서는 아무리 우울한 사람도 마음의 빗장을 열 수밖에 없다. 장미는 향기가 좋은 꽃이지만 꽃 빛 또한 꽃의 여왕이라는 이름에 조금도 모자람이 없다. 골목을 돌아 오르는 어느 가난한 시멘트 담장 위로 조용히 모습을 내민 꽃이기에 더 정감이 간다. 장미는 집집마다 꽃 색깔이 다르다. 붉은색인가 하면 어느 집 뜰에서는 연분홍, 그리고 세탁소 유리문 옆으로 기어오른 가느다란 줄기에서는 새하얀 눈빛으로 핀다.

장미는 가꾸기가 쉽다고 하지만 덩굴장미에 한해서이다. 사계장미는 계량과 교잡을 많이 거친 관계로 그만큼 병충해에 약한 편이다. 따라서 가정 원예로 장미를 가꾸기 위해서는 덩굴장미를 가꾸는 것이 보다 쉽다. 봄철 싹이 트기 전에 간단하게 줄기를 꺾꽂이하면 쉽게 뿌리를 내리고 잘 자란다. 그렇게 키우다 보면 2~3년 뒤에 붉은 꽃을 피워 향기를 퍼뜨린다.

사실 장미만큼 인류의 사랑을 받는 꽃도 드물 것이다. 꽃하면 장미가 떠오르듯 장미는 꽃의 대명사가 된 지 오래다. 기원전 2,000년경에 쓴 고대 산스크리트어 기록에도 장미의 증류 방법이 보인다. 장미를 처음 재배한 곳은 페르시아 지방으로 추정되며 메소포타미아를 거쳐 소아시아, 크레타 섬, 그리스, 로마 등 지중해 여러 나라로 퍼져 나갔다. 인류의 생성을 학자들은 대략 50만 년 전으로 추정하고 있다. 이에 비해 장미는 지구가 백악기라고 불리던 7천만 년 전에 생겨난 것으로 보고 있다. 미국 오리건과 콜로라도의 암석 속에서 발견된 3,500~3,200만 년 전의 들장미 화석을 보면 인류의 생성과는 비교할 수 없을 만큼 긴 장미의 역사를 알 수 있다.

장미를 학명으로는 *Rosa*, 영어로 Rose라 하는 것은 아리아어의 꽃을 뜻하는 Rhodond에서 유래했다고 한다. 또 그리스어로 붉은 꽃을 뜻하는 Red가 장미의 이름이 되었다는 설도 있다. 동양의 경우 주나라 때 '장미薔薇'라 한 것이 최초의 기록이고, 『본초강목』에는 담장에 의지하여 자란다고 하여 '장미'라 한다고 풀이했다. 『군방보群芳譜』나 『비전화경秘傳花鏡』에는 장미를 월계화月季花 또는 사계화四季花라 했다. 사철 피는 장미에 붙인 이름이다. 장미의 원종이라 할 수 있는 찔레 열매는 영실營

다양한 품종의 장미들

1	2
	3
4	

1. 브로드웨이
2. 코이산
3. 에브골드
4. 주니어미스

質이라 하여 따로 구분했다.

신라 신문왕 때 「화왕계花王戒」를 보면 왕이 설총에게 재미있는 이야기를 부탁한다. 설총은 꽃의 왕은 모란, 요염한 가인佳人은 장미로, 등이 굽고 백발인 할미꽃은 충신으로 비유하였다. 이때 벌써 장미의 아름다움을 예찬하고 미모 뒤에 숨겨신 가시를 경계하고 있음을 알 수 있다. 이미 삼국시대에도 장미를 널리 가꾸었던 것이다. 고려 말 최집균은 철쭉과 장미에 관한 시를 남기기도 했다. 함축성 있는 시구는 짜임새뿐만 아니라 의미 또한 깊다.

흰 철쭉꽃과 붉은 철쭉꽃이 서로 얽혀 있고　白躑躅交紅躑躅

노란 장미 앞에 보라색 장미가 마주 서 있네　黃薔薇對紫薔薇

에덴동산의 장미는 원래 가시가 없었다고 한다. 하지만 하느님이 아담을 낙원에서 쫓아낼 때 그의 원죄를 생각하도록 가시를 붙였다는 것이다. 대신 낙원이 얼마나 좋은 것인가를 잊지 않게 하려고 짙은 향기와 아름다움은 남겼다고 전해진다. 로마 신화에서는 비너스가 흘린 눈물에서 생겨난 꽃이 바로 장미이다. 또한 비너스가 바다의 거품에서 태어날 때 여신들이 축하 선물로 준 꽃이 장미라는 이야기도 있다.

고대 그리스나 이집트, 페르시아, 로마 등에서는 장미를 사랑과 아름다움, 환희의 상징으로 삼았다. 클레오파트라가 안토니오를 맞을 때 실내 전부를 장미꽃으로 장식하고 마룻바닥에 45인치 두께로 장미를 깔았다는 일화는 유명하다. 그것이 안토니오를 얼마나 감동시켰던지 그 추억은 그가 임종 때 자기 무덤을 장미로 장식해 달라고 유언했다고 할 정도이다. 로마 시대 때는 연회장의 포도주 잔에 장미 꽃잎을 띄워 그 향취를 즐겼고, 고기를 장미 잎으로 쌌는가 하면, 고기에 장미 향유를 뿌리기도 했다. 네로 황제는 궁전 천장에서 장미 꽃잎이 쉴 새 없이 떨어지도록 했다. 하룻밤 동안에 들어간 장미꽃 값을 지금 돈으로 환산하면 15만 달러어치나 된다니 놀라운 일이다.

신화에서는 큐피드가 침묵의 신에게 장미꽃을 뇌물로 준 이야기가 나온다. 어느 날 큐피드의 어머니인 비너스가 애인과 밀회를 즐기고 있었는데 그 장면을 침묵의 신에게 들키고 말았다. 큐피드가 침묵의 신에게 눈감아 줄 것을 부탁하면서 약속의 사례로 장미를 준 것에서 나온 말이 '비밀히' 혹은 '몰래'라는 뜻을 나타내는 'under the rose(라틴어로는 sub rosa)'이다. 지금도 장미꽃 아래서 한 약속은 반드시 지켜야 한다는 믿음이 남아 있다.

가톨릭교회의 묵주Rosary는 장미꽃 다발을 뜻하는 라틴어 '로사리움 Rosarium'에서 출발했다. 초기에는 장미꽃으로 화환을 만들어 목에 걸었는데 나중에 장미 열매로 바뀌면서 묵주가 되었다고 한다. 중국에서는 장미처럼 아름다운 여연을 4월의 화신으로 화신묘花神廟에 받들어 모신다. 한무제는 절세가인인 여연을 많은 후궁 중에서도 특히 사랑했다고 한다. 어느 날 활짝 핀 장미를 본 황제가 "미녀의 웃음보다 더 화려하다"고 하자 여연은 "꽃은 돈으로 살 수 있지만 사람의 웃음은 황제도 마음대로 안 된다"고 말했다. 황제는 황금 100냥을 내리면서 제발 웃어 보라고 했다. 그 후부터 장미를 매소화買笑花라 부르게 되었다.

장미는 기독교에서도 중요한 꽃이다. 성모 마리아가 승천한 후 무덤에 장미와 백합이 가득 피어 있었으므로 오늘날 백합과 함께 장미는 '성모 마리아의 꽃'으로 불린다. 그래서 흰 장미는 순결을, 붉은 장미는 순교를 상징한다. 이탈리아에서는 산모에게 순산을 비는 뜻으로 붉은 장미를 선물한다. 독일에서는 유아 세례 때 대모가 들었던 붉은 장미꽃이 오래도록 시들지 않으면 아기가 건강하게 오래 산다고 믿는다. 보헤미아 지방에서는 갓난아기의 첫 목욕물을 장미나무에 버린다. 장미가 무성하면 아기도 건강해진다고 믿었기 때문이다. 특정한 나무를 신성하게 생각하는 것은 이처럼 동서양이 따로 없다.

고대 페르시아 지방에서는 귀족들 간에 장미향을 가미한 최음제를 만들어 사랑의 묘약으로 썼다. 장미향이 흥분제 역할을 했던 것이다. 이후 장미향은 엄청난 고가로 지중해를 거쳐 유럽 전역으로 퍼져 나갔다. 장미향으로 정제했다는 샤넬 No. 5라는 향수가 남성의 마음을 사로잡은 것도 다 이유가 있었던 것이다. 장미는 이처럼 아름다움과 평화의 상징으로 수많은 전설과 신화를 낳았다. 꽃에 관한 전설도 그 어떤 식물보다 많다. 역사적으로 많은 사람들이 좋아했고 또 앞으로도 사랑받을 수 있는 꽃이기 때문이다.

나폴레옹의 황후였던 조세핀 역시 장미를 무척이나 좋아했다고 전해진다. 그녀는 세계 각국에서 수집한 장미 3만 종을 마르메종 궁전에 심고 정원사에게 명령하여 신품종을 만들어 내도록 했다. 현재 재배하고 있는 우수한 장미 품종 중에는 당시에 개량한 것들이 많다. 우리나라에서도 흰 장미와 붉은 장미 외에도 노란 장미가 흔했다고 여러 책에 쓰여 있다. 『동국세시기』에 따르면 4월의 시절 음식으로 노란 장미꽃을 따다 떡을 만들어 기름에 지져 먹었다는 기록도 보인다. 그뿐이 아니다. 옛 선비들은 당대의 대문장가의 글을 얻으면 장미 이슬에 손을 씻은 후에야 그 글을 읽었다고 한다. 책을 물질로 보지 않고 책 속에 담긴 선현들의 정신을 마음으로 받들어 모신 까닭이다.

장미는 관상용으로서만이 아니라 식용으로 이용할 수도 있다. 장미의 싹과 꽃은 나물이나 차로 이용한다. 장미 열매에서는 붉은 염료를 뽑아내고 씨로는 기름을 짠다. 장미씨 기름은 독성이 있어서 먹을 수는 없지만 등유나 화장유로 만들어 썼다. 장미씨를 먹으면 설사를 하게 되는데 이를 이용해 변비, 이뇨, 수종, 신장염 등의 치료에 쓰기도 한다. 민간요법에서는 장미 뿌리 즙이 부스럼 치료제로 그만이라고 했다. 또한 장미나무는 목재가 단단해서 유용하다. 장미 뿌리로 깎은 담배 파이프는 불에 타지 않아서 최고급으로 친다. 정교한 공예품을 만드는데 장미 뿌리만 한 것이 없다.

장미만큼 꽃말이 많은 식물도 없을 것이다. 붉은 장미는 사랑 혹은 그리움을 상징하고, 흰 장미는 순결, 노란 장미는 질투, 푸른 장미는 사치를 뜻한다. 흰 장미 꽃다발은 영원한 순정을, 흰색과 붉은색이 섞인 장미 꽃다발은 화합과 온정을 뜻한다. 장미꽃을 입술에 대면 긍정을, 꽃잎

장미 열매

을 따면 부정을, 거꾸로 들면 당신이 싫다는 뜻이 된다. 장미 봉오리도 꽃말이 있다. 붉은 봉오리는 수줍음 혹은 귀여움을 뜻하고, 흰 장미 봉오리는 소녀 시절, 덩굴장미 봉오리는 사랑의 고백을 상징한다.

장미는 어느 오두막을 가리지 않고 해마다 봄이면 향기를 퍼뜨린다. 금호동 산비탈 골목에서 핀 덩굴장미의 붉은 꽃 빛이 얼마나 향기롭고 대견한가. 같은 꽃이지만 어느 곳에 피어 있느냐에 따라 우리에게 더 큰 감동으로 다가올 때도 있다. 골목길을 가다 보면 초라한 시멘트길 담장 위에서도 향기로 길손을 맞이하고, 하루 일을 마치고 돌아가는 노동자의 지친 발길에 꽃잎을 뿌려 주는 붉은 장미. 그 장미의 감미로운 향기를 어찌 잊을 수 있겠는가.

다시 계절이 가을로 치닫으면 우리는 장미의 감미로운 향기를 잠시나마 잊어버릴 것이다. 그러나 다시 봄이 오고 5월, 장미의 계절이 되면 달동네에도 희망의 향기가 퍼져 나갈 것이다. 그 화사한 꽃빛을 보면 잠시나마 삶의 무게를 잊어버릴 것이고 다시 하루를 열 준비를 하게 된다. 한 떨기 꽃이 우리의 마음을 어루만지고 나아가 희망의 메시지를 심어주고 있으니 장미야말로 얼마나 고마운 나무인가.

혹한기를 견디는 강인한 생명력

　상계동에서 수락산으로 오르는 길은 메마르고 거친 돌길이다. 골짜기는 바위와 절벽이 많아 토심이 얕은 편이다. 그러나 곳곳에 풀밭이 펼쳐져 있어 여러 가지 풀꽃들이 피어난다. 수락산의 여름은 인동과 찔레꽃 향기로 흠뻑 젖는다. 햇살이 뜨거울수록 인동은 바위 면을 따라 뻗어가다가 덩굴 끝에서 노랗고 흰 꽃을 피운다. 두 가지 꽃이 한데 어우러져 피는 것도 재미있지만 처음에는 흰색이 다음 날에는 노란색으로 변하여 우리를 기쁘게 한다. 인동은 향기가 강한 꽃이기에 예로부터 귀한 약이나 향료로 사용되었다.

　인동은 전국의 산과 들에서 자라지 않는 곳이 없을 정도로 흔한 식물이다. 길가에 핀 꽃은 자신을 짓밟는 발길에도 향기로 대답하지만 대부분의 사람들은 외면하고 만다. 그래도 인동은 남이 보아 주든, 보아 주지 않든 계속해서 꽃을 피운다. 날마다 잎겨드랑이에서 새하얀 꽃으로

인동 꽃   붉은인동

피어나고 금빛으로 모습을 바꾸어 자신의 존재를 알린다.

　초여름 돌담에서 그 뜨거운 열풍을 온몸으로 견디며 향기를 퍼뜨리는 인동을 사랑스러워하지 않는 사람은 드물 것이다. 다만 관심을 두지 않고 지나쳤기 때문에 이처럼 향기롭고 기이한 꽃인 줄 몰랐던 것이다. 인동 꽃을 마주하면 여름 한낮의 매캐한 향기가 꿈처럼 다가온다. 유년기의 시골 마을은 언제나 그리움의 대상이다. 뜰 앞의 돌담을 뒤덮은 인동 꽃이 알싸한 향기를 내뿜으면 꼬마들은 덩굴을 헤친다. 꽃을 쏙 뽑아 꽁무니 쪽을 빨면 향긋하고 달콤한 꿀맛이 혀끝에 감돈다. 아무리 많이 빨아도 늘 허기진 맛이지만 그 진한 추억은 아직도 니코틴처럼 남아 있다.

　인동은 전국 각지의 산지 초입이나 들에서 자라는 덩굴식물이다. 잎은 마주 붙고 줄기에 털이 많으며 속은 비었다. 6~7월에 새로 자란 덩굴의 잎겨드랑이에서 가느다란 통꽃이 두 송이씩 핀다. 꽃잎 끝은 3장으

상계동 수락산의 인동

로 갈라져 위로 젖혀지고 수술이 길게 밖으로 빠져나온다. 꽃은 처음에 흰색으로 피지만 다음 날이면 노란색으로 변한다. 그 때문에 금색과 은색이 한꺼번에 피는 꽃이라 하여 금은화金銀花라 부르기도 한다.

인동은 반상록성이다. 그러나 겨울철 남쪽 지방에서 푸르던 잎도 강원도 이북 지방에서는 완전히 떨어지고 만다. 중부 지방의 경우 겨울이면 잎의 대부분이 떨어지지만 어린 가지에 남은 잎은 겨울에도 시들지 않고 그대로 봄을 맞이한다. 그래서 예로부터 겨울을 이겨 내는 식물이라 하여 인동초忍冬草라고 부른다. 우리말로는 겨우살이풀, 겨우살이넌출이라 한다.

유희는『물명고』에서 인동을 이렇게 말했다.

> 인동은 등나무처럼 다른 나무를 왼쪽으로 감으며 가지 끝에서 흰 꽃이 피었다가 나중에는 노란색으로 바뀌기 때문에 금은이라 하고 잎은 겨울에도 시들지 않으므로 인동덩굴이라 한다. 꽃은 원앙등鴛鴦藤, 노사등鷺鷥藤, 금은화金銀花라 한다.

노란 꽃과 흰 꽃이 쌍쌍이 피는 것을 보고 원앙이나 해오라기鷺鷥로 이름을 붙인 것이 얼마나 시적인가.

인동은 생장력이 왕성하여 어디든 가리지 않는다. 밭둑, 길가, 숲 가장자리에서부터 볕이 드는 곳이면 어디서든 쉽게 볼 수 있다. 줄기는 덩굴 상태로 뻗어 나가다 땅에 닿으면 마디에서 뿌리가 나고 새로운 개체로 자란다. 뜯어도 다시 돋아나고 길가에서 짓밟혀도 쉽게 뿌리를 내려 뻗어 나간다. 그 강인한 모습에서 꺾이지 않는 불굴의 의지를 배울 수 있다. 또 씨도 잘 맺어 꽃이 핀 곳에서는 초록색 열매가 달려 가을이면 까만색으로 익고 겨울에도 쉽게 떨어지지 않는다. 인동의 겨울 열매는 산에 사는 조수류의 먹이가 된다. 그래서 인동덩굴이 우거진 풀숲에서는 작은 멧새들이 늘 끊이질 않는다.

이 땅에 사는 사람들에게는 나무나 풀 같은 자연물도 생활과 밀접한 관련이 있다. 인동이란 식물도 옛 사람들에게는 귀중한 식물 자원이었을 것이다. 주로 약용으로 써 왔으나 지금은 사용 방법을 하나씩 잊어버리고 있다.

회화나 조각, 공예 등에서 흔히 보이는 문양 중에서 인동당초문忍冬唐草紋이라는 장식 문양이 있다. 사실 이 인동당초문의 인동이 어떤 식물을 뜻하는지는 아직 정확하게 고증된 바 없다. 하지만 아무리 보아도 인동당초문 속의 덩굴식물은 인동처럼 보인다. 그렇다면 당초문唐草紋의 당초란 어떤 식물일까. 대체로 학자들은 당나라 풀이라는 이 당초를 난초로 보고 있다. 우리가 가꾸는 사군자 속의 보춘화報春花나 혜蕙 또는 난蘭이 바로 당초라는 것이다. 난초를 도안하여 연속 무늬로 만든 것이 바로 인동당초문인 셈이다. 당초문은 원래 당대에서 출발된 문양이 아니다. 근원을 찾아 들어가면 고대 이집트 시대까지 거슬러 오른다. 이집트의 연꽃 무늬인 로터스lotus를 도안한 장식 문양이 그리스로 건너가 기원전 5세기경에 완성을 보았다고 할 수 있다. 당초문은 그 후 문양의 형태에 따라 그리스의 안테미온Anthemion계와 아라비아 지역에서 발전한 아라베스크Arabesque계로 나눌 수 있다. 안테미온은 잎이 다소 넓고 장중한 감이 있는데 비해 아라베스크 양식은 섬세하고 조밀한 감을 준다. 또 같은 안테미온계의 문양에서도 원형의 꽃무늬 형식을 주로 하는 로터스, 부채꼴 꽃무늬 형식의 팔메트palmette, 그리고 덩굴무늬 형식의 아칸서스Acanthus로 나눌 수 있다. 영국에서는 인동문을 허니서클honeysuckle이라 하고 프랑스와 독일에서는 종려나무잎palm 모양이라 하여 팔메트라 한다. 서방의 덩굴 형태로 연결되는 아칸서스 문양이 육조시대에 실크로드를 따라 동양으로 전해진 것이 인동당초문이라 할 수 있다. 처음에는 허니서클을 번역한 인동에 중국 풀이라는 뜻의 당초문이 결합돼 인동당초문이 된 셈이다.

우리나라에서는 고구려 고분 벽화에 다양한 인동당초문이 보인다. 그중 집안 제4호, 제5호분이나 사신총의 인동당초문은 걸작으로 꼽고 있다. 백제 무녕왕릉에서 출토된 왕과 왕비의 관식은 불꽃 문양과 보상화가 결합된 당초문이라 할 수 있다. 또 통일신라로 넘어오면서 서역에서 전해진 포도, 석류, 연꽃과 결합하여 여러 가지 형태의 당초문이 나타난다. 인동덩굴에 포도송이가 곁들여지면 포도당초문, 석류가 들어 있으면 석류당초문이 된다. 그 외에도 연화당초문, 보상당초문, 모란당초문, 국화당초문 등 여러 가지가 있다.

옛 사람들은 인동이 겨울을 이겨 내듯이 고난을 물리치는 슬기를 기르기 위해 인동으로 인동주忍冬酒를 빚어 마셨다. 인동문 창살을 달고

인동의 열매

인동무늬를 넣은 책보자기로 책을 싸면 역경을 이겨 내는 정신이 길러진다고 믿기도 했다. 인동과 관련된 민속신앙도 재미있다. 경상도에서는 부녀자들이 산후로 허리가 아프면 인동덩굴을 걷어다 허리에 감는다. 이렇게 하면 허리 아픈 것이 깨끗이 낫는다고 믿었다. 또 어떤 지방에서는 정월 보름에 인동덩굴을 걷어다 마당에 불을 피운다. 이렇게 하면 잡귀가 인동이 타는 냄새에 근접을 하지 못하고 모두 달아난다고 한다.

인동은 2백 년 전 일본을 방문한 스웨덴 식물학자 진베리가 이 꽃을 보고 그 아름다움에 취했다고 전해진다. 그는 일본 인동이란 뜻으로 로니세라 자포니카*Lonicera japonica*로 명명하여 유럽에 전했다. 지금은 북아메리카에도 전해져 야생 생태로 퍼져 나가고 있다. 로니세라*Lonicera*속은 16세기 독일의 수학자이며 식물학자인 아담 로니체르*Adam lonitzer*를 기념하여 그의 이름을 붙인 식물이다. 자포니카*japonica*는 물론 일본에서 자란다는 뜻이다.

한방에서는 꽃을 따 그늘에서 말린 것을 금은화라 하여 해열, 해독, 이뇨, 종창, 창독, 종기에 쓴다. 잎이 달린 줄기도 인동등忍冬藤이라고 해서 함께 쓴다. 성분은 꽃보다 줄기에 더 많은 것으로 밝혀졌다. 열매는 은화자銀花子라 한다. 성분은 로니세린과 루테올린, 그리고 약간의 타닌과 알칼로이드가 들어 있다. 따라서 이뇨, 경련의 구제 작용을 하고 통증을 완화시키며 혈액 순환을 좋게 한다. 민간요법으로는 인동덩굴을 달여 묽게 한 것을 차 대신 마신다. 이는 위암이나 위궤양에 좋다고 알려져 있다. 또 신경통을 치료하고 기침을 다스린다고 해서 널리 쓰이는 약재이다.

한때 인동덩굴을 무슨 보약인 줄 알고 한 아름씩 걷어다 달여서 장기간 복용하는 사람들이 있었다. 또 인동을 오리와 함께 끓여 먹으면 좋다고 하여 성업 중이라고 한다. 흔히 일반인들은 금은화차라 하여 인동꽃을 끓여 그 물을 마시는데 이것은 매우 위험한 일이다. 왜냐하면 인동꽃은 약간의 독성을 갖고 있기 때문이다. 약리학적으로는 인동을 포함한 로니세라속 식물은 독초로 취급한다. 맹독을 가진 식물은 아니라도 독이 있으므로 장복은 매우 위험한 일이다. 실제로 어느 필자가 인동을 만병통치약인 것처럼 모 일간지에 쓰고 자신도 인동덩굴을 걷어다 차를 끓여 마신 적이 있다. 보다 못해 인동의 독성을 알려 주었더니 그분은 지난 5~6년 동안 인동차를 마셨는데 감기 한번 걸리지 않았고 위장병까지 나았다며 큰소리를 치는 것이었다. 그런데 인동차를 즐겨 마시던 그분은 다음 해에 간암으로 사망하고 말았다. 겉으로는 건강한 것처럼 보였지만 오래전부터 인동의 독성 때문에 간에 상당한 부담을 주었고, 결국 독성으로 황달을 앓고 있었던 것이다.

무엇이 몸에 좋다고 하면 그것이 독이 있는 식물인지 아닌지도 모른 채 덮어 놓고 먹고 보자는 사람들이 있다. 인동이 모 정치인의 인생 역정을 닮았다고 하여 인동초 같은 사람이니 인동초의 승리니 하면서 떠들었던 때도 있었다. 급기야 얄팍한 상혼은 뛰어난 적응력을 발휘하여 인동을 건강식으로까지 취급하였다. 심지어 인동꽃으로 떡을 쪄 먹고 인동꽃을 넣은 인동빵을 만들어 축제까지 벌인 백화점도 있었다. 거의 모든 책에서도 인동꽃을 끓여 차로 마시면 몸에 좋다고 하지만 독성 문제는 한 줄도 쓰지 않았다. 차를 즐기는 다인들조차 금은화차는 인동꽃을 끓인 물이라고 잘못 알고 있는 실정이다.

중국에서 명차의 반열에 올라 있는 금은화차는 독이 있는 인동꽃을 직접 끓여 그 물을 마시는 것이 아니라는 점을 지적해 주고 싶다. 금은화차는 크게 두 가지로 구분해서 생각해 볼 수 있다. 첫째는 인동꽃을 차에 띄워 직접 향을 취하는 방법이다. 자세하게 알아보면 좋은 녹차를 끓이고 8할 정도로 식힌 뒤 찻잔에 붓고 활짝 핀 꽃을 한두 송이 띄운다. 2~3분 정도 지나 인동꽃이 숨이 죽어 시들해지면 꽃을 건져 내고 마신다. 너무 오래 잔에 두면 천한 분향 냄새가 나고 일찍 건져 내면 차향이 엷어 맛이 떨어진다.

또 다른 한 가지 방법은 신선한 인동꽃을 따 밀폐된 용기에 넣고 미리 한지에 싸 둔 녹차를 묻어 두는 방법이다. 하루를 재웠다가 이튿날 꽃 속의 차 봉지를 꺼내 미지근한 물에 우려내 마시면 된다. 보다 자세한 방법은 다음과 같다. 먼저 질 좋은 녹차를 한지나 베 보자기에 싼다.

그런 다음 미리 따다 놓은 인동꽃을 사기그릇에 담고 그 속에 차주머니를 묻어 뚜껑을 닫고 하루를 재웠다가 꺼내 차를 우려내 마신다. 녹차에 인동꽃 향을 배게 하여 그 향을 취하는 방법이다. 연꽃 속에 차를 넣었다가 꺼내는 하화차荷花茶를 만드는 것과 같다. 꽃을 넣는 용기는 유리그릇이나 도자기로 된 것을 쓰는 것이 좋다. 금속제 용기는 차와 꽃향기가 산화 과정에서 화학반응을 일으켜 차의 질을 떨어뜨릴 수 있다. 인동차는 여름에 마시는 차다. 따라서 인동꽃과 함께 녹차를 물에 우려낸 뒤 냉장고에 보관해서 차게 마셔도 좋다.

아무리 좋은 약재라고 해도 병이 있는 사람이 치료를 위해 약을 써야지 함부로 먹어서는 안 된다. 특히 약재를 무슨 건강식으로 오인해서는 곤란하다. 인동은 항균 작용이 있는 약재이지만 예방을 목적으로 장기간 복용하면 간장이나 신장에 장애가 올 수 있다. 약재는 반드시 한의사의 진맥과 처방에 따라 복용해야 한다.

수락산 자락을 찾아가면 언제나 말없이 품어 주는 넉넉한 품 안에 나를 맡긴다. 물가에 앉아 시원한 바람에 더위를 씻어 내리면 모든 근심 걱정까지 사라지는 듯하다. 그래서 즐겨 산을 찾는지도 모른다. 발아래 곱게 핀 인동을 보면 저마다 꽃잎을 벌리고 있다. 마치 입술을 뾰족이 내민 것처럼 보인다. 작은 요정의 입술인가. 달콤한 멜로디가 울려 퍼질 것 같다. 팡파르를 울리는 작은 나팔. 꽃은 초여름에 시작하여 장마가 오기 전까지 계속 핀다. 꽃 피는 기간이 긴 만큼 지나는 길손에게 너무나 친근하게 다가오는 것 같다.

인동이 피는 계절이면 그 알싸한 향기에 이끌려 계곡을 찾는다. 그리고 여린 꽃잎에 가만히 다가간다. 인동은 향기가 정말 매력적인 꽃이다.

홍파동의 석류나무

루비로 가득한 붉은 주머니

　종로구 홍파동 홍난파 선생 옛집 아래 민가에는 오래된 석류나무 한 그루가 서 있다. 해마다 여름에 붉은 꽃을 피워 가을이면 열매를 달고 지나는 사람들의 마음을 풍요롭게 한다. 석류나무는 추위에 약해서 서울에서 가꾸기에는 여간 성가신 나무가 아니다. 겨울이 오기 전 10월 말쯤 줄기를 짚으로 감싸 주어야 동해를 막을 수 있다. 나무의 성질이 따뜻한 곳을 좋아하는데 이곳의 석류나무가 이토록 오래 살 수 있었던 것은 집주인이 관리에 그만큼 정성을 기울인 결과이리라. 이 나무는 밑에서 여러 줄기가 돋아나 높이 3미터 정도로 자랐고 지금도 그루터기에서 수많은 어린 줄기가 돋아나 자라고 있다.

　이곳은 오래된 한옥 마을이었으나 최근 재개발 바람이 불면서 연립 주택으로 바뀌더니 아파트촌을 건설하기 위해 집들을 허물고 있는 중이다. 오래된 집이 있는 마을이라 곳곳에 감나무, 살구나무, 복사나무 같

석류나무

은 과일나무를 가꾸고 있다. 그리고 라일락, 능소화, 철쭉, 무궁화 같은 화목류가 집집마다 서 있는 아름다운 마을이다. 이러한 나무들이 오래도록 살 수 있었던 것은 이 지역이 동남쪽 산비탈이어서 볕이 잘 들고 따뜻하기 때문이다. 또 우리 나무를 사랑하는 마음들이 있었기에 가능했던 일이다.

석류나무는 우리나라에서는 그리 오래 살지 못하는 것 같다. 어느 정도 굵은 줄기가 되면 목재 속이 썩고 그루터기에서 새 줄기가 자라게 되어 세대교체를 한다. 원줄기가 늙으면 새 줄기를 가꾸어 세대교체를 해야 하는데 그루터기에서 자라는 어린 줄기를 계속 잘라 내기 때문에 끝내 말라 죽고 만다. 재개발 지역에 포함된 홍파동의 석류나무도 오래도록 살아 있도록 해야 한다. 이 나무를 조경 녹지에 포함시키든지 다른 곳으로 이식하여 살아갈 수 있도록 조치를 서둘러야 한다.

서울의 석류나무는 유전 자원으로서 가치가 그만큼 높다. 서울의 환경에 적응한 나무인 까닭이다. 내한성이 약한 나무인 석류나무가 홍파동 언덕배기에서 이토록 오래 살아남았다는 사실 자체가 감동적이다.

이런 나무는 서울의 다른 곳에 심어도 잘 살 수 있다. 겨울이 긴 서울에서 남부 지방의 석류나무를 옮겨 심으면 말라 죽기 쉽다. 그러나 서울의 환경에 적응한 나무라면 결과가 달라진다. 그래서 늙은 석류나무는 가치가 있는 것이다.

소낙비가 지나간 어느 아침, 장독대 옆에 핀 붉은 석류꽃은 싱그러운 여름을 알리곤 했다. 석류를 보면 꼭 붉은 비단 주머니를 리본으로 여며 놓은 것 같다. 석류는 중부 이남의 따뜻한 지방에서 잘 자란다. 남도 지방에 운치 있는 석류 고목이 아직도 살아 있는 것도 그 때문이다.

석류나무가 익으면 껍질을 터뜨린다. 그 속에 촘촘히 박힌 투명한 알맹이는 루비처럼 반짝인다. 예로부터 보석을 간직한 주머니 같다고 하여 사금대沙金袋라 불렀다. 열매는 익어 가면서 꼭지 끝을 안으로 오므린다. 하고 싶은 말은 많지만 꼭 참겠다는 듯 입술을 깨물고 있는 모습이다. 고된 시집살이에서 오는 서러움을 남몰래 삭이는 새댁이 떠오른다. 사랑과 미움과 격정의 여름을 그렇게 다 보내고 찬바람 부는 가을날이 되면 석류 열매는 끝내 분노를 터뜨리듯이 터진다. 안으로 안으로만 삭여온 서러운 사연들이 부풀어 제 살갗을 찢고 속마음을 드러내는 것이다. 그러면 핏빛으로 멍든 가슴은 산산이 부서져 내린다.

석류나무는 가지와 잎이 무성하고 꽃과 열매가 달려 있는 기간이 4~5개월이나 된다. 봄철 잎이 돋을 때는 붉은빛을 띠고 입하에 꽃이 피어 중추에 붉게 익는다. 가을에 물드는 노란 단풍이 곱고 낙엽이 진 겨울에도 열매는 떨어지지 않고 매달려 있다. 석류는 열매의 모양이 독특하고 꽃 또한 재미있게 생겼다. 예로부터 많은 선비들이 석류의 진기한 모습을 시로 읊었다 그중에서 조선 초 태허정 최항이 지은 「안석류安石榴」가 돋보인다.

석류 향기 바람 타고 담 넘어오자 安石香風度紛墻

꽃 소식 전하는 이 먼 여정부터 생각하네 緬懷槎使遠傳芳

그대에게 맡김이 어찌 이재만을 꾀함이겠는가 封君肯要謨貨利

자식이 많다는 것 또한 무엇보다 좋은 일이지 多子應順表吉祥

비단 주머니 열고 보니 옥구슬 가득하고 錦穀乍開排玉粒

황금방마다 겹겹이 꿀맛을 저장했구나 金房重隔貯瓊漿

바라보는 것만 즐기다 글쓰기마저 잊었는데 望來己失文闈渴

수많은 별 매달려 새벽 서리에 반짝이네 萬點星懸映曉霜

석류는 붉은 꽃이 피어 빨간 열매로 익고 속에 든 씨껍질도 새빨간 색이다. 예로부터 붉은색은 사귀를 제압하는 능력이 있다고 믿었다. 열매마다 주홍을 가득 품고 있는 석류야말로 재액을 막아 주는 든든한 믿음을 주었다. 그래서 장독대 옆에는 반드시 한 그루의 석류나무를 심었다.

어른의 보호를 받는 아기라 해도 질병 앞에서는 예외가 있을 수 없다. 귀자모신鬼子母神은 아기를 보호하는 신이다. 귀자모 신당에는 반드시 석류나무를 심어 아기와 어머니에게 귀자모의 가호를 눈으로 확인할 수 있게 했다. 석류는 조선시대에도 임금에게 바치는 귀한 과일이었던 것

1. 석류나무 열매
2. 석류꽃

루비로 가득한 붉은 주머니

같다.『조선왕조실록』세종 8년 2월 4일조에 각 지방에서 올라오는 과일을 상림원에 납부하라는 내용이 눈에 띈다.

호조에서 계하기를, 근래 각 지방에서 올라오는 과일을 상림원에 납부하지 아니하고, 내자시와 내섬시에 납부하게 하여 폐단이 여전하오니 과거의 예에 따라 상림원으로 납부하게 하소서…… 지금부터 홍시, 모과, 석류, 배, 유자, 감귤 등 물품은 각 지방에서 상납하게 하지 말고, 각도의 감사로 하여금 담당 지역의 과일이 잘되고 못된 것을 조사하여, 공안貢案에 매긴 수대로 적당히 나누어 배정하여 제 시기에 따서 좋은 것을 골라서 올려 보내게 하소서…….

당시에는 그해의 과일이 잘되고 못되고를 가리지 않고 무조건 전년도에 책정한 수대로 과일을 올려 보내라고 해서 폐단이 많았던 것 같다. 그래서 지방에 따라 사정을 잘 알아보고 적당한 물품을 납부하게 하자는 기록이다. 또 세종 17년 9월 21일조에는 "제주 안무사 최해산이 한 꼭지에 6개가 달린 석류를 올렸다"고 적고 있다. 워낙 귀한 과일이다 보니 관리에게 상납하는 뇌물로 쓰이기도 했다.『조선왕조실록』에 따르면 성종 1년, 1470년 7월 6일에 의금부에서 김정광 등이 뇌물을 받은 실정을 아뢰고 그들을 참할 것을 임금에게 청하고 있다.

의금부에서 아뢰기를, "……양인 이검불과 춘산春山은 김정광에게 면

포 10필, 철삽鐵鍤 1개, 술 2분盆과 계란, 석류, 녹미, 문어, 연어, 곶감 등의 물건을 뇌물로 주고……." 이권을 챙겼다며 처벌하라고 했다.

이 기록을 보면 당시에는 귀했던 사슴의 꼬리와 좋은 술, 곶감과 함께 석류 같은 과일로 사람들의 환심을 사려고 했다는 것 알 수 있다.

석류는 주머니 속에 자잘한 씨를 무수히 보듬고 있다. 예로부터 사람들은 그 모양을 자손의 번창으로 보았다. 따라서 시집가는 딸의 혼수품에 석류가 수놓아져 있다면 부귀다남富貴多男을 뜻한다. 사실 석류는 열매의 맛이 시어서 임산부들이 좋아하는 과일이기도 했다. 석류를 많이 먹으면 아들을 낳는다는 속설도 알고 보면 상당히 과학적인 데가 있다.

『북사北史』「위수전魏收傳」에도 석류의 기록이 보인다. 제나라의 안덕왕 연종이 새로 왕비를 맞아들였다. 왕비는 이조수의 딸이었는데 용모가 단정하여 왕의 총애를 받았다. 왕비의 어머니인 송씨가 왕에게 석류 두 개를 바치자 왕은 그 뜻을 여러 대신들에게 물어보았으니 아는 이가 없었다. 왕은 "이런 시어 빠진 과일을 어디다 쓴담" 하고 던져 버렸다. 그때 옆에서 보고 있던 이조수가 입을 열었다. "석류는 알맹이가 많은 과일입니다. 자손이 번성하기를 바라는 마음에서 바친 것으로 압니다." 그러자 왕은 이조수에게 벼슬을 높여 주고 고운 비단 두 필을 하사하였다.

옛 선비들은 석류를 과일 이상으로 생각했던 것 같다. 그래서 석류꽃 또한 귀한 대접을 받았다. 신흠은 『상촌집象村集』에서 지는 석류꽃을 못내 아쉬워했다.

간밤에 비 오더니 석류꽃 다 피겠다

부용당반芙蓉堂畔에 수정렴水晶簾 걸어 두고

눌 향한 깊은 시름을 못내 풀까 하노라

오래전부터 석류, 불수감, 복숭아는 삼다식물三多植物로 여겨졌다. 삼다三多란 자식을 많이 두라는 다남多男, 복을 많이 받으라는 다복多福, 건강하게 오래 살라는 다수多壽를 뜻한다. 『장자』「천지편天地篇」에는 다음과 같은 이야기도 전해진다. 국경을 지키는 관리가 요임금에게 다음과 같은 축원의 말을 올렸다는 것이다. "성인으로 하여금 부유하게 하시고, 장수하게 하시고, 아들을 많이 낳게 하십시오使聖人富 使聖人壽 使聖人多男子." 고대 사회에서 인구가 많다는 것은 곧 국력이 강대하다는 것을 말한다. 좁은 의미로 보면 가정에서 아들을 많이 두면 그만큼 노동력이 풍부해지는 것이 된다. 복이 아닐 수 없다.

또 송나라의 구양수는 그의 글 「삼다설三多說」에서 "서왕모가 가꾼다는 선도仙桃는 삼천 년마다 열매를 맺는다 하여 오래 사는 것으로 해석할 수 있고, 불수감은 그 모양이 부처의 손과 같은데다 불佛과 복福이 음이 비슷하여 다복을 뜻한다. 석류 속에는 씨가 많아서 다자多子로 해석된다"고 적었다.

삼다사상이 보편화되면서 복숭아, 석류, 불수감을 「십장생도」에 같이 그리는 경우도 생겼다. 조선시대 민화 속에도 이들 삼다식물을 주제로 한 작품이 많다. 석류와 불로초가 함께 그려질 때는 백자장생白子長生을 뜻하며, 꾀꼬리와 함께 그려지면 금의백자錦衣百子, 즉 출세한 자손을 뜻한다.

그 외에도 석류와 연밥을 함께 그리거나 석류와 포도를 그려 다산과 다복을 빌었다. 복숭아밭에서 노는 동자 100명을 그린 「백자도百子圖」나 포도 덩굴에 매달려 노는 동자 그림은 모두 삼다사상을 반영한 작품이다. 중국에서는 신혼 축하 선물로 석류를 보내는 풍습이 아직도 남아 있다. 모두 아들을 낳기 바라는 마음에서다.

석류는 재배 역사가 긴 과일나무다. 석류의 원산지는 이란, 인도 북서부, 파키스탄, 아프가니스탄, 키르기스스탄 공화국 등 해발 300~1000미터 지대이다. 석류나무는 인류가 재배하는 과일나무 중 가장 건조한 지역에서도 견디는 것으로 낙엽성 관목 또는 아교목이다. 원산지에서는 기원전 2천여 년에 이미 과일을 먹기 위해 재배했을 것으로 추정되며, 그후 지중해 여러 지역으로 퍼져 나갔다. 지금으로부터 3천 년 전 이집트의 18왕조 파라오의 피라미드 벽화에도 석류 그림이 새겨져 있다. 기원전 4세기에는 지중해에서 유럽 남부 지역까지 전해졌으며 알렉산더왕의 동양 진출로 인도로 전해졌고, 이어 동남아 여러 나라로 전파되었다. 콜럼버스의 신대륙 발견으로 석류는 아메리카 대륙에도 전해졌다. 또한 한무제 때 장건이 서역 정벌에 나섰다가 귀국할 때 함께 가져 온 과일나무가 바로 이 석류나무이다.

원산지에서는 포플러가 자라는 땅에 석류나무가 함께 자라는 것을 볼 수 있다. 지금도 서역의 관문인 투르판 교외에는 대규모 석류나무 과수원이 있다. 옛 당나라의 수도였던 지금의 시안 교외에도 대규모 석류나무 과수원 단지가 조성돼 식용이나 약용으로 중국 전역에 팔려 나가고 있다. 현재는 중국을 비롯하여 인도, 서아시아, 아프리카 북부, 지중해 연안 등의 여러 나라에서 재배한다. 미국에서는 캘리포니아 산악지대에 많고, 유럽의 경우 이탈리아를 비롯하여 이베리아반도에서 널리 재배한다. 또한 메세타 고원 산지에 약 50만 제곱킬로미터에 이르는 대규모 석류나무 과수원 단지를 조성해 국가적 특산물로 가꾸고 있다.

중국 남부 지방에서는 음력 5월에 피는 석류를 '5월의 꽃'이라 하고, 석류꽃이 피는 5월을 '석류달榴月'이라 한다. 치아가 곱고 아리따운 입술을 가진 미인을 일컬어 '석류교石榴嬌'라 부르기도 한다.

석류나무는 꽃을 즐기는 원예식물인 동시에 과일을 먹는 과수이다. 한자로는 안식류安息榴, 서안류西安榴, 수류樹榴, 약류若榴, 단약丹若, 금앵金罌, 금방金龐, 해석류海石榴라고 한다. 석류나무의 학명은 *Punica granatum*인데, *Punica*는 라틴어로 카르타고를 뜻하는 punicus에서 따온 말이다. 석류를 북아프리카 카르타고 원산으로 본 때문이다. *granatum*은 씨가 입상粒狀으로 갈라졌다는 granatus에서 유래되었다. 즉, 석류는 카르타고 원산으로 열매가 낱낱이 갈라지는 나무라고 할 수 있다.

『본초도경本草圖經』에는 "안석류 꽃에는 황색과 적색 두 가지가 있고 열매도 단 것과 신 것이 있다. 단 것은 식용으로 하고 신 것은 약으로 쓴다. 또 산석류酸石榴라 하여 열매 모양은 같으나 아주 작은 것이 있다. 꿀에 졸여 정과를 만드는데 맛이 달다"고 했다.『본초연의本草衍義』에는 "안석류는 산미와 담미 두 가지가 있다. 홑꽃이 피고 열매가 달리는데 속에 든 씨는 붉은색이다. 종자가 수정처럼 희고 광택이 있으며 맛이 달콤한 것이 있는데 이것이 수정석류水晶石榴이다. 또 산석류는 설사를 멈추는 약으로 쓴다. 고목에 달리는 것이나 오래된 것이 좋다"고 했다. 진의『박물지』에 따르면 "서한의 장건이 서역에 사신으로 갔다가 돌아오는 길에 가지고 왔다. 안석국安石國에서 자라는 나무이기에 안실류安實榴 또는 안석류安石榴라 한다"고 했다.『격물총화格物叢話』에서는 "유화榴花는 본디 안석국에서 들어왔기에 안석류라 한다. 또 바다 건너 신라국에서 들어온 것을 해류海榴라 한다. 꽃받침이 진홍빛이고 꽃잎이 조알처럼 빽빽하다. 겹꽃과 노란색이 있고 홍화백록紅花白綠과 백화홍록白花紅綠이 있으니 꽃 중에서 가장 기이하다"고 적고 있다. 해류는 애기꽃석류를 말한다. 신라에서 수입한다고 했지만 우리나라에서는 애기꽃석류의 원산지가 밝혀진 바 없다.

『격물론格物論』에는 "석류는 담홍색 씨가 사람의 치아처럼 빽빽한데 맛이 달다. 투명한 호박처럼 반짝인다. 또 푸르고 흰 옥 같은 것도 있다"고 했다. 비교적 따뜻한 기후에서 자라는 석류는 명대에 이르러 중국 북부까지 전파돼 널리 심었던 것 같다. 연암 박지원의『열하일기』7월 3일자에는 조선 사신 일행이 오랜 장마로 길이 막혀 숙소에 있을 때 그 집 뜰에 가득한 석류꽃을 기록하고 있다. "석류꽃이 땅에 가득 떨어져 붉은 진흙에 섞였다榴花滿地 銷作紅泥." 명대에 발달한 본초학本草學이 청나라의 중원 장악으로 북부 지방까지 전파되고 추위에 강한 품종을 중심으로 일반인에게까지 퍼진 것으로 보인다.

석류나무는 조선시대 때 선비들의 사랑채 뜰에 즐겨 심기도 했다. 김안로는 『용천담적기龍泉談寂記』에서 화분에서 가꾼 석류를 이렇게 적었다. "우리 집에 화분에 심은 안석류 두 그루가 있는데 한 그루에서 꽃이 피고 열매가 열렸다. 마치 사자가 웅크리고 앉아서 돌아보는 것 같았다. 머리와 얼굴, 꼬리와 목덜미, 갈기와 네 발톱까지 있어 부인들이 수놓은 사자와 같았는데 살아서 움직이는 모습은 그보다 나았다." 바람에 흔들리는 열매의 기이한 모양이 사자처럼 보였던가 보다.

중국에서도 석류나무에 얽힌 이야기가 전해져 내려온다. 당나라 문종 때에 환관이 전횡을 일삼자 당시의 재상이었던 이훈, 정주 등이 꾀를 생각해 냈다. 금오 청사 위 석류나무에 감로가 내렸다고 거짓 소문을 퍼뜨린 것이다. 환관들이 진위를 살피기 위해 올 때 이들을 없애려 했는데, 때마침 바람이 일어 장막이 뒤집히는 바람에 복병이 드러나 일이 탄로나고 말았다. 그 결과 오히려 환관 구사량 등의 반격을 받았다고 한다. 이훈, 정주 등은 모두 피살되고 거사는 실패로 끝나고 말았다. 의로운 일을 하려고 했으나 운이 따르지 않아 뜻을 펼치지 못했던 것이다.

기독교 성서 속에도 석류는 신성한 과일로 등장한다. 새빨간 열매는 가장 아름다운 여인으로 표현되고 풍요로운 땅을 맛깔스런 석류나무 정원이라 부르기도 했다. 신성한 나무라고 믿었던 까닭에 성전의 원기둥 장식에는 석류나무를 조각했다. 또한 석류나무의 꽃잎은 기사의 꽃무

늬 장식에 들어 있고, 왕관 모양의 이 꽃이야말로 지혜로운 솔로몬의 왕
관이라고 굳게 믿고 있다. 히브리어로 석류를 림몬^{limmon}이라 한다. 이스
라엘의 림몬에는 지금도 사도 바울이 6백 명의 군사를 거느리고 쉬었다
는 큰 석류나무가 자라고 있다. 낙원에서 이브가 아담에게 따 준 금단의
열매는 시과나 무화과가 아닌 석류라고 주장하는 학자도 있다. 성서의
무대인 소아시아 지방에 넓게 분포하는 식물인 까닭이다.

석류나무가 우리나라에 언제 들어왔는지 확실하게 알 수는 없지만
8세기경 중국을 통해 한반도로 유입되었고 바다 건너 일본에까지 전파
되었을 것으로 추정된다. 문양으로 나타난 것은 통일신라시대의 암막새
가 처음이다. 암막새의 석류당초문을 통해 이미 석류가 번영과 풍요의
상징으로 생활 속에 뿌리내렸다는 것을 알 수 있다.

도가에서는 가을에 벌어진 석류 열매가 서리를 맞고 저절로 떨어지
면 삼시주三尸酒라 하여 귀한 약으로 생각했다. 자연 발효된 이것을 먹으
면 인체 내의 세 가지 해충인 삼시가 취해서 장수한다고 믿어 왔다.

석류는 버릴 것이 없다. 껍질은 말려 약으로 쓰고, 씨를 감싸고 있는
과육은 날로 먹는다. 석류알을 붉은 오미자 물에 넣고 잣과 꿀을 타 마
시는 석류화채는 여름 음료 중의 백미이다. 그런데 오늘날 새콤달콤한
그 맛이 수입산 열대 과일에 밀려 사라지고 있다. 그와 더불어 우리의
전통문화도 함께 빛을 잃어 가고 있다. 따라서 홍파동의 석류나무와 같
이 우리 주변의 석류나무들이 더 이상 사라지지 않도록 해야 한다. 재
개발로 이 지역이 파헤쳐진다면 다른 곳에 옮겨 심어야 한다. 그리고 후

계목을 키워 여러 곳에 심어 주는 것이 필요하다. 나무도 생명 문화재인 까닭에 잘 가꾸어야 함은 물론이다.

가을이 다 가기 전에 홍파동의 석류나무에 얼마나 많은 열매가 달렸는지 찾아봐야겠다. 주변에는 홍난파 가옥이 있고 서울 성곽이 지나며 권율 장군의 집터에 4백 년 된 은행나무가 살아 있다. 옛 선비들의 시심을 자극했던 석류나무. 다산의 상징이요, 풍요로움을 뜻하는 석류나무가 오래도록 살아서 마을을 찾는 이들에게 기쁨을 전해 주기를 기대해 본다.

경복궁 국립민속박물관의 꽃개오동

꽃과 새가 된 운명적인 사랑

⊙-⊙-⊙

　　경복궁 국립민속박물관 입구에는 큰 꽃개오동이 한 그루 서 있다. 높이 20미터에 가슴높이 둘레가 2미터나 되는 거목이다. 이 나무는 해마다 여름이면 화사한 꽃을 피워 향기를 퍼뜨린다. 잎이 넓어서 짙은 그늘을 만들어 주기에 공원을 찾는 사람들이 이 나무를 반긴다. 꽃개오동을 자세히 보면 정말 예쁘다. 꽃잎에 짙은 자주색 꿀점이 무수히 많다. 꿀이 많아서 늘 나비와 벌들이 붐빈다. 개화 기간도 긴 편이어서 화서 아래쪽에서 위로 올라가면서 계속 꽃이 핀다. 사람들은 늘 그 꽃을 보면서도 무슨 나무인지 어느 나라가 원산인지 모르고 알려고도 하지 않으니 안타까운 노릇이다. 개오동나무는 중국이 원산이지만 꽃개오동은 북아메리카가 원산인 낙엽교목으로 나무 높이가 20~30미터에 이른다. 잎은 오동잎처럼 넓으며 심장 모양이고 얕게 갈라진 돌기 흔적이 있다. 마주 붙거나 3장씩 돌려 나는데 긴 잎자루 끝에 길이 20~25센티미터의

경복궁 국립민속박물관의 꽃개오동

큰 잎이 달린다. 양오동洋梧桐, 향오동香梧桐이라고 불리기도 하는데, 중국 원산의 개오동나무는 목각두木角豆, 재梓라고도 한다.

꽃개오동은 1905년경 미국 선교사가 평안북도 선천에서 처음 심기 시작하였다. 꽃개오동은 중국 원산의 개오동나무와 비슷하지만 꽃잎에 자갈색 얼룩 줄무늬가 있는 점이 다르다. 전국적으로 널리 심고 있으며 공원용수, 정원수, 가로수로 수요가 늘고 있다. 경복궁에도 아름드리 거목이 몇 그루 자란다. 중국의 대련시에서는 개오동나무와 아까시나무, 은행나무를 가로수로 심어 도시 미관을 한층 아름답게 꾸미고 있다.

6~7월에 꽃이 피고 콩꼬투리처럼 생긴 긴 꼬투리가 주렁주렁 매달린다. 꼬투리가 노끈처럼 길다고 하여 노끈나무라고도 불린다. 씨는 9~10월에 익는다. 꼬투리는 겨울에도 떨어지지 않고 매달려 있다가 뒤틀리면서 속에 든 씨가 바람을 타고 멀리 날아간다. 씨는 하얀 솜털을 달고 있다. 중국에서는 개오동나무를 추목秋木이라고 부르기도 하는데 가을에 가장 먼저 단풍이 들기 때문이다. 이 나무에 단풍이 들면 비로소 가을이 왔음을 알 수 있었다고 한다.

개오동나무의 열매에는 칼륨 성분이 많이 들어 있다. 따라서 신장염, 방광염 등의 질병에 잘 듣고 이뇨제로 널리 쓰인다. 잎은 상처가 곪았을 때 고름을 빨아내기 위해 붙인다. 꽃은 여러 송이가 한데 모여서 피는데 한 송이씩 따로 보면 5장의 꽃잎이 얇게 갈라져 있는 통꽃이라는 것을 알 수 있다. 아래쪽 꽃잎이 조금 더 큰 것이 특징이다. 개오동나무 꽃에서는 좋은 향기가 난다. 이 나무를 중국인들은 상사수相思樹라 하는데 여기에는 그럴만한 이야기가 깃들어 있다.

　옛날 중국의 송나라 때 한풍이란 선비가 살았다. 그에게는 아름다운 부인이 있었다. 그러자 한풍의 능력을 시기한 무리들이 왕에게 그의 아내가 천하일색이라고 일러바쳤다. 왕은 음탕하기로 소문난 사람이어서 한풍의 아내가 예쁘다는 말을 듣고 그냥 있을 리 없었다. 왕은 한풍에게 죄명을 씌워 멀리 내쫓고 그의 아내까지 성으로 잡아들였다. 그러나 한풍의 아내는 왕의 청을 끝내 거절했다. 그러고는 그리운 마음을 적은 편지를 몰래 남편에게 보냈다. 한풍은 그 소식을 듣고 화가 난 나머지 스스로 목숨을 끊어 버렸다. 그리고 얼마 후 한풍의 죽음을 전해 들은 그의 아내도 목을 매고 말았다. 화가 난 왕은 일부러 무덤을 나란히 해주고 너희들이 그렇게 사랑하거든 무덤을 박차고 나와 보라고 했다. 그런데 두 무덤에서 각각 한 그루씩 나무가 돋아나 가지가 엉키고 뿌리까지 엉켜 자라는 것이 아닌가. 그러고는 한 쌍의 예쁜 새까지 날아와 날마다 슬피 울기 시작했다. 애절한 새소리는 사람들의 마음을 더욱 서글프게 만들었다. 그 후부터 누가 먼저 말했는지 이 나무를 상사수라 했고, 새는 상사조相思鳥가 되어 오늘날까지 입에서 입으로 전해지고 있다.

　개오동나무에 얽힌 슬픈 전설과 달리 꽃개오동 꽃에서는 좋은 향기가 난다. 질 좋은 꿀이 많아서 미국에서는 중요한 밀원식물로 재배한다. 유럽에서는 묘지 근처에 이 나무를 많이 심는다. 또 일본의 경우 신사에 개오동나무가 많다. 이러고 보면 이 나무가 죽은 사람의 영혼과 연관이 있는 것은 아닌지 모르겠다. 일본에서는 개오동나무가 거친 바람을

경복궁 국립민속박물관의 꽃개오동

꽃개오동 꽃   꽃개오동 꼬투리

막아 준다고 하여 뇌전목蕾電木이라고도 부른다. 바람이 세찬 일본인지라 개오동나무와 같은 방풍림이 필요했을 것이다.

개오동나무류는 목재가 단단하여 옛날에는 활을 만드는 데에 쓰였다. 미국에서는 목재가 잘 썩지 않는다고 해서 철도 침목으로 사용된다. 우리나라에서는 이 나무를 깎아 나막신을 만들었는데 물에 잘 젖지 않고 단단하기 때문에 구목久木이라고도 불렀다. 미국인 선교사가 우리나라에 처음 들여온 이래 10년이 지난 후에는 정식으로 종자를 수입하여 임업시험장에서 묘목을 길러 내 전국 각지에 심기 시작했다.

사람들은 수입된 꽃개오동을 황금수黃金樹라는 영목靈木으로 부르며 보급에 힘을 쏟았다. 심어만 놓으면 큰돈이 된다고 믿었지만 사실은 그렇지가 않았다. 세상이 그렇게 호락호락한 것만은 아니다. 식물 종자를 파는 사람들은 그 씨앗만 심으면 당장 부자가 될 것같이 광고를 한다. 사실 그렇게 광고하는 나무와 약재를 많이 봐 왔다. 두충이 그렇고 체리 하며 박하, 삼백초, 헛개나무, 비타민나무, 뜰보리수, 둥굴레, 삼채, 초석 잠 같은 이름도 생소한 것들을 들고 나와 순박한 농민을 유혹한다. 하지만 이러한 나무나 약초를 심으면 전량 매입한다며 비싼 값에 묘목을 팔아먹고 나중에 생산한 것을 차에 싣고 가면 그 회사는 문을 닫은 지 오래인 경우가 많다. 그렇지만 오래도록 가꾼 나무인지라 뽑아내지도 못하고 그대로 방치하고 있는 곳도 있다. 이런 나무를 30년만 밭에 두면 농부의 인생이 끝난다. 그동안 아무것도 수확하지 못한 채 세월이 흘러가기 때문이다. 비극이 아닐 수 없다. 최근에는 복분자딸기라는 미국 원산의 오엽딸기나 블루베리를 심는 사람들이 늘고 있다. 미국이나 유럽 사람들은 블루베리를 딸기나 토마토처럼 식품으로 먹고 있는데 이것을 헐값에 수입한 업자들은 무슨 보약처럼 선전하여 바가지를 씌우고 있다. 사람들이 한번쯤 속는다 해도 효과가 없다고 느끼면 언젠가는 외면하게 되고 그 충격은 고스란히 농민에게 돌아간다. 순박한 농민들이 안쓰럽기만 하다.

꽃개오동이나 두충나무도 사실 마찬가지다. 당시에는 큰 부자가 된다는 말에 농사를 포기하고 심었으나 누가 잎을 사는 사람이 있던가. 이 나무를 볼 때마다 최근의 블루베리 붐이 언제, 어떤 결과를 가져올지 걱정이 된다. 수요가 있어 값이 뛰면 큰손들이 대량 수입을 하는 줄 모

르고 소규모 농사꾼들은 나무를 심어 놓고 몇 년 후를 기다린다. 얼마
나 착하고 순박한 사람들인가.

산을 지키는 산신령 같은 나무

...

눈부신 각선미를 뽐내는 미인목

종로구 견지동 옛 우정총국 옆에는 시민 휴식처가 마련돼 있다. 화강석 판석을 깐 지면에는 몇 개의 화단으로 구분 지었고, 그 위에 잔디를 곱게 가꾸어 놓았다. 그 잔디밭에 20여 그루의 자작나무를 심어 시민들이 쉴 수 있도록 해 놓았다. 이들 자작나무는 20여 년 생으로 보이지만 줄기의 꼭대기를 잘라 심어서 반 이상이 이미 말라 죽었고 지금은 일부만 남아 있다. 이들 자작나무는 구주자작나무로 줄기가 흰색을 띠며 껍질이 잘 벗겨지지 않아서 유럽에서는 정원수로 많이 심는다.

우정총국의 자작나무는 생육 상태가 그리 좋은 편은 아니지만 아직도 해마다 봄이면 새싹을 틔우고 가을에 노란 단풍으로 물들어 삭막한 도심을 녹색 숲으로 바꾸어 놓는다. 자작나무를 도심에서 본다는 것 자체가 의미 있지만 상태가 좋지 않아서 그리 큰 기대는 하지 않는 것이 좋다. 유럽 북부의 끝없는 대지를 뒤덮은 자작나무 숲을 연상하면서 우

우정총국의 자작나무

종로구 견지동 우정총국의 자작나무

정총국의 자작나무 아래 벤치에 앉아 본다. 하늘은 점점 더 높아 가고 줄줄이 매달려 있는 꼬투리마다 기다란 꼬리 모양의 암꽃 꼬투리가 매달려 잔 씨를 바람에 날리고 있다. 자작나무 씨는 날개를 달고 있어 바람을 타고 멀리 날아가 퍼진다.

추위가 오면 돋보이는 것이 자작나무이다. 기온이 떨어지면 높은 산에서 황금색으로 물든 자작나무 잎사귀가 흰 껍질을 푸근하게 감싸 안는다. 자작나무는 지상에서 가장 높은 곳에서만 자라는 낙엽 활엽수이다. 자작이란 소리만 들어도 '숲 속의 주인', '깊은 산'을 연상시킨다.

매서운 추위를 좋아하는 탓인지 자작나무는 보통 수천, 수만 그루가 서로 얼싸안고 산다. 20~30미터로 키가 큰 자작나무도 북극에 가까울수록 30센티미터가량의 난쟁이로 변해 얼어붙은 땅을 이불처럼 덮고 자란다. 우리나라에도 강원도를 비롯하여 북쪽에서 사스레나무나 거제수나무 같은 자작나무류를 쉽게 볼 수 있다. 특히 사스레나무는 백두산 해발 2천 미터부터 일대 군락을 이루어 산 전체를 덮고 있다. 1989년 8월 한국자생식물 연구 회원들은 끝없이 펼쳐진 자작나무의 수림을 보고 입을 다물지 못했다. 단군이 백두산 신단수 아래에 내려와 신시를 열었다면 신단수는 자작나무일 수밖에 없다는 것이 회원들의 시각이다. 백두산에서도 제일 높은 곳에 사는 나무는 자작나무류인 사스레나무뿐이기 때문이다. 사실 자작나무는 박달나무와 생김새가 비슷하나 박달나무는 흰빛이 아니고 짙은 갈색이다.

자작나무는 원시의 숲을 이루며 살다 보니 많은 기생식물을 품고 살기 마련이다. 자작나무 숲 아래에는 백두산의 삼보三寶라 불리는 꽃사슴을 비롯해 산삼, 오리나무더부살이 등의 수많은 희귀 동식물이 자란다.

자작나무의 특징은 역시 나무껍질에 있다. 매끄럽고 질긴 흰색 껍질은 잘 썩지 않고 벗기면 종이처럼 쉽게 벗겨진다. 경주 천마총의 구름을 밟고 달리는 「천마도」는 자작나무 껍질에 그려진 그림이다. 「서조도瑞鳥圖」도 마찬가지다. 게다가 자작나무 껍질은 불이 잘 붙어서 생존술에서도 산에서 불을 피울 때 자작나무 껍질을 자주 사용한다. 『세종실록』에는 함길도경차관 정분이 임금에게 수재 상황을 보고하면서 자작나무를 말하고 있다.

> 떠내려 간 가옥이 전부 606호, 빠져 죽거나 흙에 묻혀 죽은 자가 169명, 모래에 뒤덮인 전답이 8,612결입니다. 또 경성 관아의 문 앞에 버드나무가 있었는데, 갑자기 하늘이 어두워지고 공기가 찌는 듯이 뜨겁더니, 베필 같은 한 물건이 공중에서 길게 죽 펼치고 내려왔습니다. 바로 불이 붙은 자작나무 껍질이었습니다. 버드나무가 그 열기에 말라 죽었습니다. 함흥에서부터 갑산의 경계에 이르기까지 산 위의 초목들이 다 타 버렸습니다. 사람들이 하늘 불이라고 하였습니다.

보통 이와 같은 오랜 가뭄 끝에 장마가 오기 때문에 피해는 더 커질 수밖에 없다. 자작나무 껍질은 썩지 않고 물에 잘 젖지도 않는다. 그러다 보니 땅 위에 버려져 있다가 산불이 났을 때 불이 붙은 채 바람을 타고 멀리 날아가는 것이다. 불이 붙은 종이 같다고나 할까. 백두산 사람들은 자작나무를 '보티'라고 한다. 그들은 보티 밑에서 나고 보티와 함께 살다가 보티나무에서 죽는다고 말하곤 한다. 죽으면 시신을 자작나무 껍질에 싸 묻기 때문이다. 심마니들 역시 산삼

자작나무 열매

을 캐면 자작나무 껍질에 싸서 보관한다. 껍질에 밥을 싸 놓으면 3~4일이 지나도 썩지 않는다.

자작나무는 불에 약한 대신 습기에는 강한 편이다. 지팡이, 낚싯대, 연장의 손잡이, 특히 단궁의 궁배를 감싸는 데에 자작나무만한 것이 없다. 목재는 단단하고 치밀해서 수레바퀴나 기계 조각재, 빗 등 특수 용재로 쓴다. 해인사 팔만대장경도 자작나무와 벚나무, 돌배나무로 만들었다. 뿐만 아니라 곡우 때 줄기에 상처를 내서 흘러나오는 수액을 마시면 무병장수 한다고 믿었다. 자작나무 둥지에 불을 피우고 줄기에 상처를 내면 물이 흐르는데 이 수액을 발효시켜 만든 자작주는 만취했다가도 한 시간만 지나면 깨끗이 술이 깨는 미주美酒로 이름이 높다. 또한 종이가 귀할 때에는 자작나무 껍질로 명함을 만들어 쓰기도 했다. 자작나무의 속 알맹이는 다 썩어 없어져도 껍질은 항상 새롭다. 러시

백두산의 만주자작나무 숲

아 문학 속에 나오는 자작나무 숲길은 생각만 해도 가슴이 탁 트이는
것 같다.

　자작나무는 계절을 가장 잘 증명하는 정원수이다. 봄철에 잎이 돋아
날 때는 신록이 더없이 아름답고 여름이면 미풍에 살랑거리는 잎사귀의
흐느낌과 가지 사이로 찾아든 매미들의 절규가 귓속을 파고든다. 가을
의 자작나무는 푸른 하늘과 흰 구름, 노란 단풍과 어우러져 원색의 구
성미를 보여 준다. 하지만 아쉽게도 우정총국의 자작나무는 잎이 무성
하게 자라지 못해서 정원의 그늘을 만들지는 못한다. 느티나무나 다른
가로수처럼 짙은 그늘을 만들지는 않지만 잔디 위에 심으면 잔디가 살

수 있어 또 다른 기능이 있다. 서울의 도심에서 백두산 같은 북방계의 나무를 볼 수 있다는 사실에 위안을 삼고 싶다. 우정총국 앞의 자작나무가 더욱 무성해질 날을 기대해 본다.

신선들이 즐겨 마셨던 음료

장충단공원에서 국립극장 옆으로 난 계단을 따라 남산을 오른다. 중
허리쯤에 이르면 울창한 숲이다. 이 지역은 남산에서도 비교적 자연림
이 잘 발달한 곳이다. 신갈나무, 졸참나무, 때죽나무, 상수리나무와 느
티나무 같은 낙엽수 아래로 쥐똥나무, 국수나무 같은 관목들이 자란다.
볕이 조금씩 새어 드는 곳이면 오갈피나무가 드물게 자란다. 전에는 더
많은 오갈피나무 군락이 있었겠지만 숲이 우거지면서 점차 사라졌을 것
으로 보인다. 쥐똥나무, 진달래 같은 관목 아래로는 애기나리, 대사초 따
위 초본류가 자라고 있다. 남산의 오갈피나무는 먼 옛날부터 그 자리에
서 그렇게 살아왔을 것이다. 다행히 아직 주민들의 눈에 띄지 않았고 사
람들이 들어갈 수 없는 곳이라 그나마 살아남은 듯하다.

고대 신화에서는 신선이 묘약을 먹고 하늘을 날아 달나라까지 갔다
는 이야기가 있지만, 오늘날 우주비행사들은 가시오갈피 재제를 마시며

우주 비행을 했다. 달 표면에 도착한 미
국의 우주비행사 암스트롱과 올드린은
지구에서 신비로운 약물을 가지고 갔
는데, 그것이 바로 가시오갈피를 주재
료로 한 약이었다.

오갈피나무 꽃

가시오갈피는 현대 스포츠 경기의
신기록에도 많은 기여를 하고 있다.
1980년 모스크바에서 열린 제22회 올
림픽에서 구소련 대표 선수들이 예상

을 뛰어넘는 놀라운 성적을 거두어 세계 스포츠계를 놀라게 했다. 당
시 소련 선수들이 흥분제를 투여한 것으로 의심하고 몇 번이나 약물 검
사를 했지만 어떤 흥분제도 검출되지 않았다. 사실 그들이 복용한 것은
종홍색류침고棕紅色流浸膏라는 약으로 주성분이 바로 가시오갈피였다.

오갈피나무의 생약명인 오가피五加皮는 뿌리껍질을 벗겨 볕에 말린 것
이다. 뿌리껍질을 캐 실뿌리를 다듬고 세로로 칼집을 내어 껍질을 벗겨
낸 다음 이것을 잘 말리면 원통형이 되는데 보통 길이 10센티미터에 두
께 5~6밀리미터 정도이다. 겉껍질은 잿빛을 띤 갈색이고 안쪽은 연한 노
란색 또는 계란색이다. 향기로운 냄새가 나고 씹으면 약간 쓴맛이 있으
며 떫은맛을 느낄 수 있다. 껍질이 두껍고 향기가 좋은 것으로 속에 목
질부가 없어야 좋은 약재로 친다. 오가피하면 중국의 백주白酒인 오가피
주도 유명하다. 이 술은 우리에게도 워낙 많이 알려진 술이다.

최근에는 오갈피나무에 대한 일반인의 관심이 더욱 높아가고 있다. 그중에서도 자연산 토종 오가피라며 매일 신문지상을 통해 광고를 접하게 된다. 도대체 오갈피나무와 가시오갈피는 어떤 식물이기에 이토록 일반인의 관심이 집중되고 있는 것일까.

먼저 오갈피나무의 생태적 특성을 알아보자. 산지의 계곡 근처 그늘에서 자라는 낙엽관목인 오갈피나무는 손바닥 꼴로 달리는 잎의 모양이 특이하고 검은 열매는 향기가 있다. 예로부터 약재로 써 왔으므로 정원에 심어 가꾸기도 한다. 3~5장의 작은 잎이 한데 붙어 하나의 잎을 이루고 잎 뒷면 엽맥에 가시가 있다. 또 줄기는 약간의 가시가 있거나 없다. 8~9월, 새로 돋은 가지가 딱딱해질 때쯤이면 가지 끝에 갈색을 띤 보라색 꽃이 다닥다닥 핀다. 흰 꽃술을 한 여러 송이가 뭉쳐서 공 모양을 이루는데 가을 늦게 꽃이 지고 나면 열매가 검은색으로 익는다. 열매는 말랑말랑하고 수분이 많다. 날것으로 먹을 수 있지만 향이 너무 진하고 독해서 비위가 약한 사람은 먹기 거북하다.

그에 비해 가시오갈피는 어린 줄기에 짧고 날카로운 가시가 무수히 많다. 가시는 긴 것과 짧은 것이 한데 섞여 빽빽하게 돋아나 있는데 1~2년생 가지에 많고 3년 이상 된 묵은 줄기는 가시가 없거나 드물게 달린다. 물론 가시가 있다고 다 가시오갈피는 아니다. 우리나라에 자생하는 종류로는 가시오갈피 외에도 오갈피, 서울오갈피, 지리산오갈피, 털오갈피, 왕가시오갈피가 있다. 가시오갈피 중에도 가시가 전혀 없는 민가시오갈피도 있다. 이런 나무를 재배하면 가시 때문에 관리가 어려운 문제를 간단하게 해결할 수 있다. 물론 시각적으로나 약효 면에서도 가시오갈피와 별 차이가 없다.

두 식물 모두 예로부터 약재로 써 온 까닭에 이름이 많다. 오갈피나무를 시칠豺漆, 문장초文章草, 오화시절五花豺節, 목골木骨, 추풍사追風使, 자오갑柔五甲, 백근수白筋樹, 세계오가細桂五加, 오화복五花卜, 수면유水面油, 오가화五加花, 계각풍鷄脚風이라 하고, 가시오갈피는 자오가刺五加, 자통刺通, 백자白刺, 오엽로자五葉路刺라 한다. 『본초강목』에는 "밤하늘의 오차성五車星 정기를 받아 잎이 5장으로 갈라졌다"고 기록하기도 했다.

오가피는 치풍治風, 골통骨痛 등에 쓴다. 민간요법으로는 허리가 아플 때 오갈피나무 뿌리와 소나무 마디를 같은 양으로 섞어 가루로 만든 뒤 술에 타서 마시는 방법이 전해진다. 막걸리를 담글 때 오갈피나무의 뿌리껍질 말린 것을 적당한 길이로 잘라 함께 넣고 익히면 오가피주를 만들 수 있다. 최근에는 오가피를 소주에 담가 마시기도 한다.

껍질에는 비타민 A와 C, 기름 성분이 들어 있다. 또 화학 성분을 물에 잘 풀리게 하는 성분도 들어 있다. 다른 약재를 추출해 낼 때 오갈피나무 껍질을 함께 넣고 달이면 물에 잘 우러나지 않는 약재도 쉽게 달일 수 있다. 꽃에서는 많은 꿀을 딸 수 있어 중요한 밀원식물이 된다. 향기와 함께 약용 성분을 이용할 수 있다. 열매는 겨울 추위에도 아랑곳없이 떨어지지 않고 그대로 달려 있다. 잎이 떨어진 오갈피나무 줄기 끝에 까만 열매가 공 모양으로 다닥다닥 붙어 있어 겨울철 조수류의 좋은 먹이가 된다.

가시오갈피 꽃

맛있는 산나물 중에서 오갈피 나무의 순을 빼놓을 수 없다. 봄철 가지 끝에 달린 잎은 단풍잎처럼 갈라져 있고 여러 장이 한데 뭉쳐서 붙어 있다. 손으로 만져 보아 매끄러울 정도로 부드러운 싹을 따서 나물로 먹는다. 약간 쌉쌀한 맛이 있으나 데쳐서 참기름에 무친 오갈피나물은 일미이다.

특히 오갈피나무는 인삼과 같은 사포닌 성분이 많이 들어 있는 것으로 알려져 있다. 잎에서도 일반 야채에서 섭취할 수 없는 독특한 약용 성분을 얻을 수 있는 좋은 산채이다. 여러 가지 산채를 뜯어 함께 섞어서 산채 비빔밥을 해 먹으면 맛이 있다. 당나라의 신미는 『증류본초證類本草』에서 "가시오갈피 한 줌을 금과 옥 한 수레와도 바꿀 수 없다"고 했으며, 전해지는 이야기로는 옛날에 "노정공의 모친이 오갈피술을 마시고 불로장생했다"고 한다. 또한 장자성, 양건시, 왕숙아, 어세언 같은 신선들도 모두 가시오갈피차를 즐겨 마셨으므로 나이가 들어서도 정상적인 성생활을 했으며 장수했다고 전해지고 있다.

고대에는 가시오갈피를 신선의 약으로 생각하고, 이를 먹는 자는 신선이 되어 늙지 않고 영원히 살 수 있다고 믿었다. 『계향실잡기桂香室雜記』에서는 백발의 노인이 동안을 하고 나는 듯 산을 타는 것을 보고 비결을 물었더니 "나는 항상 오갈피차를 마신다"고 했다는 기록이 있다. 『곡지

의안曲池醫案』에는 노인병을 치료하는 약으로 가시오갈피를 소개하고 있다. 가시오갈피는 『신농본초경神農本草經』에 처음으로 수록돼 있고, 약물 중에서도 상품으로 분류되어 있다.

시중 약재상에서 팔고 있는 것을 보면 가는 줄기를 잘라 묶은 것들이 대부분이다. 이런 약새는 약효가 떨어진다. 땅속의 근경 껍질을 말린 것이어야 하는데 구하기가 쉽지 않다. 오갈피나무보다는 가시오갈피가 약효 면에서 좋지만 국내에서 생산되는 것은 대부분 오갈피나무이고 가시오갈피는 아직 대량 생산 체제를 갖추지 못했다.

오갈피나무는 전국의 산지에 고루 분포하고 있지만 가시오갈피는 태백산을 비롯한 오대산, 설악산 같은 북부 깊은 산의 낙엽활엽수림에 생육하고 있을 뿐 여간해서 눈에 띄지 않는다. 따라서 약재상에서 팔고 있는 가시오갈피가 있다면 대부분 오갈피나무이거나 중국이나 러시아에서 수입한 것이다. 북방계의 고산성인 관계로 남한에서는 재배가 어렵기 때문이다. 또 재배한다고 해도 높이 2미터 미만으로 자라기 때문에 성장이 아주 늦다. 따라서 국내에서 종묘상들의 말만 믿고 가시오갈피를 재배한 농가에서 대부분 실패를 한 것은 경험 부족으로 나무의 생태적 특성을 고려하지 않은 까닭이다. 추운 지방에서 자라는 식물을 따뜻한 곳에서 재배했으니 잘 자랄 턱이 없다. 또 생장이 늦은 식물이라 10년을 길러도 겨우 1~2미터밖에 되지 않는데 그것도 뿌리를 캐면 나무가 죽을 수밖에 없다. 그래서 약효가 떨어지는 잎을 생산하고 있는 실정이다.

근래에 들어 오갈피나무는 세계적으로도 명성을 얻기 시작해, 오갈

오갈피나무 열매

피나무를 이용한 약들이 출시되어 널리 팔리고 있다. 몸을 덥게 하고 허약 체질을 튼튼하게 해 주며, 병후 회복에도 효과가 좋다고 알려지면서부터이다. 실험을 통해서도 오갈피나무가 신체 각 기관의 기능을 조절하고, 정상적으로 유지시키며, 신체의 유해한 성분에 대한 저항력이 뛰어나고 피로와 추위, 산소 부족, 방사선 노출, 화학 자극 등에 대한 저항력도 탁월한 것으로 입증되었다.

오갈피나무는 노년기에 많이 발생하는 고혈압, 심장병, 만성 기관지염, 악성 종양 등을 예방하고 치료하는 효과가 있으며, 관상동맥의 혈류량을 증가시키고, 대뇌에 혈액 공급을 촉진하며 고혈압인 사람에게는 혈압을 낮추고, 저혈압인 사람에게는 혈압을 올리는 작용을 한다. 오갈피나무에 함유된 사포닌은 콜레스테롤을 체외로 배출시키며, 사람의 체질을 개선시키고 만성 기관지염의 증상을 완화시킨다. 또한 조혈 작용을 촉진하고, 신체의 면역력을 강화한다. 오갈피나무는 신경 쇠약, 성 기능 장애 등에도 탁월한 효과가 있다. 이렇게 많은 효능을 가지고 있기 때문에 장수의 묘약으로 불리는 것이다.

오갈피나무의 성질은 옛 의서들마다 조금씩 차이가 있지만 대체로 독성이 없고 따뜻하며 약간 쓰거나 달다고 적고 있다. 『신농본초경』에는 "맛은 맵고 따뜻한 성질이다"고 했고 『명의별록名醫別錄』에서는 "맛은 맵고 성질이 차며 독이 없다"고 했으나 『약성론藥性論』에서는 "독이 있다"고 했다. 치료 효과에 대해 『신농본초경』에서는 "원기를 돋우고 어린이의 보행 기능 장애를 치료한다"고 했으며, 『명의별록』에서는 "정기를 보익하고 뼈와 근육을 강하게 하며 의지를 튼튼하게 한다"고 했다. 『본초강목』에서는 "몸이 허약할 때 좋고 뼈와 살을 튼튼히 한다"고 적었다. 허준의 『동의보감』에서는 "오갈피는 강장 작용, 진통 효과가 있다"고 했으며 오가피주를 빚어 오래도록 마시면 젊음을 유지할 수 있다고 했다.

오갈피나무는 열매나 뿌리껍질 모두 술을 담가 마실 수 있다. 오갈피나무를 말린 약재를 용기의 5분의 1 정도 채우고 나머지는 25도 소주를 부어 6개월 정도 두었다 껍질을 건져 낸다. 연한 갈색으로 잘 우러난 술을 거즈에 받쳐 정제한 뒤 유리병에 담아 오래도록 숙성시킨 것이 오가피주이다. 싱싱한 열매를 담글 때는 병의 3분의 1만 채우고 25도 소주를 가득 부어 약 2개월 정도 두었다 마신다. 오래 숙성시키기 위해서는 열매를 건져 내고 맑은 술을 유리병에 담아 실온에서 보관하면 된다. 술을 약재의 3분의 1에서 5분의 1만 채우는 것은 25도의 알코올이 약재가 갖고 있는 수분으로 희석되어 알코올 농도가 10도 이하로 떨어지지 않도록 하기 위해서이다. 약재를 너무 많이 넣어 알코올 농도가 10도 이하로 떨어지면 술은 부패하여 신맛이 나거나 떫은맛이 나고 이런 술을 마시면 독성 피해를 입을 수 있다. 잘 숙성시킨 술이야말로 옛 선인들이 마셨던 불로장생주인 오가피주인 셈이다.

오갈피나무는 잎을 사용하는 차와 뿌리껍질을 사용하는 차, 그리고 열매를 사용하는 약차로 만들 수도 있다. 잎을 사용하여 가시오갈피 약차를 끓여 보자. 잎은 6~7월경에 채취하여 그늘에서 반 정도 말린다. 그리고 사방 1센티미터 정도 되게 썰어 완전히 말린 뒤 종이 봉투에 넣어 보관한다. 많은 양일 때는 냉장 보관하는 것이 좋다. 끓는 물에 말린 오갈피잎 몇 조각을 넣고 우려내 마신다. 색은 연한 녹색을 띤 계란색이고 맛은 쓰다. 처음에는 쌉쌀한 맛이 돌지만 마시고 난 후에 향기가 오래도록 남고 입안이 개운하다.

두 번째는 약효가 가장 높은 뿌리껍질을 끓여 오갈피차를 우려내는 방법이다. 먼저 잘게 썬 껍질을 살짝 볶아 약한 불에서 천천히 달인다. 보통 2리터 정도의 물에 10그램을 넣고 물이 반 정도 될 때까지 달이면 된다. 달인 물에 끓인 물을 부어 묽게 해서 마신다. 냉장고에 보관하고 더 묽게 해서 식수 대신 마셔도 좋다. 너무 진하면 쓴맛이 강하므로 묽게 해서 마시는 것을 잊지 말아야 한다.

마지막으로 열매를 사용하여 차를 끓이는 방법이다. 오갈피나무 열매는 손으로 스치기만 해도 향기가 묻어날 정도로 강하다. 열매를 잘 말려 몇 알씩 뜨거운 물에 우려내 마신다. 아주 간단한 방법이지만 욕심을 내 너무 많은 열매를 넣고 끓이면 강한 향기 때문에 마실 수 없다. 두세 알 정도 넣고 조금씩 끓이는 것이 좋다.

시중 약재 시장을 찾아가면 오갈피나무나 가시오갈피를 쉽게 구할 수 있다. 이 약재들을 이용해 봄이 오는 길목에서 겨우내 잃어버린 입맛을 되찾을 수 있다. 오갈피차, 오가피주 한 잔으로 생활의 활력을 되찾을 수 있다면 얼마나 행복한 일인가. 하지만 지나치게 남용하고 마구잡이식으로 채취해서는 안 된다. 몸에 좋은 약재라는 말을 들으면 금방 이성을 잃어버리는 사람들이 있다. 어디에 쓰는 줄도 모르고 무조건 뜯어먹고 보자는 식의 채취자들이 늘어가고 있다. 이런 사람들이 여러 명씩 몰려다니면서 깊은 산이나 서해 무인도까지 찾아가 밧줄에 몸을 의지하여 약초를 캔다. 이처럼 자연물을 도둑질하는 사람들을 무슨 착한 일이라도 하는 것처럼 방송 매체들이 동행 취재를 하면서 중계를 하듯 한다. 그리하여 자생지의 희귀 식물들이 하나 둘 우리 곁에서 사라져 간다. 이런 사람들이 있는 한 우리 땅의 생물 자원은 고갈될 수밖에 없다. 제발 이런 행동은 이제 삼가야 한다.

남산의 오갈피나무도 일반인은 찾기 힘들겠지만 또 아는가. 어느 무지한 사람이 들어갈 수 없는 울타리를 타고 넘어가 몰래 숲을 뒤지고 다닐지. 이제는 어디에 무엇이 있다고 글을 쓰는 일이 무섭다. 다시 그 식물을 볼 수 있을지 걱정하면서 또 다른 숲을 찾아 생태탐사를 하게 된다.

눈 속에서 더욱 짙푸른 가지

홍릉수목원은 100년이 넘는 역사를 간직한 식물 연구 기관이다. 우리 나라 전역에서 자라는 희귀 식물을 모아 생태적 특성을 연구해 온 산림 생태학의 중심 연구 기관이라 할 수 있다. 도심에 위치해 있으면서도 숲 이 잘 보존돼 있고 식재한 식물 종도 다양한 편이다. 홍릉수목원의 잣 나무 숲에는 아름드리 거목들이 하늘을 찌를 듯이 솟아 있다. 잣나무 외에도 분비나무, 가문비나무, 종비나무, 잎갈나무 같은 침엽수들이 대 규모 숲을 이루고 있어 도시인의 휴식처 역할까지 겸하고 있다. 잣나무 숲에 들어가면 일단 상쾌한 기분을 느끼게 되는데 이 나무에서 테레핀 같은 정유 물질을 많이 배출하기 때문이다. 침엽수림은 눈에 보이지 않 는 강력한 살균제를 쏟아 내기 때문에 우리가 상쾌한 기분을 느끼게 되 는 것이다.

홍릉수목원 입구로 들어서면 길 양쪽으로 아름드리 거목이 열병하

듯 늘어서 있어 색다른 경관을 자아낸다. 이곳의 잣나무는 인공 조림한 숲으로는 보기 드물게 거목으로 자랐다. 잣나무는 우리나라 전역의 높은 산에서 자라는 자생 수종이다. 목재는 단단하면서도 결이 고와 고급 건축재, 펄프재로 쓰이고 조경용으로 심기도 한다. 침엽수의 대표격이라 할 만한 수종으로 성장 속도도 빠른 편이다. 소나무와 함께 옛 시인 묵객들이 가장 좋아했던 나무가 바로 잣나무이다.

송백을 가장 잘 그린 화가는 겸재 정선이다. 그의 월정사 그림은 실경 산수의 정수를 보여 주고도 남는다. 당시 중국 화풍의 답습에만 매달려 있던 때 겸재는 우리의 산하를 실지에서 사생을 통해 생생하게 그려 냈다. 겸재 이후 비로소 중국화에서 탈피하여 진정한 의미의 우리 회화를 완성해 내게 되었다. 이러한 정선에게 있어 월정사의 잣나무 숲은 특별한 의미로 다가왔을 것이다. 왜냐하면 당시의 회화 속에 표현되는 소재는 대부분 소나무 일색이었지 잣나무나 전나무 같은 수종은 그다지 중요하게 생각하지 않았기 때문이다.

예로부터 잣나무는 힘차고 시원시원한 남성에 비겼다. 우리나라의 금강산은 잣나무와 소나무

잣나무

눈 속에서 더욱 짙푸른 가지

가 낙엽수와 어우러져 절경을 이루고 있다. 방랑 시인 김삿갓의 "소나무와 잣나무가 빽빽하고 보이는 것이라곤 바위 뿐松松栢栢 岩岩廻"이라는 시구만 보아도 잣나무가 이 강산을 아름답고 품위 있게 꾸며 주는 대표적인 나무 중 하나라는 것을 알 수 있다.

잣나무는 5월이면 가지 끝에 녹황색의 암꽃이 달리고 새 가지 아래쪽에 루비처럼 덩어리로 뭉친 수꽃이 핀다. 솔방울 같은 긴 타원형의 열매는 해를 넘기고 이듬해 가을에 익으며 10월이면 송이채 떨어진다. 길이 15센티미터, 지름 6~8센티미터가량의 잣송이에는 80~90개가량의 잣알이 촘촘히 박혀 있다. 이 잣알을 송자松子 또는 백령柏鈴이라 한다. 소위 '해동의 신선식'이라는 뜻이다. 명나라 때 이시진이 쓴 『본초강목』에는 잣나무를 '백유백야柏猶伯也'라 해서 소나무 중에서 제일 맏형이라고 했다. 씨가 가장 큰 소나무라고 해서 송자송松子松, 소나무에 달리는 과일이란 뜻으로 과송果松. 소나무는 잎이 2개인데 잣나무는 5개여서 오엽송五葉松, 중국에서는 신라에서만 난다 하여 신라송新羅松, 해동송海東松, 나무의 색깔이 붉은빛을 띠어 홍송紅松 등 많은 이름을 가지고 있다. 잣나무는 한반도가 원산지인 순수한 우리의 자원 식물이다. 학명인 피누스 코라이엔시스Pinus koraiensis는 고려송, 즉 한국 소나무라는 뜻이다. 영명으로도 한국 소나무를 뜻하는 코리언 파인Korean pine이다.

잣나무는 줄기가 구부러지지 않고 곁가지가 사방으로 뻗어 단아하고 안정된 느낌을 준다. 잎이 빽빽하게 달려 기품이 높은데다 푸른 상록은 부동의 상징이자 굳은 절개를 의미했다. 송나라 때 쓴 『개보본초開寶

本草』에는 "신라의 잣은 신선도를 닦는 사람들이 즐겨 먹는 선식이며 자주 보내온다新羅松子 道家服食 新羅往往進之"고 적혀 있다. 『개보본초』에서도 잣은 신라산이 좋고 "중국산은 알이 작고 효력이 약하다中國松子 粒細力薄"고 적혀 있다. 또 명나라 만력에 최입신이 편찬한 『구화산지九華山志』 권8 「물산문」에는 1,200년 전 신라의 김교각 스님이 중국에 전한 잣나무에 관해 자세히 기술돼 있다. "씨는 작은 밤처럼 각이 졌으며 껍질 속에 향기로운 솔씨가 들어 있다. 모든 소나무 잎이 두 가닥인데 비해 이 소나무는 다섯 가닥씩 붙기 때문에 오채송五釵松이라 한다." 김교각 스님은 신라에서 가져간 잣나무와 차나무金地茶, 검붉은 색깔의 볍씨黃粒稻를 구화산 아래 옮겨 심고 잣을 따 잣죽을 끓여 먹었으며, 검은 쌀밥과 신라차를 마셨다고 전해진다. 김교각의 오채송을 말할 때 채釵는 옛 여인들이 머리에 꽂았던 핀셋 모양의 머리핀을 말한다. 다섯 가닥으로 된 머리핀처럼 생긴 소나무라는 뜻이다.

소나무류의 구분은 잎이 중요한 분류 조건이 된다. 북아메리카에서 자라는 모노필라는 잎이 한 가닥이다. 우리나라의 소나무와 곰솔, 유럽의 구주소나무는 잎이 두 가닥이다. 중국 원산의 백송이나 리기다소나무는 세 가닥씩 붙는다. 그리고 고산지대에 자생하는 눈잣나무, 울릉도의 섬잣나무, 북미의 스트로브잣나무 따위는 다섯 가닥의 잎으로 이루어져 있다.

송나라 때 서긍은 『선화봉사고려도경宣和奉使高麗圖經』에서 "소나무는 두 가지가 있는데 잎이 다섯 개짜리만 열매를 맺는다. 열매를 솔방울이

눈잣나무 군락지

라 하는데 모양이 모과처럼 크고 푸른 것이 윤기가 나지만 서리가 내리면 갈라져 그 속에 든 씨가 드러난다. 고려에서는 과실과 국과 적에도 이것을 쓴다"고 했다. 전한 말의 『열선전列仙傳』에는 악전이 오래도록 잣을 먹고 신선이 되었다는 기록이 있다. 옛 왕실에서는 왕이 허약해지면 잣술인 송자주松子酒, 백주柏酒 등을 담가 상복시켰다. 이것은 왕실이 애용하던 가장 오래된 과실주이자 약술이었다. 신라 잣은 당시 중국뿐만 아니라 왜국에서도 인기 있는 교역 품목이었다. 조선조에 와서도 고려 인삼과 신라 잣이라는 이름으로 인근 여러 나라로 팔려 나갔다. 지금도 일본 관광객들은 한국에 오면 잣과 인삼을 즐겨 사간다.

잣죽 3년이면 신선이 된다는 말도 있다. 『동의보감』에도 "자양 강장제로 잣죽을 상복하면 더없이 좋다"고 적혀 있다. 또 "신경통, 중풍으로 오는 손발 마비, 빈혈에 좋고, 피부를 매끄럽게 하며, 오장에 골고루 영양을 보충하여 허약 체질의 원기를 회복한다"고도 쓰여 있다. 스님들이 오랜 단식을 마치고 처음 선식으로 돌아올 때도 잣죽을 공양한다. 소식만으로도 영양이 풍부하고 독성이 없어 회복이 빠르기 때문이다. 우리 속담에 "담비옷에 잣죽만 먹었나?"라는 말이 있다. 이것은 궂은 일이 있을때 요령을 피우고 몸을 사리는 사람을 두고 하는 말로 얼마나 호강하며 살았으면 이런 일에도 꾀를 부리느냐는 뜻이다. 잣죽은 귀족들이나 먹는 보양식이었기 때문이다.

정월 대보름 전날 밤에는 잣 12개를 각각 바늘에 꿰어 열두 달을 정해 놓고 불을 켜 점을 치기도 했다. 불이 가장 밝게 붙는 달은 신수가 좋고 어두운 달은 신수가 나쁘다고 여겼다. 이처럼 잣은 기름이 많아 으깨어 등불을 밝히는 데 사용되기도 했다. 잣을 으깬 것을 접시에 담고 심지를 적셔 불을 붙이면 이글이글 잘도 탄다.

잣나무는 상록수로서 기상이 뛰어나 예로부터 나무 중에서도 귀족으로 취급받아 왔다. 『삼보구사三輔舊事』에 "한나라에서는 왕릉 주변에 잣나무를 심었는데 나무를 베는 자는 극형에 처했다"라는 기록도 보인다. 위나라의 도인 자화자는 "언덕이 생기면 굴을 파고 사는 사람들이 편안함을 느낄 것이고, 새싹이 자라 소나무와 잣나무가 숲을 이루면 나그네가 그 그늘에서 편히 쉴 수 있을 것"이라 했다. 소나무와 잣나무야말로 모든 생명체를 품고 기르는 존재라는 뜻이다. 전한의 회남왕 유안이 쓴 『회남자』에는 소나무와 잣나무는 차디찬 겨울을 맞아야 더욱 푸른빛을 발한다고 했다. 송백이 주는 교훈적인 이미지에 대해, "큰 추위가 오면 서리와 눈이 내리고 그런 뒤에야 송백이 더욱 무성하다. 어려움에 처하여 위험함을 이겨 내고 이해관계가 코앞에 다다른 후에야 성인이 도를 잃지 않았음을 안다"라고 했다.

정월 초하룻날 잣나무 잎을 담근 술인 백주를 마시면 액을 물리친다고 여기기도 했다. 전라북도에서는 문간에 잣나무를 심어 놓으면 질병이 없어진다고 믿었다. 옛날에는 아들을 낳으면 잣나무를 심고 딸을 낳으면 오동나무를 심었다고 한다. 아들이 자라 죽으면 잣나무로 관을 짰고, 오동나무는 장롱을 짜 딸의 혼숫감으로 쓸 수 있었기 때문이다. 이처럼 제재기술이 발달하지 못했던 옛날에는 집안에 노인이 있으면 미리 관을 짤 목재를 준비해 두었던 것 같다. 청렴지사로 이름난 동사의가 촉주蜀州의 수령으로 명을 받아 임지로 떠나게 되었을 때 그의 아들들이 아버지를 배웅하면서, "아버님의 청렴하고 절조 있는 성품을 잘 알고 있어 살림살이에 필요한 것을 바라지는 않겠습니다. 다만 연세가 많으시니 뒷일을 준비하심이 좋을 듯합니다. 촉나라 땅에는 좋은 목재가 많다고 들었습니다"라고 말했다. 그가 임기를 마치고 돌아오게 되자 강가의 나루터까지 마중 나온 아들들에게 "내가 듣기로는 남쪽의 삼나무는 잣나무에 비해 재목이 단단하지 못하다고 하는구나"라고 말하자 아들들이 "그러면 아버님께서는 잣나무 목재를 준비하셨군요"라고 말했다. 그러자 공은 빙그레 웃으면서 "자! 여기 잣씨를 가지고 왔다. 심어라!"며

손을 내밀었다.

영조와 정조 시대의 실학자 박제가는 『북학의北學議』에서 요동벌 곳곳에 산더미 같이 쌓여 있는 목재를 보고 놀랐다고 적고 있다. "만리장성처럼 쌓여 있는 목재는 모두 백두산에서 뗏목을 엮어 압록강에 띄우고 바다를 통해 가져온 것들이다. 우리나라는 서울에서 백 리 밖이면 소나무와 잣나무가 하늘을 가리건만 궁실과 관곽棺槨을 짤 때 필요한 재목을 구하기가 어렵다"며 벌채와 운반에 따른 기구의 필요성을 역설했다.

잣나무는 목재로서뿐만 아니라 열매인 잣의 가치도 뛰어나다. 잣의 맛을 칭송하는 다음과 같은 글도 볼 수 있다.

> 나무 여름 중에 잣같이 고소하며,
> 너출 여름 중에 으흐름 같이 흥덩지랴
> 으흐름 잣 고명 박으며 흥글항글 하리라

나무 열매 중에 잣처럼 고소한 것이 없고, 넝쿨에 달리는 열매치고 으름같이 푸짐한 것이 없다며 으름에 잣 고명을 박아 먹으면 얼마나 알찬지 모른다는 내용이다. 으름 열매도 맛있고 푸짐한데 거기에다 잣알로 고명을 얹어 먹는다니 운치도 있지만 달고 고소한 그 맛을 실제로 음미해 보고 싶다. 특히 수정과나 식혜에 띄우는 실백의 풍미는 우리 음식만이 갖고 있는 멋과 맛이다. 은행과 함께 잣이 없이는 신선로의 의미가 없다. 잣의 고소한 맛은 예나 지금이나 변함이 없었던 것 같다.

예로부터 배를 만들 때에도 잣나무를 으뜸으로 쳤다. 「창세기」를 보면 노아가 방주를 만들 때 우리의 잣나무와 비슷한 레바논삼나무로 만들었다고 적혀 있다. 『시경』에는 남편에게 버림받은 여자가 잣나무 배에 자신을 비유하여 슬픔을 노래하고 있다.

잣나무 배는 둥실둥실 정처 없이 흘러가는데　汎彼柏舟 亦汎其流
가물가물 잠 못 이루어 시름 속에 지새네　耿耿不寐 如有隱憂

또 다른 시에서는 "잣나무 배가 두둥실 강물 위에 떠 있네汎彼柏舟 在彼中河"라고 하기도 했다.

우리나라에서 가평은 전국 잣 생산량의 75퍼센트나 되는 명산지이다. 그런데 가평에 얽힌 재미난 이야기가 있다. 인건비 상승으로 잣을 딸 수 없게 되자 가평 사람들이 원숭이를 이용하여 잣을 딸 계획을 세웠다. 1989년 태국의 야자농장에서 일하던 길들인 원숭이 20여 마리를 수입했으나 결국 실패하고 말았다. 원숭이의 작은 손으로는 가시 같은 잣 열매를 따기에는 역부족이었던 것이다. 더구나 손에 달라붙는 송진 때문에 일을 하려고 하지 않았고 우리나라의 추위에도 견디지 못했다고 한다.

잣나무는 흰 눈을 가지마다 뒤집어쓰고 혹한을 온몸으로 이겨 낸다. 전국 제일의 잣나무 숲이 잘 보존된 오대산 월정사는 이 겨울의 또 다른 매력으로 우리를 유혹한다. 서울에도 월정사 못지않은 잣나무 명소가 바로 홍릉수목원이다. 일제 강점기 때부터 산림 연구를 위해 조성하고 가꾼 숲이지만 최근에는 일반인에게도 공개하고 있다. 또 학생들의 자연 학습장으로 인기를 끌며 관람객이 늘고 있다. 앞으로 더 많은 사람들이 찾는 명소가 되기에 충분하다. 그때를 위해서라도 홍릉수목원의 잣나무 숲은 잘 보존되어야 한다. 숲은 우리의 눈에 보이지 않는 크나큰 혜택을 준다. 너무 많은 것을 누리고 있으면서도 그 고마움을 잠시 잊어버리고 파헤칠 수밖에 없는 것이 우리의 삶이다. 되도록 적게 쓰고 조금 버리는 생활을 해야 한다.

잣나무 숲이 서울 도심에 있다는 것만으로도 얼마나 고마운 일인가. 잘 보존하여 다음 세대에 물려줄 방안을 마련해야 한다.

가지에 매달린 수많은 진주

안산은 서대문구 신촌 뒷산으로 야트막한 산길을 오르면 때죽나무가 많이 자라는 것을 볼 수 있다. 신촌 연세대학 세브란스병원을 지나 봉원사 뒷산이 바로 안산이다. 이곳의 때죽나무는 주로 상수리나무와 산벚나무, 아까시나무 사이에서 자란다. 대부분 오래전에 잘라 낸 그루터기에서 자란 어린 싹이 큰 나무로 성장했기 때문에 밑에서부터 여러 줄기로 자란 것이 많다.

때죽나무는 숲 그늘에서도 잘 자라는 아교목이다. 큰키나무 밑에서 함께 자라는 것이 보통이다. 그늘에서도 잘 견디지만 볕이 드는 곳에서는 꽃이 탐스럽게 피고 열매도 많이 달린다. 그러나 그늘이 짙으면 꽃이 잘 피지 못하고 열매도 많이 달리지 않는다. 안산의 때죽나무도 예외가 아니어서 볕이 충분한 길가나 다른 나무가 잘 자라지 못하는 바위틈에서 수많은 꽃이 피어 향기를 퍼뜨린다. 안산의 때죽나무 꽃을 보기 위해

서는 5월이 오기를 기다리는 것이
좋다. 때죽나무의 흰 꽃은 별 모양
이고 밑으로 매달린다. 녹색의 새
가지에서 꽃이 주저리를 이루기 때
문에 밑에서 보면 온통 하늘에 별
모양의 수많은 꽃들이 밀집해 달려
있는 모습이다.

때죽나무 꽃

8, 9월쯤 이곳을 찾으면 때죽나무의 하얀 열매가 탐스럽게 매달린 모
습도 볼 수 있다. 때죽나무의 동그란 열매는 희뿌연 녹색을 띤 진줏빛이
다. 껍질이 완전히 익으면 벌어지고 짙은 갈색의 씨가 밑으로 떨어진다.
때죽나무는 전국의 산지 계곡에서 자란다. 밑에서부터 몇 개의 줄기가
돋아나고 높이가 10여 미터에 이른다. 줄기는 짙은 잿빛이고 껍질이 얇
아서 매끄럽다. 가지가 섬세하게 갈라지며 잎은 어긋나게 달린다. 최근
에는 때죽나무의 원예적 가치가 알려지면서 정원에 널리 심고 있다.

때죽나무는 열대성 안식향나무의 근연종이기도 하다. 『대무량수경大
無量壽經』 속에는 부처님이 아난존자에게 불국 정토를 설명하는 내용이
들어 있다. 정토는 아름다운 새와 갖가지 화려한 꽃이 피는 땅으로 묘
사되어 있는데 이곳에 안식향이 등장한다.

아난이여! 정토에는 여러 줄기의 크고 작은 강물이 흐른다. 그 모든
강변 숲에는 갖가지 향기로운 나무와 꽃이 자라는데 지상에서는 도저

때죽나무 열매

히 볼 수 없는 지극히 아름다운 것들이다. 그 나무에서는 가지마다 향기롭고 탐스러운 꽃들이 매달려 자란다. 또 강변에는 타말라나무 잎과 아카루나 그리고 안식향, 타카라나무, 우라가사라찬다라나 같은 향초香草가 지천으로 깔려 있다. 하늘에서는 청련화, 백련화, 홍련화, 황련화 꽃잎이 하염없이 떨어져 날린다. 강 언덕에서 고니, 두루미, 원앙, 백로, 청둥오리가 날아와 물 위에 떠다닌다. 이윽고 앵무, 두견이가 날아오고 쿠나리새와 가릉빈가가 날아와 춤추며 공작이 깃털을 활짝 펼친다. 강변에는 황금 모래가 깔려 있고 사람들이 강변에서 더위를 피해 수영을 즐긴다. 바라는 것을 가득 채웠으면 하고 소원을 빌면 다 이루어진다.

스님들은 때죽나무 목재로 바리때를 깎기도 한다. 때죽나무는 가슴 높이에서 지름 30센티미터 정도로 자라는데 남부 도서 지방에서는 더 크게 자란다. 때죽나무의 목재는 단단하여 갖가지 공예품의 재료로 사용되기도 한다. 또 연장 자루나 어린이 장난감을 만드는 데에도 쓰인다. 어릴 때는 때죽나무 씨를 주워 맷돌에 갈아 속에 든 굳기름 덩어리를 꺼내기도 했다. 때죽나무 기름으로 만든 등잔 밑에서 할머니는 바느질을 하셨다. 그러나 바늘귀를 찾지 못해 늘 고생이셨다. 그때마다 나는 실을 꿰어 드렸다. 그러면 할머니는 가끔씩 다락방에서 곶감을 몇 개 꺼내 주셨다. 그러고는 곶감을 먹으며 할머니의 옛날이야기를 듣곤 했다. 이처럼 때죽나무는 우리네 사라진 과거의 한 자락에 얽힌 나무이기도 하다.

그렇다고 어렸을 때 때죽나무 열매를 먹었던 기억은 없다. 독성을 가졌다는 사실을 안 것은 훨씬 뒤의 일이다. 때죽나무의 미숙과를 짓찧어 냇물에 풀면 작은 물고기가 떠오르는데 그만큼 덜 익은 열매의 껍질은 독성이 강해 맨손으로 만지면 가렵고 알레르기 체질인 사람은 피부병에 걸릴 수도 있다.

때죽나무는 여인과 관계있는 나무로 여겨지기도 한다. 요새는 온갖 화장품이 나와서 여인들의 요구를 만족시켜 주지만 화장품이 귀했던 옛날에는 때죽나무 기름이 좋은 화장품의 하나였다. 때죽나무 열매 기름에 팥가루를 섞으면 화장품이 되었는데, 저녁에 마을 부녀자들이 모여 예로부터 전해 내려오는 비법대로 화장품을 만들기도 했다. 그렇게 정성 들여 조제한 한방 화장품을 장롱 깊숙이 감춰 두고 몰래몰래 사용했다. 옛 여인들은 화장이란 숨어서 하는 것으로 여겼다. 남편이 사랑에서 책을 읽을 때나 시어머니가 잠든 틈을 타 숨겨 둔 화장품을 꺼내 몰래 화장을 한 것이다.

겨울나무로 눈에 띄게 아름다운 것을 든다면 흔히 팽나무, 느티나무, 느릅나무, 소사나무, 서어나무 등을 꼽는다. 그러나 때죽나무만큼 아름다운 것도 흔치 않을 것이다. 잔가지에 눈이라도 쌓일 때면 기막힌 아름다움을 연출한다. 기느다란 가지는 찬 겨울바람에 쇳소리를 내며 몸을 떤다. 숲의 찬 기운은 산 정상으로부터 내려와 계곡에 선 때죽나무의 섬세한 가지 사이를 지나 마을로 내려온다. 때죽나무 가지는 바람을 고르는 빗살이다. 눈보라를 동반한 겨울바람의 횡포도 가지 사이를 요리조리 빠져나오는 동안 부드럽게 길들여지고 말기 때문이다. 그래서 눈 온 날은 가난한 산골 마을도 포근하다. 맑고 푸른 겨울 하늘을 배경으로 하고 서 있는 때죽나무의 나목은 한결 아름답다. 겨울 때죽나무의 운치를 모르고서는 때죽나무를 말할 자격이 없다고 한다면 좀 지나친 말일까.

때죽나무는 가을에 노랗게 물드는 단풍 역시 곱다. 잎은 작지만 일제히 물드는 노란색이 깨끗하고 어느 날 갑자기 단풍이 든 잎이 떨어져 버리면 앙상한 가지만 남아 빈 하늘을 가득 채운다.

사실 때죽나무는 계절에 관계없이 관상 가치가 있는 수목이다. 최근 숲 가꾸기를 하면서 상수리나무, 졸참나무, 굴참나무, 산벚나무 같은 큰 키나무만 남기고 떨기나무는 무차별 잘라 버리는 것을 심심치 않게 볼 수 있다. 그 버리는 나무들 중에는 때죽나무, 생강나무, 철쭉, 진달래, 노린재나무 같은 화목류가 있게 마련이다. 관상 가치가 높은 이러한 꽃 피는 수목들을 무차별 잘라 버리고 있으니 안타깝기 그지없다. 이러한 나무들은 서울을 풍요롭고 아름답게 하는 자원이다. 안산의 때죽나무도 잘 보살펴서 오래도록 살아남을 수 있게 해야 한다.

때죽나무는 워낙 많은 꽃이 피기 때문에 중요한 밀원식물 자원이기도 하다. 꽃이 핀 때죽나무 밑에서는 수많은 꿀벌 떼가 윙윙거리는 것을 볼 수 있다. 이래저래 보호해야 할 나무임에는 틀림없다.

가지에 매달린 수많은 진주

한국 특산의 기품 있는 침엽수

구상나무는 한국을 대표할 만한 나무임에 틀림없다. 한국 특산 식물이기도 하지만 전 세계적으로 성탄목으로 즐겨 가꾸는 나무가 바로 구상나무인 까닭이다. 구상나무는 지리산과 덕유산 이남, 한라산에서 자라는 상록침엽수이다. 분비나무와 비슷하지만 줄기의 껍질이 얇고 잎 뒷면이 희뿌연 회록색이다. 잎은 짧고 조금 납작하며 추위에 견디는 힘이 강해서 서울 지방에서도 잘 자란다. 열매는 위로 달리고 긴 타원형이며 푸른색을 띤 회청색이지만 붉은 것과 검은 것, 초록색도 있다. 구상나무는 한번 심어 놓으면 손질을 할 필요가 없을 정도로 수형이 아름답다. 줄기는 곧추 서고 오래된 나무는 가지가 밑으로 쳐진다. 그러다 보니 주로 여러 포기를 한데 모아 심어도 좋고 줄나무로 가꾸어도 시원한 고산지대의 느낌을 주기 때문에 운치가 있다.

홍릉수목원에서는 구상나무 외에도 분비나무, 가문비나무, 종비나무 같은 침엽수가 식재돼 있다. 또 소나무, 곰솔, 잣나무 같은 침엽수와 독일가문비, 히말라야시다, 대왕송 따위의 외국에서 들여온 나무도 자란다. 이러한 침엽수들은 겨울에 한층 운치를 더한다. 축 늘어진 가지에 흰 눈을 뒤집어 쓴 모습은 성자의 자태를 느끼게 해 준다. 도심에서 이처럼 풍요로운 상록수의 겨울 경관을 감상할 수 있다는 것 또한 감동적이다.

세계에서 우리나라가 유일한 원산인 나무 중 하나가 바로 구상나무이다. 우리나라 자생 식물 중에서 대표적인 초본류를 들라면 금강초롱꽃을 든다. 그리고 목본류 중에서는 구상나무를 든다. 그 어떤 침엽수보다 자태가 아름답다. 조금도 구부러진 자리 없이 직선으로 쭉쭉 뻗어오르기 때문이다. 고산지대의 거친 바람을 맞으면서 우뚝 선 구상나무야말로 세월의 모진 풍파에도 꿋꿋함을 잃지 않는 외로운 바윗돌같이 늠름하다. 더구나 줄기 끝에서만 밀집해 달리는 솔방울은 모두 하늘을 향해 있다. 15~20미터까지 쭉 뻗은 늠름한 모양에 황백색의 어린 가지

검은구상   붉은구상

한국 특산의 기품 있는 침엽수

푸른구상

는 제왕다운 기품을 보인다. 그러나 한라산 꼭대기나 지리산 노고단과 임걸령 등 고산지대에서 자라기 때문에 구상나무에 대해서 알고 있는 사람은 몇몇 전문가들 이외에는 비교적 적고 이 때문에 잘 알려지지 않았다.

한라산 백록담과 선녀, 흰 사슴과 나무꾼 이야기가 나오면 꼭 구상나무가 등장한다. 선녀가 벗은 옷가지를 구상나무에 걸었다고 전해지기 때문이다. 이처럼 구상나무는 선녀와 사슴, 나무꾼, 백록담 신화와 함께 신화의 나무로 숭앙을 받아왔다. 구상나무 숲 자체가 기품이 있고 신비스럽기 때문이다.

구상나무는 이른 봄에 새잎이 돋을 때쯤 가지의 중간 부분에서 암꽃이 핀다. 그 모습이 지금까지 본 그 어느 나무보다 매력적이다. 암꽃 꽃차례는 길이가 4~6센티미터, 지름이 2~3센티미터이다. 우리나라 북부 고산지대에 자라는 분비나무에 비해 비늘 끝이 뒤로 젖혀지는 점이 다르다. 솔방울을 따라 시곗바늘 방향 또는 그 반대 방향으로 소용돌이를 이루며 배열된다. 구상나무의 잎은 바늘 꼴이지만 약간 납작한 편이고 끝이 뭉툭하다.

구상나무는 줄기의 껍질이 흰색이어서 깨끗하고 매끈하며 나무의 결이 곱고 단단한 데다 뒤틀리지 않아 예로부터 고급 가구재나 건축재, 선박 건조에 으뜸으로 쳤다. 제주의 원시적 작업선인 태우는 구상나무로 엮은 뗏목이다. 지름 10~20센티미터, 길이 5미터 정도의 구상나무 통나무를 10개 정도 나란히 엮고 그 위에서 고기잡이를 한다. 태우는 단순한 뗏목 형태이지만 풍랑이 심하고 바위투성이인 제주도의 바다에서는 석당한 작업선인 셈이다. 또 해초나 조개 같은 것을 잡아서 뗏목 위에 싣기도 좋고, 좀처럼 가라앉을 염려가 없으니 당시로서는 이보다 더 좋은 작업선이 없었을 것이다. 태우를 타면 제주도의 바다에서 어떠한 어로 작업이든 쉽게 할 수가 있다. 특히 여름에 태우를 타고 그물로 자리돔을 떠올리는 일은 제주도가 아니면 볼 수 없는 진기한 광경이다. 그러나 요즘에는 한라산에서 구상나무를 함부로 벨 수 없다. 그러다 보니 방풍림으로 인공 조림한 숙대낭이라는 삼나무로 태우를 엮는다고 한다.

최근 들어 남부 도서 지방에서 삼나무 판자로 어선을 짓고 있으나 이것은 일본식이다. 우리 어선은 투박하지만 단단하여 바위가 많은 곳에서도 조업이 가능하다. 그러나 일본식인 삼나무 배는 가볍지만 약하기 때문에 쉽게 파손될 우려가 있다. 조선 배는 역시 소나무, 잣나무, 제주도에서는 구상나무로 만들어야 견고하고 우리 땅, 우리 바다에 어울린다.

제주도 한라산에 자생하는 구상나무 군락은 오늘날 보물로 보지 못하는 눈들 때문에 많이 훼손됐다. 잎 속에는 기름이 많이 들어 있어서 안개와 빗물에 젖은 잎과 가지도 불에 잘 탄다. 예전 한라산에 오르는 등산객들은 으레 구상나무로 밥을 지어 먹었다. 어린 나무는 마구 파내 정원수로 가져갔고 크리스마스 장식용 나무로 화분에 심기 위해 뽑아

내기도 했다.

우리나라의 구상나무에 대한 아름다움을 발견한 미국에서는 1910년에 이미 한라산에서 구상나무 씨를 받아 자기 나라 땅에 심고 개량해 왔다. 그 결과 최근 하버드대학 부속 아놀드 수목원에서는 키가 작은 왜성 나무, 잎이 푸른색을 띠는 것, 처진 가지 등 여러 품종을 개량해 냈다. 유럽에 전해진 구상나무는 정원수와 성탄목으로 값비싼 가격에 팔리고 있으나 원산지인 우리에게는 아무런 보상이 없다. 우리가 우리 것을 지키지 못했기 때문이다.

한라산에는 남한의 다른 산에는 없는 몇몇 북방계 식물이 자란다. 시로미, 돌매화나무가 그것이다. 시로미와 돌매화나무는 북방계 식물이어서 일본 북해도나 시베리아 등 북반구 여러 곳에서도 자란다. 그러나 구상나무만은 우리나라에서만 자란다. 지금으로부터 6천 년 전 빙하기 때 내려왔다가 한라산과 지리산 같은 높은 산에 정착하게 되었고 독자적으로 진화해 왔다.

홍릉수목원은 산림 식생을 연구하기 위한 인공 숲이다. 물론 자연림도 있다. 대부분 연구를 목적으로 계획해서 조림한 지역이어서 생태적으로는 연구 범위가 좁을 수밖에 없다. 그렇지만 많은 종류의 나무를 한자리에서 볼 수 있어 편리하기 짝이 없다. 특히 제주도 같은 곳에서나 볼 수 있는 구상나무를 서울에서 볼 수 있다는 것은 고마운 일이 아닐 수 없다. 모쪼록 홍릉수목원을 자주 방문해서 아이들에게 우리의 나무를 자주 보여 줄 수 있는 기회가 많이 이뤄졌으면 하는 바람이다.

천년의 소리를 품고 사는 나무

서울의 남산 북쪽 기슭에는 늙은 오동나무가 자란다. 봄이면 이 나무의 연보라 꽃에서 향기를 퍼뜨린다. 오동나무 꽃은 향기도 좋고 통꽃이 주저리를 이루며 피기 때문에 매력적이다. 남산에는 이처럼 오동나무가 현재 몇 그루 서 있지만 여름이면 다른 나무에도 싹이 돋아 잘 보이지 않는다. 그러나 봄이 되면 꽃이 활짝 피어 멀리서도 금방 눈에 띈다. 오동나무는 꽃이 질 때쯤 잎이 돋아난다. 잎과 꽃에는 부드러운 털이 많다. 나무에 달린 잎은 상당히 큰 편이다. 성장이 워낙 빨라서 1년 동안 줄기가 거의 10미터까지 자라는 것으로 알려져 있다. 대신 그만큼 비옥한 토양과 물이 필요하다.

남산의 오동나무는 조선시대부터 집집마다 뜰에 심은 것 중에서 자라난 것으로 볼 수 있다. 옛날에는 오동나무를 많이 심었으므로 뜰에 가꾸던 것의 씨가 바람을 타고 날아가 남산 여기저기로 퍼져 나갔을 것

오동 꽃

이다.

　우리나라는 전국적으로 오동나무가 많지만 목재로 쓸 정도로 잘 가꾼 거목은 별로 없다. 최소한 지름이 50센티미터 이상 되어야 목재로 쓸 수 있는데 미처 다 크기도 전에 어린 나무를 자르기 때문에 거목을 보기 어려운 것이다. 남산의 오동나무는 산림문학관으로 가는 입구에 서 있는데 아름이 넘은 거목이지만 가지가 많이 갈라져 쓸 수 있는 목재 부위는 적은 편이다. 사실 남산의 오동나무는 아름다운 꽃만으로도 관상 가치가 있다. 오동나무 꽃의 향기는 사람들의 마음을 사로잡기에 충분하다. 가을에 잎이 떨어지면 시커멓게 변하고 말려서 땅 위에 구른다. 바스락거리는 그 소리가 쓸쓸하여 문학 작품에서는 가을의 정취를 표현하는데 단골 소재가 된다.

　남산의 오동나무가 최소한 지름이 1미터 정도 될 때까지 자라난다면 먼 훗날 가야금이나 거문고도 될 수 있을 것이다. 그 밖에 갖가지 기물로 변해 귀한 기구로 새로 태어날 수 있을지도 모른다. 남산의 오동나무는 우리 조상들이 그토록 잘 가꾸었듯이 앞으로도 당당한 나무로 자라도록 돌봐야 한다. 그래서 먼 훗날 장인을 만나 가슴에 품은 영원한 음색으로 살아가도록 해야 한다.

우리나라에서 자라는 오동나무 목재는 예로부터 귀한 대접을 받았다. 사계절이 뚜렷한 이 땅의 기후에서 자란 나무야말로 계설에 따라 변하는 강인한 생명력을 그대로 간직하고 있다. 그래서 목재가 단단하

참오동나무 꽃

고 치밀하며 무늬목이 아름다울 수밖에 없다. 옛날에는 오동나무가 왕실의 의식에도 쓰였다.『조선왕조실록』세종 28년 3월 27일 기록에는 예조에서 왕비의 상제喪制에 대해 아뢰기를, "왕비의 상제에 세자는 오동나무 지팡이를 사용하는데, 위는 둥글고 아래는 모가 지게 한다"라고 적혀 있다. 그런데 대부분의 사람들은 오동나무와 벽오동나무를 잘 구분하지 못하는 경우가 많다. 중국 문학에 나오는 '동桐'이라면 대부분 벽오동나무를 말한다.『시경』「대아人雅」편에 "봉황이 높은 산등성이에서 우네, 오동나무가 산 동쪽에 자라네鳳凰鳴矣 于彼高岡 梧桐生矣 于彼朝陽"라는 구절에서 보이는 오동나무는 사실 벽오동나무를 말한다.『장자』「추수秋水」편에 장자가 양나라의 정승이 된 혜자를 찾아가서 말하기를 "그대는 남쪽에 사는 원추鵷鶵라는 새를 아는가. 원추는 남해에서 북해로 날아갈 때 오동나무桐가 아니면 앉지를 않고 연실練實이 아니면 먹지를 않으며 예천醴泉이 아니면 마시지를 않는다네"라고 했다는 기록이 보인다. 이때의 오동나무도 벽오동나무를 뜻한다.

오동나무는 씨를 심어 묘목을 길러 내지만 뿌리를 잘라 꺾꽂이를 해도 잘 자란다. 처음 씨를 심으면 속이 빈 줄기가 자란다. 한 해 동안 가꾸었다가 이듬해 봄에 수액이 움직이기 전에 뿌리 쪽 줄기를 바짝 잘라주면 새싹이 돋아난다. 이렇게 해마다 자르기를 서너 번 반복하면 그다음에 나오는 싹은 속이 꽉 차게 된다. 이 나무를 10년 이상 가꾸면 목재로 쓸 수 있다.

조선의 목공예는 목리문木理紋을 최대한 살린 자연의 미학이다. 그 목공예를 완성시킬 수 있었던 것도 오동나무가 있었기에 가능했던 일이다. 오동나무 목재는 우선 가볍다. 잘 말리면 종잇장만큼 가볍고 쇠처럼 단단하다. 그래서 가구는 오동나무로 짠 것을 으뜸으로 친다. 뒤틀리지도 않고 무늬도 굵고 아름답다. 더구나 오동나무 목재는 벌레가 먹지 않아서 대를 물려 쓸 수 있다. 실험 결과에 따르면 섭씨 300도에서도 변형되지 않는다니 이만한 목재가 어디 있겠는가.

전통 목가구는 목재가 갖고 있는 무늬를 최대한 살린다. 안방에서 여인들이 쓰는 가구는 단단한 느티나무, 먹감나무, 녹나무로 만든 것이 많다. 그에 비해 사랑채에서 선비들이 쓰는 가구는 장석이 적고 목재는 오동나무로 짠 것들이 대부분이다. 오동나무 가구는 담백한 맛이 있으며 고졸한 느낌이 있어 선비들의 취향에 잘 맞았던 것이다. 사방탁자나 책장, 서류함 등 선비들의 물건은 대부분 오동나무로 만들었다.

오동나무 목재의 매력은 뭐니 뭐니 해도 소리를 잘 품는다는 데 있다. 그래서 가야금이나 거문고 같은 깊은 소리를 내는 악기는 오동나무가 아니면 안 된다. 거문고는 오동나무로 만드는 악기이기에 '초동焦桐' 또는 '초미금焦尾琴'이라 한다. 옛날 채옹이란 사람이 있었는데 좋은 악기를 만들기 위해 갖가지 목재를 두루 썼으나 실패를 거듭했다. 하루는 이웃 사람이 밥을 짓느라고 오동나무를 때는데 타닥타닥하는 소리가 크게 들렸다. 그 소리를 듣고 채옹은 좋은 나무인 줄 알고 남은 땔감에서 오동나무 목재를 얻어 거문고를 만들었더니 과연 아름다운 소리가 났다는 이야기다. 이렇게 하여 거문고가 태어났고 비파며, 가야금 같은 동양의 악기가 완성되어 비로소 아름다운 가락을 빚어내게 되었다.

오동나무는 늙을수록 조직이 치밀해지고 깊은 소리를 품는다. 늙은 오동나무 때문에 관직에서 파직당한 이야기도 있다. 현종 때 남포현감 최양필은 거문고를 만들기 위해 향교의 늙은 오동나무를 베었다가 그 죗값으로 파직되고 말았다. 백 년을 넘긴 늙은 오동나무만이 명기로 태어날 수 있었기 때문이다.

갖가지 골동품이며 진귀한 물건은 반드시 오동나무 상자에 보관했다. 국보급의 귀한 도자기도 오동나무 상자에 담았다. 또 혼례 때 신랑 댁에서 신부 댁에 보내는 혼수 예물도 반드시 오동나무 상자에 담아야 했다. 진귀한 것일수록 오동나무 상자에 담아 보관해야 좀이 슬지 않고 오래도록 보관할 수 있었기 때문이다.

오동나무 목재는 종이처럼 가볍지만 불에는 잘 타지 않는다. 오동나무로 짠 함지박이며 목기는 가벼우면서도 단단하다. 더구나 결이 고와 쓸수록 광택이 나고 무늬는 더욱 뚜렷해진다. 뿐만 아니라 오동나무 목

참오동나무 봉오리   참오동나무 열매

재로 합죽선의 손잡이 부분을 장식하기도 했다. 합죽선이 선비들의 필
수품이 되면서 상아나 무소뿔, 심지어 옥으로 손잡이를 장식하자 정조
때 다음과 같은 왕명이 내려지기도 했다. "종이를 좁게 접지 말며 부챗
살은 20개를 넘지 않도록 하고, 길이도 6, 7촌을 넘지 말도록 하며 겉에
뿔을 붙이거나 옻칠한 종이를 쓰지 말라. 먹칠을 한 종이와 오동나무로
겉을 꾸미는 것 외에는 기교를 부리지 말도록 하라." 이 기록을 보면 합
죽선 같은 최고의 기교를 필요로 하는 공예품에도 역시 오동나무 목재
가 쓰였다는 것을 알 수 있다.

　오동나무는 보통 꽃 모양에 따라 구분할 수 있다. 통꽃 안쪽에 세로
로 점선이 있는 것이 참오동나무이다. 참오동나무 중에서는 흰 꽃이 피

는 것도 있다. 오동나무는 꽃봉오리가 맺힌 채로 겨울을 나고 이듬해 늦은 봄에 꽃이 핀다. 잎은 마주 돋고 긴 잎자루 끝에 삼각형을 띤 타원형 잎이 달린다. 꽃이 지고 난 후에 열매 꼬투리가 익으면 껍질이 갈라져 속에 든 씨가 바람을 타고 날아간다.

옛날에는 죄인에게 내리는 장형도 목재를 달리한 것을 썼다. 죄질이 나쁜 중죄인에게는 박달나무로 장을 치고 죄질이 가벼운 자는 오동나무를 썼다. 가벼워 그만큼 덜 아팠을 것이다. 오동나무 태장은 맞아도 크게 상처를 입지 않았으니 그만큼 인권을 존중했다는 뜻도 담겨 있다.

오동나무는 잎이 넓은 관계로 그늘을 만들기에 좋은 수종이다. 특히 중국에서는 집 주변에 담장 대신 오동나무를 줄나무로 가꾼다. 중국의 주거 형태는 벽돌집이다. 벽돌을 쌓아 올려 A 자 형태로 만들고 그 위에 대들보를 얹어 서까래를 걸치면 지붕이 완성된다. 목재를 최소화한 주택 구조이지만 여름철 복사열로 실내 온도가 높다. 그래서 여름이면 집 안으로 들어갈 수 없을 정도로 덥다. 중국인들은 그 대안으로 집 주위에 오동나무를 심어 그늘을 만든 것이다. 이렇게 하면 오동나무의 넓은 잎이 싱그럽기도 하지만 벌레가 꾀지 않으니 일석이조인 셈이다. 오동나무는 현삼과 식물로서 독성이 있는 방향 물질을 내뿜는다. 그 휘발성 정유 물질 때문에 벌레가 잘 꾀지 않고 목재 또한 좀이 슬지 않는다. 선조들이 이러한 오동나무의 성질을 이용하여 가구를 짠 것은 결코 우연이 아니라 오랜 경험을 통해 쌓은 지식으로 얻어진 생활의 지혜이다.

오동나무는 목재로 사용될 뿐만 아니라 그 껍질을 황색 염료로도 쓴다. 껍질을 벗겨 솥에 넣고 오래도록 삶아 낸 다음 건져 내고 채로 불순물을 걸러 낸다. 여기에 베나 비단을 담가 볕에 널어 말리면 된다. 처음에는 연한 황색이지만 몇 번 거듭 물을 들이면 짙은 노란색을 얻을 수 있다. 매염제로는 백반이나 식초를 쓴다. 또한 오동나무 잎은 따서 잘게 썰어 말린 뒤 구충제로 썼다. 독성이 있어서 반드시 의사의 처방에 따라야 함은 물론이다. 오동나무의 미숙과는 그늘에서 말려 해열제, 염증 치료 등에 사용할 수 있다. 오동나무는 버릴 것이 하나 없는 자원 식물이다.

남산의 오동나무는 세월이 지나면 지날수록 안으로 단단해질 것이다. 그렇게 소리를 다지고 난 뒤에야 가야금이 되고 거문고가 되어 소리 높여 노래할 것이다. 그때를 위해 남산의 오동나무는 멋지게 자라 주어야 한다.

위장을 튼튼하게 하는 약재

⊙—⊙—⊙

남한산성 주변은 산중의 분지 지형으로 주변은 온통 산들이 둘러싸고 있다. 오로지 동쪽으로만 물길이 있어 여기를 통해 성내로 드나들 수 있다. 이 산을 남한산이라 하는데 북한산의 남쪽에 있는 까닭이다. 남한산성은 삼전도의 치욕을 간직한 역사의 현장이기도 하다.

남한산 주변에는 곳곳에서 산사나무를 볼 수 있다. 오래된 나무는 아니어도 알맞은 높이에 달린 열매가 탐스럽다. 산사나무는 아교목으로 높이 10미터 정도로 자라고 가슴높이의 줄기 지름이 30~40센티미터되는 것도 있다. 경복궁 향원정 옆의 연못 주변에도 큰 나무가 몇 그루자란다. 또 북한산 행궁터에도 늙은 산사나무 거목 몇 그루가 자란다.

옛날에는 이 나무에서 열매를 따 약으로 썼다. 그래서 궁궐에도 심고가꾸었다. 남한산에서도 마찬가지다. 행궁이 있었던 까닭에 갖가지 생활에 필요한 나무를 심었는데 은행나무와 밤나무, 대추나무, 호두나무 같은 유실수를 심어 유사시에 식량 대신으로 썼다. 또 쉬나무를 많이 심어 종자로 기름을 짜 전쟁에 대비했다. 뽕나무와 벚나무 목재는 활을 만드는 재료가 되었으며 물푸레나무 같은 것은 연장 자루로 썼다. 모두 병장기와 관계있는 식물 자원이다.

당나라 현종의 총애를 한 몸에 받았던 귀비 양옥환은 복부 팽만감과 만성 식욕 부진 등으로 시달리고 있었다. 현종이 몹시 불안해하며 어의를 불러다 양귀비를 치료하라고 명했다. 당대의 명의들이 머리를 맞대고 귀한 약재를 모두 써 보았지만 양귀비의 병세는 차도를 보이지 않았고 오히려 점점 더 심해졌다. 이때 한 도사가 황궁 옆을 지나다가 어의로부터 그 소식을 전해 듣고는 자신이 양귀비의 병을 치료하겠다고 나섰다. 현종은 그 도사에게 양귀비를 치료하도록 허락했다. 도사는 양귀비의 맥을 짚어 보고는 맥이 약하고 혀에 두꺼운 백태가 끼어 있는 것을 알고는 곧 산사나무 열매인 당구자棠球子 열 알에 붉은 설탕紅糖 반량을 넣고 달여서 매일 세 번씩 식전에 복용하라고 써 놓고 사라졌다. 현종은 반신반의하는 마음으로 그 처방에 따라 약을 지어 양귀비에게 먹이도록 했더니, 뜻밖에도 보름도 안 되어 양귀비의 병이 말끔히 나았다고 한다.

산사는 산사나무의 열매를 말한다. 지방에 따라 야광, 쥐돌배, 아광이라도 한다. 또 한자로는 서사鼠査, 후사猴査, 당구자棠球子, 산리홍과山里紅果 등으로도 불린다. 산사가 약재로 처음 기록된 문헌은 도홍경의 『본초경집주本草經集注』이다. 산사나무는 우리나라를 비롯하여 중국, 사할린, 시

산사나무

위장을 튼튼하게 하는 약재

산사나무 꽃   산사나무 열매

베리아 등 북반구가 원산지인 식물이다. 유럽에 60여 종, 북미에 90여 종이 자라며 세계에 100여 종의 원종이 자란다. 예로부터 식용, 약용, 관상용으로 써 왔기 때문에 산사나무에 얽힌 전설도 많다.

3천여 년 전에 쓰인 『이아爾雅』에는 산사를 '구机'라고 기록해 놓았다. 산사나무의 껍질은 짙은 갈색이며 가시처럼 짧은 가지가 많은 것이 특징이다. 잎은 어긋나게 달리고 불규칙하게 갈라지며 가장자리에 톱니가 있다. 5월에 꽃이 피는데, 10~12송이가 함께 피고, 화관은 흰색이거나 옅은 분홍색 꽃이 피는 경우도 있다. 산사나무를 우리말로는 아가위나무라고도 부른다. 물론 지방에 따라 팥배나무를 아가위나무라고도 한다. 흰 꽃과 붉은 열매는 해 뜨는 아침을 상징한다고 해서 동쪽 담장 아래에 산사나무를 많이 심었다.

영어로는 hawthorn이라 하는데 예수가 머리에 쓴 가시 면류관이 바로 산사나무라고 주장하는 학자도 있다. 산사나무 목재로 목침을 깎아 베고 자면 귀신을 쫓고 질병에 걸리지 않는다는 속설도 전해진다. 산사나무의 가시가 질병을 막아 주고 붉은 열매는 벽사의 힘이 있다고 믿었기 때문이다. 중국에서는 짧은 가시가 있는 산사나무를 심어 생울타리를 조성했다. 우리나라 함경도 지방에서도 울타리용으로 산사나무를 심었다.

유럽에서는 천둥이 칠 때 이 나무가 돋아났으므로 벼락을 막아 준다고 믿었다. 또 시신을 화장할 때 산사나무 목재를 태우면 천당에 간다는 믿음도 있었다. 그리스도가 산사나무 가시에 찔렸으므로 이 나무에 그리스도의 피가 묻어 있다고 여겼기 때문이다. 붉은 열매가 달린 산사나무 가지를 성탄목에 장식하면 행운이 따른다고 알려져 있다.

산사나무는 가을에 둥근 열매를 맺는데, 열매는 붉은색으로 익고 표면에 흰색 반점이 있는 것이 특징이다. 한 알의 열매에는 대여섯 개의 씨가 들어 있다. 중국의 대표적인 산사나무 품종은 북산사北山査라고 부르는 것으로 주산지는 산둥, 하남, 하북, 요령 등이다. 우리나라의 산사나무는 바로 이 중국의 북산사 계열에 속한다. 반면 들산사野山査는 높이가 1~2미터의 관목이며 가지에 가시가 있고 여린 가지에는 흰털이 나 있다. 꽃은 5~6송이가 함께 피며 열매는 작고 붉은색이며 둥글다. 이러한 종을 남산사南山査라고 부른다. 주산지는 강소, 절강, 운남, 사천 등지이다.

산사는 가을에 열매가 다 익은 후에 채집한다. 북산사 중에서 최근 개량종은 굵기가 탱자 열매 정도 되는 것도 있다. 이러한 열매는 수확한 후에 얇게 저며 바로 말린다. 열매가 크고 붉으며 육질이 두꺼운 것을 좋은 것으로 친다. 남산사는 채집 후에 바로 끓는 물에 넣어 삶은 후에 건조시키는데 크기가 고르고 붉은색이며 단단한 것을 좋은 것으로 친다.

산사는 주로 북방에서 나는데, 요령성의 4대 과일 중 하나이다. 현재 요령성의 재배 면적과 생산량은 중국 제일이며, 품질도 매우 좋다. 안산, 해성 등에서 난 대금성大金星은 껍질이 얇고 속이 희며 부드러워 요령산사 가운데 제일로 치고, 요양에서 난 요홍遼紅은 전국 산사 품평회에서 여러 차례 수상하기도 했다. 개원의 홍대두紅大豆는 청 황실에 바치던 조공품이었다. 최근에는 요남에서 매우 드문 산사 품종인 흑과녹육산사黑果綠肉山査가 발견되었다. 가장 흔한 산사는 붉은색과 황색이며, 과육은 분홍색이거나 흰색이며 맛은 시다. 검고, 속은 녹색이며 단맛이 나는 것은 모흑산리홍毛黑山里紅이라 부르는데 연구 가치가 높다.

산사는 맛이 시고 달아 날로도 먹을 수 있고 남녀노소에게 모두 맞다. 과육이 풍부하며 영양 가치도 높아서 100그램 중에 칼슘을 95밀리그램 함유하고 있어 과일 중에서 칼슘 함유량이 최고이다. 비타민 C 함유량도 89밀리그램으로 대추와 키위보다 조금 적은 정도이다. 이밖에도 철, 인, 단백질과 지방을 함유하고 있다. 산사에 함유된 성분은 가공하기가 용이해 이미 오래전에 산사 편, 산사 잼, 산사 통조림 등으로 개발되어 호평을 받고 있다.

명대의 이시진은 "이웃 아이가 소화가 잘 안 되고 얼굴색이 누렇게 되었으며 마르고 배가 볼록 나왔다. 산에서 우연히 산사를 따 먹고 집에 와 심하게 구토를 했는데, 그 후 병이 모두 나았다"고 기록하고 있다. 이

시진은 이를 보고 산사의 효능에 탄복하며 이 이야기를 『본초강목』에 기록해 둔 것이다. 『물류상감지物類相感誌』에는 "늙은 닭의 질긴 고기를 삶을 때 산사 몇 알을 넣고 삶으면 부드러워진다"고 적혀 있다. 생선을 먹고 체했거나 중독되었을 때 해독제로 쓰고 생선 요리를 할 때 산사를 넣으면 가시가 부드러워져 목에 걸리지 않는다고 한다. 산사의 씨를 발라 내고 말린 과육은 산사육山查肉이라 하는데 주로 떡이나 과자를 만들 때 넣는다. 맛과 영양은 물론 요리의 색을 곱게 한다.

이처럼 산사는 소화를 돕고 위를 튼튼하게 한다. 특히 기름진 음식의 소화를 촉진하는 효과가 뛰어나다. 『간변방簡便方』에서는 "고기를 먹고 소화가 안 될 때에는 단독으로 달여 복용하고, 소화불량, 복통 등에는 신곡, 맥아, 목향, 적실 등 소화를 돕는 약재들과 함께 처방한다. 음식을 잘못 먹어서 나타나는 복통과 설사에는 볶은 산사를 가루로 내어 물과 함께 복용한다"고 적혀 있다. 뿐만 아니라 산사에는 어혈을 풀어 주는 작용이 있어, 임상에서는 산후 어혈로 인한 복통 등에 처방한다. 단독으로 물에 달여 꿀을 함께 넣어 복용하거나 당귀, 천궁, 익모초 등과 함께 처방하며, 탈장 등에는 귤씨, 소회향 등과 함께 사용한다. 그 밖에 관상동맥 경화증, 고혈압, 고지혈증 등을 치료하는 효능이 있어 최근에는 노년기 질환에 주로 사용된다.

산사나무는 열매를 약재로 사용하는 것 외에도 줄기를 달여 그 물로 씻으면 피부 가려움증을 치료할 수 있다고 알려져 있다. 잎과 꽃은 차로 우려내어 고혈압 치료에 사용하며, 씨는 고환염과 위통 치료에 이용된다. 뿌리는 관절염과 소화불량을 치료하는 효과가 있다.

산사로 술을 담가 마셔도 좋다. 잘 익은 산사 열매를 물에 깨끗이 씻은 다음 말린 것은 용적의 5배 정도로 소주를 붓고 말리지 않은 날것은 용적의 3배 정도 소주를 부어 온도 변화가 적은 지하실 같은 곳에 보관하면 된다. 약 5개월 정도 지났을 때 과일은 건져 내고 불순물을 걸러 유리병에 담아 수년간 숙성시키면 된다. 오래된 산사주는 색이 연한 갈색을 띠고 향이 좋으며 감미롭다. 산사주는 과일에 함유된 약성을 알코올로 뽑아내 이용하는 약주이다. 따라서 열매에 씨가 들어 있는 채 담가야 한다.

산사는 끓여 마셔도 좋다. 산사차는 향기가 강하지 않아서 은은한 맛을 즐길 수 있다. 산사차를 끓이는 방법은 의외로 간단하다. 유리그릇에 말린 산사 다섯 알을 넣고 충분히 끓이면 커피잔 크기 세 잔 정도의 산사차를 얻을 수 있다. 산사가 물렀을 때 찻잔에 따라 마시면 된다. 기호에 따라 꿀이나 흑설탕을 약간 타 마셔도 좋다. 산사 열매는 그 자체만으로 달착지근한데 잣이나 대추 썰어 놓은 것을 띄우면 맛과 향이 배가된다. 산사 꽃이 피는 계절이라면 하얀 꽃송이를 잔에 띄워도 맛과 향은 물론 시각적으로 운치가 있어 좋다. 또 녹차에 산사차를 조금 섞어도 좋고, 술을 한 방울 떨어뜨려 마시면 피로 회복에 좋다. 특히 산사차는 맛보다 약효를 더 중요시하는 까닭에 방부제를 쓰지 않은 약재를 구입해야 한다. 시중 약재상에서 구입한 말린 열매는 중국산이 많으므로 믿을 수 있는 약재상에서 구입하는 것이 안전하다.

남한산의 산사나무

봄철에 돋아나는 산사의 어린 싹도 덖어서 차로 할 수 있다. 산사 싹으로 가공한 차는 강한 향을 기대하기 어렵지만 생강이나, 계피 같은 약재를 넣고 끓이면 맛과 향이 좋아진다. 여름에는 얼음을 넣어 차게 해서 마시는 것도 좋다. 묽게 끓인 산사차를 냉장고에 보관하여 음료수 대신 마시면 된다. 하지만 산사차를 너무 진하게 끓여 오래도록 복용하면 부작용이 생기기 쉽다. 비장과 위가 허약하고 적체가 있는 사람은 신중하게 사용해야 한다. 산사는 맛이 매우 시기 때문에 너무 많이 먹으면 치아를 상하게 할 수도 있다. 치주염이 있는 사람은 많이 마셔서는 안 되고 마신 후에는 반드시 물로 입을 헹구어 주어야 치아의 손상을 예방할 수 있다.

남한산성 행궁 내에는 산사나무를 키우던 곳 외에도 간단한 경작지가 있어 채소를 가꾸고 약초를 재배했다. 행궁은 산속에 있는 궁궐로 유사시에는 국가를 통치하는 모든 일들이 이루어져야 했기 때문에 그에 따른 시설과 조치가 필요했던 것이다. 이제는 남한산성 안에 주택들이 빽빽이 들어서 있고 상가가 조성되어 숙박업이 성업 중이다. 사라진 행궁을 발굴하여 그 규모가 밝혀진 만큼 그 당시에 심었던 여러 나무도 함께 복원했으면 좋겠다.

산사가 익어 가는 계절에는 산사차 한 잔을 앞에 두고 잠시나마 세상사를 잊어버리는 생활의 여유를 가져 보는 것도 좋을 것이다.

마을의 이웃 같은 나무

...

민중과 고락을 같이해 온 동신목

서울의 신촌 봉원사 경내에는 늙은 느티나무가 지금도 무성하게 살아 있다. 이곳의 느티나무는 봄이면 연둣빛 싹을 틔워 봄을 장식하고 가을에는 붉은색 또는 짙은 커피색으로 단풍이 들어 지극히 아름다운 풍경을 이룬다. 또 어떤 느티나무는 아주 샛노란 잎으로 단풍이 들어 의외로 산뜻한 기분을 되살려 준다. 느티나무에서 매미 소리가 요란하면 한더위이다. 나무 아래 자리를 깔고 누워 있으면 바람결에 흐르는 매미 소리와 함께 금세 잠에 빠진다. 에어컨이 따를 수 없는 시원함이다. 예나 지금이나 여름의 휴식처로 느티나무만 한 것이 어디 있겠는가. 시원한 느티나무 밑에 있으면 나른한 졸음이 오고 잠깐 동안이지만 노동 뒤에 오는 피로를 풀기에 이보다 더 좋은 곳이 없을 것이다. 느티나무 하면 쉴 휴(休) 자가 생각난다. 휴(休) 자는 사람(人)이 나무(木) 그늘 아래 서 있는 것을 나타낸 글자이다. 이때 사람이 쉴 만한 정자목으로 느티나무만 한 수종이 없다.

　서양에서 월계수를 신성시하듯 우리나라에서는 느티나무를 신령한 나무로 받든다. 때로는 영목靈木으로, 귀목貴木으로, 또 신목神木으로, 우리나라 명목으로는 으뜸에 속한다.『산림경제』를 보면 "느티나무 세 그루를 중문 안에 심으면 세세부귀를 누린다. 신방申方 서남간에 심으면 도적을 막는다"고 적혀 있다. 과거에는 대개 동구 밖에 한두 그루의 큰 느티나무가 심어져 있기 마련이었다. 여기에는 금기의 전설도 갖가지다. 옛날부터 잎이나 가지를 꺾으면 노여움을 사서 재앙을 입는다고 하여 얼씬도 못하게 했다. 이것이 아름다운 나무 모양과 긴 수명을 유지시킨 비결이 됐다. 전설을 만들어 금기를 역작용으로 나타나게 해 함부로 베지 못하게 한 지혜로움이다.

　봄에 느티나무에 일제히 싹이 트면 풍년이 들고 그렇지 못하면 흉년이 든다고 예언하기도 했다. 위쪽에서 먼저 싹이 트면 풍년이고 밑쪽에서 싹이 트면 흉년으로 보기도 했다. 지방에 따라서는 사내 아기를 얻는다는 전설이 많아 아낙네들의 소원목이 되기도 했다. 밤에 나무에서 광채가 나면 동리에 행운이 온다고 여겼고, 나무에서 우는 소리가 나면 불행이 온다고 믿어 두려워하기도 했다. 그래서 사람들은 노거수인 느티나무 앞에서 정월 보름에 제사를 지냄으로써 마을의 무사 안녕을 빌었다. 전염병이 유행하면 또 제사를 올려 병마와 액운을 물리쳤다는 전설도 심심치 않게 볼 수 있다. 대부분의 노거수에는 이처럼 제각기 전설이 깃들어 있게 마련이다. 그 나무가 있는 마을에서 태어난 위인의 이야

신촌 봉원사의 느티나무

봉원사의 느티나무

민중과 고락을 같이해 온 동신목

기가 얽혀 있거나 나무를 심은 사람을 신격화하기도 했다. 퇴계 이황 선생의 경우 뜰에 심은 느티나무 줄기가 시드는 것을 보고 앞으로 자신에게 곤란한 일이 닥칠 것을 예감하기도 했다. 예감은 적중하여 후에 을사사화乙巳士禍에 연루되어 파직되었으나 다행히도 복직되었다. 느티나무와의 교감을 통해 앞일을 예견했던 셈이다.

느티나무는 5월에 잎겨드랑이에서 녹색의 꽃이 피고 열매는 가을이면 익는다. 모두가 녹색이어서 주의해 보지 않으면 눈에 잘 띄지 않는다. 느티나무의 매력은 가을의 단풍이다. 보통 노랗게 단풍이 드는 것이 많지만 개체에 따라 선명한 붉은색으로 물드는 것도 있다. 이런 개체를 잘 선발하여 가꾸면 가로수, 공원용수, 조경수로 좋을 것이다.

느티나무는 결이 고와서 고급 가구를 만드는데 더할 수 없이 좋은 목재이다. 옛날에는 불상도 만들었고 부잣집의 기둥, 가구 등으로 썼다. 흔히 볼 수 있는 나무뿌리로 만든 큰 탁자는 느티나무 줄기와 뿌리가 만나는 부분의 목재로 만든 것이다. 뒤틀린 정교한 나뭇결을 구름무늬雲龍紋라 부르기도 했다.

성현의 『용재총화』를 보면 이공이란 사람이 느티나무에 대해 쓴 시를 볼 수 있다.

> 담장 위의 연초록 느티나무 세 그루　墻頭嫩綠三槐樹
> 좋을시고 가지에 꾀꼬리 와서 우네　好箇黃鸝一雨聲

어느 따사로운 봄날 담장 위로 솟아오른 느티나무 가지에 연초록 잎이 돋아났고 게다가 여름 철새인 꾀꼬리마저 와서 운다면 시인의 마음을 사로잡기에 충분하지 않았을까. 유득공의 『경도잡지』에는 4월 초파일 풍습에 느티떡을 해 먹는다고 적혀 있다. "손님을 초청해 모셔 놓고 음식을 대접한다. 느티떡, 볶은 콩, 삶은 미나리 등을 내놓는다. 이를 두고 부처님 생신날 먹는 맨밥이라 한다."

고기를 일체 먹지 않기 때문에 느티나무, 느릅나무, 시무나무 같은 싹을 따다가 쌀가루에 버무려 떡을 쪄 먹었던 것이다. 4월 초파일경이면 느릅나무과 식물의 새싹이 돋아난다. 떡타령에는 4월에 먹는 떡을 느티떡이라 했다. 느티나무, 느릅나무 싹은 이때 가장 부드럽고 향기로웠다. 이 떡타령을 보면 제철에 나는 여러 가지 것들을 데치고 말려서 떡을 해 먹었다는 것을 알 수 있다. 떡에 들어가는 식물성 재료는 시래기, 쑥, 느릅나무나 느티나무의 새싹, 수리취, 호박, 무 같은 것들이었다.

사월 파일 느티떡에
오월 단오 수리취떡
유월 유두 밀전병이라
떡 사시오 떡 사시오

또 범벅타령에는 떡이라는 말 대신 범벅이 들어간다.

이월 개춘 시래기범벅,

삼월 삼일에 쑥범벅이라.

사월 파일에 느티범벅

오월 단오에 수루치범벅

전한의 회남왕 유안이 쓴 『회남자』에는 느티나무를 9월의 나무에 넣었다. 계절마다 나무 한 가지씩을 선정했는데 1월 버드나무, 2월 살구나무, 3월 자두나무, 4월 복사나무, 5월 느릅나무, 6월 가래나무, 7월 소태나무, 8월 산뽕나무, 9월 느티나무, 10월 박달나무, 11월 대추나무, 12월은 상수리나무를 꼽았다.

과거에는 전주성 주위에도 늙은 느티나무가 많았던 것 같다. 석북 신광수는 그의 시 「전주 남문루」에서 다음과 같이 노래했다.

성을 끼고 선 느티와 버들에 보슬비 내리고　來城槐柳雨微微

성 위 높다란 누각으로 제비가 날아든다　城上高樓燕子飛

봄철 그 화려했던 꽃들이 떨어지면 신록의 느티나무 밑을 찾게 된다. 한여름의 그늘은 역시 느티나무 밑이어야 한다. 시원한 그늘에서 듣게 되는 매미 소리 또한 느티나무여야 운치를 더한다. 신위는 울긋불긋한 꽃이 눈을 어지럽게 하고 머리까지 혼란스럽게 했던 때가 오래되지 않았는데 벌써 느티나무 잎이 자라는 여름이 되었다고 노래하기도 했다.

신촌 봉원사의 느티나무

머리를 어지럽게 하던 붉고 흰 꽃이 사라지자 嫣紅嬌白轉頭空

느티나무 잎 그늘 더욱 짙어져 여름경이 되었네 槐葉陰濃夏景中

전국 각지에 남아 있는 느티나무 열세 그루는 현재 천연 기념물로 지정되어 보호받고 있다. 은행나무 19건, 소나무 17건에 이어 느티나무는 세 번째로 많이 지정되어 있다. 경상북도 상주시 냉림동 상산초등학교 교정에는 5백 년 생으로 추정되는 느티나무가 있다. 원주형이어야 할 줄기는 썩어 한쪽만 반 정도 남은 노거수이다. 이곳은 영남 지방의 선비들이 한양으로 과거를 보기 위해 지나다녔던 길목이다. 옛 선비들은 이 나무 밑에서 더위를 씻었을 것이고 나무의 신에게 장원급제를 기원했을 것이다. 어느 때부터인가 이 나무에 기도를 올리면 목신이 합격의 영험을 내린다고 믿게 되었다. 그 때문에 지금도 가끔씩 입시생을 둔 어머니가 이 나무로 찾아와 합격을 기원하는 치성을 드린다고 한다.

나무와 나무는 서로 어우러져야 잘 자라는 것이 있는가 하면 가까이

느티나무 열매   느티나무 꽃

민중과 고락을 같이해 온 동신목

있으면 양쪽 다 자라지 못하는 것도 있다. 느티나무와 머루 덩굴은 궁합이 잘 맞는 식물로 알려져 있다. 느티나무에 기어오른 머루 덩굴은 많은 열매가 달리고 세력도 좋다. 머루는 느티나무에 의지하여 사는 대신 다른 덩굴식물이 가까이 오지 못하도록 강력한 제초제 물질을 뿜어 낸다고 한다. 느티나무와 머루덩굴이 어떤 계약이라도 맺었는지 그것은 아무도 모른다.

봉원사 경내가 아늑하고 한적하게 느껴지는 것은 느티나무 같은 노거수가 우거져 있고 숲이 잘 발달돼 있기 때문이다. 느티나무 새싹이 돋아나는 신록의 계절은 희망이요, 여름의 짙푸른 녹음이 온몸을 시원하게 한다. 게다가 줄기차게 울어 대는 매미들의 합창은 폭포 소리처럼 웅장하면서도 귓속에 남은 소음 찌꺼기들을 씻어 내린다. 가을은 가을대로 멋있다. 단풍이 들면 그야말로 경내가 온통 꽃밭이다. 붉게 물든 이파리가 하나 둘 떨어질 때마다 속세의 번민도 하나 둘씩 내려놓을 수 있을 것만 같다. 그러다 봉원사 느티나무도 끝내 모든 욕망을 떨쳐 버리고 나목으로 돌아가 긴 겨울을 준비한다.

신촌 봉원사의 느티나무

강변의 서정이 살아 있는 미인목

청계천에서 가장 먼저 봄을 알리는 나무가 바로 버드나무이다. 모든 수목들이 아직 깊은 겨울잠에 빠져 있는 3월 말 버드나무는 이미 가지에 녹색이 돌고 이어 4월이면 노란 버들강아지가 부풀어 오른다. 그토록 여린 가지가 가장 먼저 봄의 감동을 불러일으킨다. 아무리 감정이 무딘 사람일지라도 버들가지를 보면 그냥 지나치지 못한다. 늘어진 가지마다 노란 꽃과 연둣빛 잎을 뾰족이 내민 모습이 여간 예쁘지 않다. 녹색 주름을 아래로 늘어뜨린 모습은 꾀꼬리가 노래하지 않아도 춘심을 충분히 느낄 수 있을 것 같다. 가지에 봄비라도 내리면 그 감동은 더해져 마음도 촉촉이 젖는다. 수면에 작은 윤슬을 이루며 물안개 퍼지는 위로 버들은 낚싯대를 드리운다. 시내와 버들의 운치는 봄바람을 타고 무르익는다. 물은 버들이 있어야 비로소 수변 풍광을 완성한다. 버들이 없는 강변, 버들이 사라진 호수를 상상해 보라. 얼마나 살벌한 풍경인가. 청계

청계천의 버드나무

천淸溪川은 이름처럼 버들이 있어서 맑은 개울이요, 청춘의 여울이 아니
던가.

버들의 아름다움은 화창한 봄날 연못가에서 감상할 일이다. 막 피어
오르는 버들개지의 보송보송한 털빛이 곱다. 나무 중에서 가장 먼저 물
이 올라 검붉은 껍질을 벗고 살며시 고개를 내미는 버들개지. 버들개지
의 새하얀 솜털은 손댈 수 없을 만큼 순결한 관능미가 깃들어 있다. 새
끼손가락으로 살며시 다가가면 범할 수 없는 처녀성이 그곳에 있다. 손
바닥에 올려놓고 가만히 흔들면 꼬리를 살랑살랑 흔들며 다가올 것만
같다. "오요요요……" 딸랑거리는 방울 소리를 울리며 달려올까?

버드나무하면 봄이 생각난다. 버들피리 소리는 성급한 초동들이 봄을 부르는 소리이다. 물오른 갯버들 가지를 꺾어 손으로 비틀어 목질부를 빼내면 대롱이 남는다. 한쪽을 납작하게 눌러 겉껍질을 손톱만큼 벗기고 불면 필닐리리 소리도 상큼한 버들피리가 된다. 그 버들피리의 추억을 찾아 주기라도 하듯 종각 지하도에는 가끔씩 버들피리를 파는 할머니를 만나게 된다. 할머니는 버들피리가 마를세라 물그릇에 담가 놓고 마냥 손님을 기다린다. 몇 번인가 지나다 구경을 했지만 버들피리를 사는 사람은 보지 못했다.

갯버들에 매달린 버들개지가 꾸덕꾸덕 여물어 갈 때쯤이면 날로 먹을 수 있다. 다 익은 것은 섬유질이 생겨 못 먹고 덜 익은 것은 몹시 쓰다. 적당하게 미숙된 것을 따 입에 넣고 씹으면 달착지근하여 먹을 만하다. 북극의 툰드라에 사는 에스키모들이 가장 먼저 따 먹는 것이 버들개지이다. 강변의 지면에 붙은 낮은 버들에서 몇 개씩 붙은 버들개지를 따서 생으로 먹거나 튀김을 해 먹는데, 에스키모들에게는 중요한 비타민 공급원이다.

『산림경제』에서는 "버들은 동쪽에 심으면 잘 자란다. 서쪽에는 심지 않는 것이 좋다"라고 했다. 버드나무가 양수인 까닭에 볕이 잘 쬐는 장소에 심으라는 충고다. 수질 정화에 뛰어난 식물인 것을 알았는지 옛 정원의 연못가에는 어김없이 왕버들 몇 그루가 서 있다.

수나라의 양제는 대운하를 완성하고 운하 양편에 버드나무를 심도록 했다. 버드나무 한 그루를 심고 가꾸는 사람에게 비단 한 필을 상으로 내렸다고 하니 황제의 버드나무 사랑이 어떠했는지 짐작이 간다. 버드나무를 수류隨柳나 양류楊柳, 수양水楊 또는 수양垂楊이라 하는 것도 알고 보면 수나라 양제의 나무라는 뜻에서 파생된 이름들이다. 도연명은 벼슬을 버리고 향리로 돌아가 다섯 그루의 버드나무를 심고 스스로 오류선생五柳先生이라 하고 버들의 아름다움을 노래한 시를 남기기도 했다.

동양에서는 버드나무를 이처럼 유용하게 쓴데 비해 서양의 경우 저주받은 나무로 취급했다. 예수가 십자가를 지고 골고다 언덕으로 올라갈 때 로마 병정들이 버들가지로 매질을 했다고 하여 몹쓸 나무로 여긴다. 또 예수를 고발한 유다가 목매어 자살한 나무가 버드나무여서 악마가 깃던 나무라고 손가락질을 하기도 했다. 버드나무에 얽힌 나폴레옹의 이야기도 유명한데, 세인트헬레나 섬에 유배돼 있던 나폴레옹은 날마다 버드나무 아래에서 재기의 칼날을 갈았으나 끝내 그 꿈을 펼치지 못하고 역사의 뒤안길로 사라졌다고 한다.

하지만 이런 안 좋은 이미지와는 상관없이 버들가지가 늘어진 강변은 생각만으로도 상쾌하다. 찌는 삼복더위에 사람들은 열기를 식히기 위해 물가를 찾는다. 그곳에는 버들이 있어 발길을 머물게 하고 버들의 그림자로 물은 푸름을 더한다. 자잘한 가지는 누군가 큰 빗으로 가지런히 빗질을 해 놓은 것 같다. 바람을 타고 일렁이는 버들가지의 모습은 한없이 평화롭다. 맑은 물과 빛깔 고운 버들, 게다가 매미 소리라도 들리는 오후라면 호수의 서정은 어느 때보다 즐길 만하다.

버들은 세찬 바람에도 꺾이는 법이 없다. 엉클어지지도 않는다. 바람에 몸을 맡긴 녹색의 발이다. 힘에 순응하는 버들의 자태를 보고 옛 선비들은 자신을 돌아볼 줄 알게 되었고, 거스르지 않고 큰 물결에 이끌려 가는 중용의 도를 배웠다. 강변에 늘어진 버들을 보고 있으면 마음까지 차분히 가라앉는다. 강변에는 갈대가 우거지고 하늘을 나는 물새하며 달이라도 떠 있다면 한적한 풍광이 된다. 12세기에 제작된 고려 청동은입사포류수금문정병은 우리 겨레의 심미안을 유감없이 드러낸 걸작이다.

버드나무는 우리나라를 비롯하여 중국이나 일본에서도 예술 작품의 소재로 즐겨 다루었다. 특히 우리나라에서는 버드나무가 불교의 자비 사상과 결합하여 관음보살로 비유되기도 한다. 자비로운 관음보살은 언제나 버드나무 가지를 들고 있거나 병에 그것을 꽂은 모습이다. 「양류관음도楊柳觀音圖」는 현재 남아 있는 몇 안 되는 고려 불화 중에서 걸작으로 꼽힌다. 불교 용구에서는 버들이 불경함이나 향로 등의 장식 문양으로 나타난다. 그리하여 버드나무의 유순함을 통해 한없이 온화한 관음보살의 성정으로 태어나는 것이다.

민화에서는 주로 버드나무의 늘어진 가지 아래 오리가 한가롭게 헤엄치는 모습으로 표현된다. 버드나무의 '유柳'는 머문다는 '유留'와 발음이 같다. 게다가 오리의 '압鴨'에서 '갑甲'을 떼어 놓고 보면 '첫 번째甲에 머물러留 있어라'라는 뜻이 된다. 따라서 병풍에 버들과 오리가 그려져 있다면 과거에 장원급제하라는 축원의 뜻이 담겨 있는 셈이다. 또 버드나무 아래 기러기와 원앙을 그리기도 한다. 기러기는 부부가 백년해로하기를 바라는 뜻에서 혼례상 위에 얹기도 한다. 노부부의 방에 치는 노안도蘆雁圖에도 기러기가 그려져 있는데, '노안蘆雁'의 발음이 '노안老安'과 같으므로 건강하게 오래 사시라는 축수祝壽의 뜻이 된다. 물론 기러기나 원앙, 오리 같은 물새는 수생식물인 갈대나 버들과 함께 그려질 때 사실감이 있다. 갈대와 버들을 빼고 어떻게 수변 풍경을 나타낼 수 있겠는가.

버들은 동양에서 여인에 비유되기도 한다. 소나무와 대나무가 강직하고 지조 있는 선비를 뜻한다면 버드나무는 미인을 상징한다. 세기의 미인이라는 오吳의 서시는 허리가 버들가지처럼 가늘었다고 한다. 중국의 문호 임어당은 버들을 일컬어 "솔은 장대한 기품 때문에 뭇사람들의 환영을 받고, 매화는 낭만적 기품 때문에 만인의 애상을 받고, 버들은 날씬한 가인을 연상케 하는 기품이 있어 만인의 사랑을 받는다"고 했다. 버들은 아무래도 여인의 나무라는데 공감이 간다. 중국의 문장가 장조는 "버들은 만물 가운데서 가장 사람의 마음을 때리며 감상적으로 만든다. 또 버들을 심는 뜻은 매미를 불러들이는데 도움이 되기 때문"이라 했다. 얼마나 아름다운 글인가. 버들이라는 평범한 대상도 느낄 수 있는 사람에게는 가치 있는 것으로 보이게 된다. 장조는 미인의 조건에 대해 이렇게 덧붙였다. "미인은 꽃 같은 얼굴을 갖고 있어야 하고, 새 같은 목소리에, 달의 혼, 버들가지 같은 몸매, 가을 호수 같은 맑은 아름다움, 경옥 같은 뼈, 눈 같은 하얀 피부, 시의 마음을 가지고 있어야 한다." 미인의 조건에 버들가지처럼 가느다란 허리가 얼마나 중요한지 알 것 같다.

중국 여인의 호리호리한 허리를 유요柳腰라 한 것도 그 때문인지 모른다. 가는 허리를 가진 미인의 애교 어린 몸짓을 유태柳態라 하는 것만 보아도 그렇다. 게다가 버들잎같이 아름다운 눈썹柳葉眉을 가진 미인을 최고라 여겼다. 중국 무용의 특징이라면 긴소매를 나부끼며 조용히 움직이는 무용수의 동작인데 이때 가느다란 허리에 감기는 부드러운 비단 자락의 펄럭임을 최고의 운치로 여긴다. 여기에서 보이는 몸놀림은 살랑대는 버들가지의 녹색 물결 그대로이다. 실바람에 흔들리는 버들가지의 일렁임을 유랑柳浪이라 했던가.

버드나무는 우리 겨레의 핏줄 속에 면면이 이어져 내려오기도 했다. 고구려를 건국한 주몽의 어머니는 유화부인柳花婦人이다. 따라서 고구려의 후손들은 강가에 삶의 터전을 마련했던 버드나무 족이다. 지금의 평양을 유도柳都라 한 것도 그 때문인지 모른다. 고려 태조 왕건의 이야기에서도 버드나무가 등장한다. 왕건이 젊어서 말을 타고 가다 어느 마을 샘터에서 처녀에게 물을 청했다. 처녀는 머리 위의 버들잎을 한 줌 훑어 물바가지에 띄워 주었는데 왕건은 목이 마른 김에 입으로 후 불고 달게 마셨다. 그 인연으로 낭자를 맞이하여 왕비로 삼았다는 이야기다.

옛 「영모도翎毛圖」에서는 버들에 앉은 꾀꼬리를 많이 그렸다. 고운 소리를 눈부시도록 선명한 샛노란 색으로 화면에 잡아 두기 위해서이다. 실제 버드나무에는 꾀꼬리가 즐겨 찾아든다. 5월의 신록이 무르익어 갈 때쯤이면 남쪽 나라에서 찾아온 노란 꾀꼬리가 버들가지 사이를 날며 청아한 소리로 짝을 찾는다. 중국 항주의 서호를 더욱 아름답게 해 주는 '서호십경西湖十景' 중에 '유랑문앵柳浪聞鶯'이라 하여 꾀꼬리 소리를 듣는 일이 포함되어 있다. 서호 동남쪽 50리에 이르는 버드나무 길은 봄이면 꾀꼬리 노랫소리가 끊이질 않고 여름에는 매미 소리가 시원하다. 버들도 아름답지만 꾀꼬리의 노래가 있어 서호가 더욱 정겹게 느껴지는 것이다.

『장자』「소요유逍遙遊」 편에도 버드나무 이야기가 실려 있다. 붕새는 크기가 엄청나서 몇 천 리나 되는지 알 수가 없고, 힘껏 펼치면 날개의 크기가 구름과 같다고 전해진다. 매미와 비둘기가 보고 있다가 비웃기라도 하듯 말했다. "우리는 힘껏 날면 버드나무에 이르고, 그마저 닿지 못하면 땅에 앉아 쉰다. 뭐 때문에 구만 리를 날아 남쪽으로 날아가느냐?" 그러자 붕새가 말했다. "너희 같은 조무래기들이 어찌 내 큰 뜻을 알리요澄識鵬天遊." 붕새는 그 말을 남기고 날아갔다. 원대한 뜻을 품고 큰일을 도모하는 비범한 사람의 뜻을 보통 사람이 어찌 이해할 수 있겠느냐는 것이다.

『시경』「소아편」의 「청청자아菁菁者莪」에서는 버드나무로 만든 배를 탄 님을 마중하는 내용이 나온다.

> 두둥실 뜬 버들 배 물에 잠길락 말락 汎汎楊舟 載沉載浮
> 우리 님 보이니 내 마음 놓이네 既見君子 我心則休

버드나무 배를 탄 님은 물결에 보일 듯 말 듯 오르내린다. 그러다가 물

결이 잔잔해지고 배가 가까이 오니 빙그레 웃는 님, 여인은 비로소 마음이 안정된다고 노래하고 있다. 이때에는 버드나무 목재로 배를 만들었다. 중국 남부 지방에서는 지금도 버들가지를 엮어 긴 배를 만든다. 거기다 옻칠을 먹이면 완벽하게 방수 처리된 배가 되는데 강에서 낚싯배로 쓴다. 가볍고도 튼튼하여 중요한 수상교통 수단이 되고 있다.

시에서 보이는 것처럼 버드나무 우거진 강변은 사랑의 무대였지만 이별의 장소가 되기도 했다. 장안 교외의 파교에 있는 버드나무가 대표적이다. 당의 수도 장안에는 동쪽에 파교가 있고 서쪽에는 위교가 있었다. 동쪽으로 떠나는 사람은 이 파교에서 주로 이별했다. 이때 장안을 떠나는 친구에게 강가의 버들가지를 꺾어 주면서 석별의 정을 나누다 보니 자연스럽게 버들을 꺾는다는 절류折柳가 이별을 뜻하는 말이 되어 수많은 시가에 인용되기에 이르렀다. 송도 명기 황진이의 무덤을 찾아가 제사를 지내 준 백호 임제는 「패강곡浿江曲」에서 버들을 꺾어 이별하는 마음을 노래하기도 했다.

헤어지는 이, 날마다 버들 꺾어 　離人日日折楊柳

천 가지나 꺾어도 헤어진 님 못 잡았네 　折盡千枝人莫留

아름다운 아가씨들 눈물 어려서일까 　紅袖翠娥多少淚

흐린 물 지는 해도 수심 겨워하네 　烟波落日古今愁

패강浿江은 대동강을 말한다. 대동강 가에서 떠나는 사람마다 버들가지를 꺾다 보니 나무가 아예 장작개비가 다 되었지만 헤어지는 님을 잡지 못했고 떠나는 사람들과 붙잡는 사람들이 흘린 눈물로 대동강이 안개처럼 흐려졌다는 내용이다. 강물에 어린 석양마저 슬픔을 더하는가 보다. 이처럼 버드나무는 언제나 이별의 아픔을 간직하고 있는 나무다.

이별의 증표로 버들가지를 주는 풍습에 대해 성호 이익은 『성호사설星湖僿說』에서 이같이 말했다. "버들가지는 쓸모 있는 것이 못 된다. 노리개도 될 수 없다. 다만 이별하기 섭섭하여 주고받는 풍류일 뿐이다. 벗의 정은 돈으로만 생기는 것이 아니다. 버들가지 하나를 가지고도 얼마든지 자신의 뜻을 전할 수 있는 것이다." 실학의 대가다운 풀이라고 할 수 있다.

버드나무는 전 세계에 300여 종, 우리나라에만 해도 40여 종이 자란다. 이른 봄 가장 일찍 잎이 돋아나 가장 늦은 때인 11월까지 잎이 매달려 있어 생육 기간이 긴 낙엽 활엽수이다. 쓰임새도 많다. 목재는 결이 곱고 무른데 무엇보다 가볍고 가공하기 쉬워 상자, 공예, 내장재, 포장재로 쓰인다. 예로부터 버드나무로 이쑤시개도 만들었던 것 같다. 이쑤시개를 일본어로 '요오지楊枝'라 하는데 바로 한자의 일본식 발음이다.

키버들의 경우 가지를 잘라 껍질을 벗기고 키나 채반, 소쿠리, 광주리를 엮는다. 고리버들 가지로 엮은 고리짝 같은 그릇을 유기柳器라 하는데 주로 음식을 운반하거나 보관하는데 썼다. 남부 지방에서는 대나무를 쪼개 엮기도 하지만 도시락은 역시 버들가지로 촘촘히 엮어야 음식이 변질되지 않고 맛도 좋다. 또한 버드나무는 무기를 만드는 재료로도

1

2

1. 호랑버들 씨
2. 갯버들 꽃

강변의 서정이 살아 있는 미인목

사용되었는데 고려 때만 해도 화살을 만들 때 버드나무 가지를 이용했다. 송의 서긍이 쓴 『고려도경』에는 "고려의 화살은 대를 사용하지 않고 버드나무 가지로 만드는데 더 짧고 작다. 화살이 비록 멀리 나가기는 해도 힘은 없다"고 적고 있다. 이때 사용한 화살은 곧은 갯버들 가지 중에서 알맞은 것을 골라 썼을 것이다. 갯버들 가지의 껍질을 벗기고 불에 쬐어 휜 것을 곧게 펴가면서 화살대를 만들고 끝에 화살촉을 꽂아 완성했던 것으로 보인다. 뿐만 아니라 버드나무는 그림 재료로도 사용되었다. 버들가지를 태워 만든 숯을 유탄柳炭이라 하는데 재질이 부드러워 종이에도 잘 써진다. 예로부터 그림을 그리기 전 밑그림용으로 유탄을 썼다. 잘 지워지기 때문이다. 지금도 목탄 데생을 할 때 버드나무 가지를 태워 만든 것을 쓴다.

버드나무는 가꾸기도 쉬울뿐더러 저절로도 잘 자란다. 솜털에 매단 작은 씨가 바람으로 타고 어디든 날아갈 수 있다. 강둑이나, 냇가, 경작지의 논둑에서 특히 잘 자라는데 강변에 물을 좋아하는 버드나무를 심으면 수질이 정화되는 효과도 볼 수 있다. 우리나라에 자생하는 호수성好水性 목본에는 버드나무류와 황철나무를 들 수 있는데, 특히 왕버들이나 갯버들 같은 수종은 뿌리가 물을 향해 뻗는 성질이 있어 수질 정화에 직접 기여한다. 거미줄 같은 실뿌리는 물속의 질소 화합물을 흡수하고 대신 산소를 공급한다. 또한 이들 뿌리는 물고기의 산란장인 어소魚巢가 된다. 따라서 민물에 사는 많은 종류의 물고기들 산란장으로 없어서는 안 될 자원이다.

청계천의 버드나무

버드나무류는 다른 활엽수에 비해 생육 기간이 긴 편이어서 수질 정화는 물론 대기 정화에도 뛰어난 능력을 발휘한다. 시골의 작은 개울이나 도시의 큰 강가에도 이들 버드나무를 심으면 풍치림으로도 좋다. 그런데 이처럼 쓰임이 많아서 가로수와 공원용수로 심은 수십 년 된 버드나무가 화분병을 일으킨다고 잘못 알려져 잘려 나가는 것은 안타까운 일이다. 지난 1991년 김포가도의 아름드리 수양버들과 시내의 가로수, 공원의 풍치림으로 조성한 버드나무와 미루나무는 불량 수종이라는 무지한 시장의 말 한 마디에 면도하듯 잘려 나갔다. 수십 년 된 이들 나무를 금전으로 환산할 때 엄청난 경제적 손실이 아닐 수 없다. 중국의 수도 베이징에서는 수양버들을 시의 나무로 지정하여 가로수 심고 있다. 종실섬유도 보기에 따라 느낌이 다르다. 예로부터 종실섬유를 유설柳雪 또는 유서柳絮라 하여 흰 눈으로 보았다. 일본의 도쿄에서는 5월에 버드나무의 종실섬유가 날리면 유우柳雨 또는 '녹색 눈'이라 하여 강변에서 축제까지 벌인다. 나무를 보는 눈이 이렇게 다르다.

종실섬유가 화분병을 일으키는 꽃가루가 아니라 해도 물질적인 눈으로 보았을 때는 아름답게 보이지 않을 수도 있다. 그렇다면 종실섬유가 날리지 않게 하면 된다. 다행히도 버드나무는 암수딴그루여서 암나무에서만 씨가 생긴다. 묘목 생산을 계획적으로 하면 솜털이 날리지 않는 나무를 가꿀 수 있다. 먼저 버들의 씨를 뿌려 묘목을 가꾼다. 그다음 수나무의 가시를 잘라 하나하나 접목을 하면 된다. 또 다른 방법은 수나무의 가지를 잘라 꺾꽂이를 통해 묘목을 만드는 것이다. 대량 생산한 모든 묘목이 종실섬유가 날리지 않는 수나무가 되는 셈이다.

버드나무는 꽃이 화려하다거나 빛깔이 고운 나무가 아니다. 열매가 크고 먹음직스러운 관상수는 더욱 아니다. 그저 가느다란 가지에 이파리 몇 장을 갖고 있는 지극히 검소한 나무다. 하지만 버드나무는 공기를 청정하게 하고 수질을 정화시켜 주며, 도심에 꾀꼬리와 매미를 불러들이는 운치 있는 나무이다. 청계천에 나가 보면 이를 알 수 있다. 청계천에는 버드나무 외에도 갯버들, 키버들, 왕버들이 자란다. 이들 버들이 있어 봄의 청계천이 더없이 풍요롭게 느껴지는지도 모른다.

버들이 우거진 한강변, 왕버들이 우거진 도심의 공원, 더 나아가 버드나무 우거진 가로수 길을 걷고 싶다. 사람마다 버드나무의 유순함이 몸에 배어 순리와 질서를 지키고 남을 이해하는 부드러운 마음들이 생긴다면 한결 살 만한 세상이 될 것이다.

동숭동 마로니에공원의 칠엽수

하늘을 향해 솟아오른 작은 꽃탑

칠엽수는 일본 원산의 낙엽교목이다. 소엽은 넓고 길며 가장자리에 부드러운 톱니가 있고 7~9장씩 맞붙어 한 장의 잎을 이룬다. 긴 잎자루가 있으며 새로 자란 가지 끝에서 몇 장씩 어긋 달린다. 잎몸의 길이는 큰 것이 20~30센티미터나 되는 것도 있다. 넓은 잎은 여름철 녹음수로 인기가 있다. 초여름에 위를 향해 피는 싱그러운 꽃이 좋아서 최근 우리나라에서도 가로수나 공원용수로 널리 심는다. 칠엽수를 두고 흔히 마로니에라 부르는데 사실은 전혀 다르다. 겉모습이 비슷하긴 해도 마로니에는 유럽 남부가 원산이고 칠엽수는 일본이 원산이다.

칠엽수는 습도가 많은 지역에서 잘 자라는 식물이다. 우리나라에서는 여름철 장마기 전까지는 잘 견디지만 장마가 끝나고 공기가 건조해지면 잎 끝이 마르기 때문에 언제나 깨끗한 잎을 기대하기는 어렵다. 따라서 가로수로 심어도 고운 단풍을 감상할 수 없다. 반면 원산지인 일본

마로니에공원의 칠엽수

동숭동 마로니에공원의 칠엽수

에서는 20~30미터까지 자라는 대형 수종이다. 겨울눈은 짙은 갈색을 띤 자주색이고 끈적끈적한 점액질의 부동액이 묻어 있어 내한성이 강한 편이다. 가을에 잎이 누렇게 물들 때쯤 한 꼬투리에 열매가 3~5개씩 주저리를 이룬다. 열매는 완전히 익으면 껍질이 벌어지고 속에 든 씨가 밖으로 빠져나온다. 씨는 지름이 5센티미터 정도로 굵은 편이고 충실한 열매에는 3알씩 들어 있으며 밤톨과 같이 겉면에 광택이 있다. 밤의 밑면이 회색이듯 칠엽수 열매 또한 밑면이 연한 잿빛이고 꼭지에 암술 자국이 없이 미끈하다.

열매는 겉껍질을 벗기고 절구에 빻아 베 보자기로 즙을 짜내기도 하는데 이 즙은 처음에는 짙은 갈색이지만 물을 부어 가면서 우려내면 차츰 맑게 변한다. 밑에 가라앉은 앙금을 말리면 뽀얀 칠엽수 열매 가루가 되는데 묵을 쑤어 먹거나 만두피, 빵, 떡 등을 해 먹을 수 있다. 한 가지 알아 두어야 할 것은 열매를 군밤처럼 구워 먹거나 쪄 먹어서는 절대 안 된다는 사실이다. 열매에는 강한 독성이 있어서 먹으면 심한 구토와 배앓이를 할 수 있기 때문이다. 반드시 물에 오랫동안 우려내서 타닌과 독성을 빼낸 뒤에 먹어야 한다. 이러한 번거로운 일을 할 자신이 없다면 처음부터 먹지 않는 것이 가장 현명한 일이다.

실제로 어느 가정에서 남편이 아침 산책을 나갔다가 공원에 떨어진 칠엽수 열매를 주워 와서 봄에 심으려고 냉장고에 넣어 두었는데 그 집 아이어머니가 밤인 줄 알고 몇 개를 구워 먹었다고 한다. 처음에는 몹시 쓰다고 느꼈지만 쓴 음식이 몸에도 좋다는 생각에 그냥 먹었는데 결국 얼마 후 심한 구토와 설사를 하면서 신한 복통을 호소했다. 놀란 식구들은 119를 불러 병원으로 데려갔다. 연락을 받고 병원으로 달려간 남편은 아내가 칠엽수 열매에 중독되었다는 것을 알았지만 어쩔 도리가 없었다. 가까스로 위기를 넘겼으나 돌이켜 생각해 보면 위험천만한 일을 겪은 셈이다. 이러한 열매가 해마다 가을이면 공원이나 길가에서도 쉽게 발길에 차인다. 먹음직스럽게 생겼다고 해도 절대 먹어서는 안 된다.

칠엽수 꽃차례는 원추형을 이루며 가지 끝에서 위를 향한다. 하늘을 향해 솟아오른 요정들의 작은 꽃탑처럼 보인다. 자잘한 꽃은 5장의 꽃잎이 모여 있고 아래를 향해 핀다. 수술이 길게 밖으로 빠져나오며 꽃잎 안쪽에 분홍색 점이 있어 아름답다. 꽃차례는 크고 푸짐하지만 워낙 싱그러운 잎에 묻혀 바로 눈에 띄지는 않는다. 나무가 오래된 것은 많은 꽃이 피고 향기도 좋아 사람들의 눈길을 사로잡는다. 꽃에서는 워낙 꿀이 많아 일본에서는 중요한 밀원식물로 치는 나무이다. 높이 20미터 정도의 나무 한 그루에서 하루에 10리터나 되는 꿀을 얻을 수 있다고 하니 고마운 나무임에 틀림없다.

대학로 마로니에공원에 심은 큰 나무는 사실 마로니에가 아니고 일본 원산의 칠엽수이다. 우리 모두 칠엽수를 마로니에로 잘못 알고 있다. 대학로의 옛 서울대학교 문리대 본관 건물 터에 남아 있는 칠엽수는 원래 두 그루였다. 일제가 경성제국대학을 설립할 때 그 기념으로 일본 수종인 칠엽수를 대학의 가장 중심에 심은 것이다. 식민지 조선에 일본의 혼을 심고 조선 젊은이들에게 왜색 사상을 전하려고 했던 것이다. 그들

1. 칠엽수 꽃
2. 가시칠엽수 열매

은 일본에서 가져 온 칠엽수를 두고 일본 특산 식물이라는 사실을 숨기기 위해 유럽 원산의 마로니에라고 거짓으로 알려 경성제국대학의 상징처럼 각인시켰다. 그 후 1975년에 서울대학교를 지금의 관악캠퍼스로 옮길 때 한 그루를 가져가고 현재 한 그루만이 남아 있다.

지금이라도 대학로의 마로니에공원은 칠엽수공원으로 이름을 바꾸고 마로니에로 잘못 알려진 노거수를 칠엽수로 바로잡아야 한다. 우리 머릿속에 당연한 것처럼 남아 있는 작은 것이라도 거짓이라면 바로 털어 내야 한다. 그것이 일제의 잔재라면 더욱 그렇다. 한국문인협회에서 해마다 치르는 마로니에 여성 백일장도 느티나무 백일장이나 소나무 백일장으로 이름을 바꾸어야 한다. 마로니에가 아닌 칠엽수 백일장이라고 할 수야 없지 않은가.

유럽 원산의 마로니에는 열매 껍질에 날카로운 가시가 돋아나 있다.

그 때문에 우리말로는 가시칠엽수 또는 유럽칠엽수라고도 한다. 잎과 꽃으로는 쉽게 구분이 되지 않지만 열매 껍질은 분명히 다르다. 원래 마로니에는 빙하기 이전부터 유럽 전역에 분포했던 나무였는데 빙하기에 사라지고 남부 발칸반도 같은 따뜻한 지역에만 겨우 연명하였다. 그 후 빙하기가 끝나고 다른 나무들이 북으로 옮겨 갈 때 마로니에는 종자가 굵어 높은 산맥을 넘지 못하고 루마니아 근처에 머물러 있었다. 16세기에 켈트족이 이 나무를 좋아하여 심기 시작하면서 지금은 유럽 전역으로 널리 퍼지게 되었다.

마로니에는 붉은색 꽃이 피고 가을에 주황색으로 물드는 단풍이 곱다. 그러나 우리나라에 심으면 칠엽수처럼 잎 끝이 마르기 때문에 아름다운 단풍을 보기 어렵다. 프랑스에서는 가로수로 이 나무를 많이 심기 때문에 도시에서 쉽게 눈에 띈다. 초여름의 꽃이 아름답고 여름이면 무성한 잎이 짙은 그늘을 만들어 주며 가을에는 단풍이 곱다. 그래서 예술가들의 거리인 몽마르트르에서는 마로니에 그늘의 노천카페에서 커피와 맥주를 마시기도 한다. 마로니에는 오늘날 수많은 시나 문학 작품의 무대를 장식하는 나무이며 파리의 로맨틱한 풍광을 구성하는 대표적인 나무가 되었다.

마로니에가 우리나라에 처음 도입된 것은 1912년이다. 당시의 네덜란드 공사가 고종 황제 회갑 기념으로 이 나무의 묘목을 진상하면서부터라고 알려져 있다. 현재 덕수궁 석조전 옆에 두 그루가 지금도 살아 있다.

유럽에서는 마로니에 종자를 동맥경화, 혈전성 정맥류 장애, 외상, 종창 등의 약재로 쓴다. 그러나 마로니에 목재는 치밀하지 못해 잘 썩고 뒤틀린다는 단점이 있다. 반면 무늬가 독특하고 광택이 좋아서 건축 내장재나 공예재, 가구재, 합판재 등으로 이용된다. 데생할 때 쓰는 목탄도 마로니에 목재로 만든다.

대학로 마로니에공원의 큰 나무는 비록 마로니에가 아니고 칠엽수이긴 하지만 잎이 떨어져 뒹구는 만추의 계절이 오면 공원의 어느 나무 그늘이든 가서 낙엽의 의미를 생각하는 여유를 가져도 좋을 것이다.

여의도 윤중로의 벗나무
쓰임새 많은 자원 식물

해마다 봄이 되면 여의도 윤중로에서는 벚꽃 축제가 열리고 화사하게
핀 벚꽃 아래에서 연인과 가족들이 꽃 나들이를 한다. 여의도를 한 바
퀴 둘러볼 수 있는 도로변에는 무수히 많은 왕벚나무와 개나리, 영산홍
이 피어 봄의 절정을 이룬다. 1960년대 초만 해도 여의도는 한강에 떠
있는 섬으로 갈대와 억새가 우거지고 채소밭이 넓게 펼쳐져 있었다. 섬
가운데에는 여의도 비행장의 활주로가 있었는데 김포공항이 개장하면
서부터 본격적인 개발이 시작되었다. 인근의 밤섬에서 토사를 날라다
둑을 쌓고 낮은 곳을 돋우어 여의도 윤중제를 짓고 왕벚나무를 가로수
로 심으면서 벚꽃 명소가 되었다. 그러나 가로수로 심은 벚나무가 일본
에서 들여온 왕벚나무라는 사실이 밝혀지면서 사람들의 찬반 논란이
일고 있다.

한때 서울의 창경궁에 심은 왕벚나무나 공원에 심은 많은 왕벚나무

가 잘려 나갔다. 지난 1997년 환경부에서는 벚나무의 왜색 시비를 가리기 위해 일본에서 들여온 왕벚나무 대신 천연기념물인 봉개동 왕벚나무 후계목을 보급하기 위한 계획을 세운 바 있다.

우리나라에서 자라는 벚나무는 모두 20여 종으로 대부분 꽃이 아름답고 여름에 익는 열매는 먹을 수 있다. 또 가을에 붉게 물드는 단풍이 곱고 겨울의 나목이 아름다운 관상수이다. 울릉도에서 자라는 섬벚나무를 비롯하여 한라산의 탐라벚나무, 관음왕벚나무, 왕벚나무, 섬개벚나무와 서울귀룽나무 등 6~7종의 우리나라 특산종이 있다.

벚나무는 높이 20미터, 지름 1미터까지 자라며 비중이 0.62 정도이고 잘 썩지 않는 성질을 갖고 있다. 따라서 조각재, 칠기, 가구, 공예재로 알

왕벚나무

1. 개벚나무 꽃
2. 벚나무 잎
3. 벚나무 꽃봉오리

여의도 윤중로의 벚나무

맞고 목판 인쇄용 목재로도 널리 쓰인다. 벚나무 목재는 재질이 치밀하고 결이 곱다. 우리나라에서는 해마다 많은 벚나무 목재를 미국과 캐나다로부터 수입한다. 한 해 동안 수입한 벚나무 제재목만 해도 3,312세제곱미터에 값으로 치면 약 300만 달러어치에 달할 때도 있었다. 또 같은 기간 원목은 7,612세제곱미터에 560만 달러어치를 수입했다. 우리나라에서는 해마다 엄청난 예산을 벚나무 목재 수입에 쓰고 있는 셈이다.

길이가 짧아 휴대하기 쉬운 국궁國弓은 바로 이 벚나무와 뽕나무 목재로 만들었다. 재질이 단단한 벚나무와 탄력이 좋은 뽕나무는 국궁의 좋은 재료였다. 게다가 국궁은 작아서 휴대하기 쉬워 달리는 말 위에서도 활시위를 당길 수 있었다. 대륙을 평정한 기마민족에게 있어 이보다 더 귀한 나무는 없었을 것이다. 벚나무는 조선시대의 북벌과도 관련이 있다. 옛날 우이동 계곡에 벚나무를 많이 심었는데 이것은 조선 효종 임금이 북벌을 계획하면서 활을 만들기 위해 이곳에 대규모 벚나무 숲을 조성했기 때문이라고 전해진다. 활 이외에 화살을 담는 전통에도 벚나무가 사용되었다. 전통은 피나무나 오동나무의 속을 파고 겉에 거북 껍질을 밀어 부레를 녹인 풀로 붙여 멋과 견고성을 살렸는데, 이때 백두산에서 자라는 벚나무 껍질을 붙이기도 했다. 이처럼 벚나무는 국력과 관계있는 나무였던 까닭에 벚나무 숲을 가꾸는 일이야말로 군비를 축적하는 것과 같았다.

벚나무는 악기로도 쓰였다. 『악학궤범』에는 "나무의 잎사귀를 말아서 풀피리를 만드는데 지금은 벚나무 껍질을 쓴다"고 했다. 입에 물고 불면 입술 사이에서 소리가 나는데 악절을 알면 누구나 쉽게 연주할 수 있다고 적고 있다.

사람들은 벚나무의 가치를 봄철에 피는 화사한 꽃에서만 찾으려고 한다. 벚나무의 씨가 바로 버찌라는 사실을 알면서도 그저 작은 열매에 지나지 않는 계륵 같은 것이라고 지나쳐 버린다. 그러나 다시 한 번 돌아보면 이보다 더 가치 있는 열매가 없다는 것을 알게 된다. 벚나무를 마을 근처에 심으면 야생 조류가 열매를 먹기 위해 날아든다.

이렇게 쓰임이 많은 벚나무이지만 가꿀 때에는 조심해야 할 것이 많다. 벚나무는 상처가 잘 아물지 않아서 한번 가지를 자르면 자른 부위가 썩어 들어간다. 그래서 방치하면 줄기까지 썩고 이어 바람이 불 때 넘어지거나 일찍 고사하고 만다. 가로수로 심은 왕벚나무가 50년을 채 넘기지 못하는 것도 그 때문이다. 따라서 벚나무를 가꿀 때는 가지를 자르지 않는 것이 좋다. 특히 벚나무 가로수를 조성할 때는 묘목 재배에 신경을 써야 하는데 일반 농가에서 가지치기를 잘못하여 수형을 잡지 않은 것이 시중에 유통되는 수가 있다. 벚나무는 초기 성장 시의 수형이 그 어떤 나무보다 중요하다. 종자 발아 후 2~3년차에는 묘목을 밀식 재배하는 것이 좋다. 처음부터 간격을 두면 옆으로 가지를 뻗는 성질이 있기 때문이다. 최소한 2미터 높이 이상 되는 곳에서 첫 번째 가지가 뻗어나가도록 해야 한다. 이렇게 하면 가로수로 심었을 때 보행자의 머리에 가지가 닿지 않고 차도로 가지가 뻗었을 때도 차량의 지붕에 닿지 않는다. 가지가 밑으로 뻗은 나무를 심었다 나중에 자르면 줄기가 썩어 들어가 결국 나무의 수명이 짧아질 수밖에 없다.

창경궁의 춘당지 근처에는 조선 역대 왕들이 벼농사를 지었던 곳이 있다. 궁궐 내에 왕이 직접 심은 벼의 생육 상태를 보고 한 해의 풍년을 점쳤던 것이다. 그러나 연산군은 권좌에 오른 후 정사는 뒷전으로 미룬 채 춘당지에서 날마다 주색잡기에 빠져 있다가 끝내 권좌에서 쫓겨나기도 했다. 일제는 왕실의 권위를 누르기 위해 춘당지를 확장하고 동물원을 세웠으며, 수많은 왕벚나무를 일본에서 들여와 심고 가꾸면서 궁궐을 유원지로 만들었다. 지난 1970년대만 해도 해마다 봄철이면 서울 시민들이 당시의 창경원에 모여 밤 벚꽃 놀이를 즐겼다. 그 후 지나치게 화려한 왕벚나무가 우리의 민족 정서와 맞지 않는다 하여 베어 냈으나 아직도 창경궁 내에는 늙은 왕벚나무가 곳곳에 심어져 있다. 춘당지 주변의 왕벚나무가 서 있던 자리에 우리의 자생 벚나무 수종인 귀룽나무가 무성하게 자라고 있어 그나마 다행스러운 일이 아닐 수 없다.

왕벚나무는 꽃이 잎보다 먼저 피고 흰색이며 화사하다. 그러나 종자 발아력이 떨어져 씨를 심어 묘목을 생산하기는 쉽지 않다. 그래서 일반 벚나무 종자를 뿌려 대목을 키우고 여기에 왕벚나무 가지를 접붙여 묘목을 생산해 왔다. 그러나 최근 제주도 서귀포시 남부 육종장의 김찬수 박사는 조직 배양을 통해 왕벚나무 묘목을 생산하는데 성공했다. 우수한 유전인자를 가진 벚나무를 생산하여 조직배양을 통해 병에 오염되지 않은 묘목을 내랑 생산힐 수 있게 된 것이다.

전국 최대의 벚나무 자생지는 충청남도 금산에 있다. 10만 평에 이르는 군북면 산안리의 벚나무 자생지는 그야말로 온통 보이는 곳이 모두 벚나무 꽃밭이다. 여기서 자라는 100만 주의 벚나무 중에서 우수한 종을 선발하여 대량 증식한다면 왕벚나무에 못지않은 관상수가 나올 것으로 보인다. 이제부터는 무턱대고 왕벚나무만 심을 것이 아니라 출처가 어디냐는 것을 따져 묘목을 생산하는 것이 바람직하다.

벚나무의 단점은 꽃의 화사한데 비해 개화 기간이 너무 짧다는 것이다. 꽃이 피어 있는 기간이라 해야 고작 4~5일에 지나지 않는다. 왕벚나무의 경우 이보다 더 짧아서 3~4일이면 지고 만다. 대신 낙화의 아름다움을 만끽할 수 있다. 벚나무 이외에도 배나무, 살구나무, 복사나무, 자두나무 등도 떨어지는 꽃잎이 유난히 아름다운 나무이다.

예로부터 우리의 선비들은 낙화의 미학을 매화로부터 찾았다. 당시唐詩나 송사宋辭에서는 매화 꽃잎이 떨어지는 것을 화우花雨라 하여 인생의 무상함에 비유했다. 무엇이나 흉내 내기 좋아하는 일본인들이 이 화우를 그냥 두었을 리 없다. 매화와 배꽃이 떨어지는 것을 벚꽃의 낙화로 살짝 바꾸었을 뿐이다. 그 결과 오늘날에도 하얀 벚나무 꽃잎이 일제히 떨어지는 것을 일본만의 멋인 것처럼 말하고 있다.

우리나라에서 무궁화를 국화로 하듯 일본에서는 벚꽃을 나라꽃으로 하고 있다. 수많은 벚나무 중에서도 왕벚나무는 꽃이 크고, 많이 피며, 잎보다 먼저 꽃이 나오기 때문에 다른 종에 비해 관상 가치가 높다. 그래서 일본에서는 다른 종보다 왕벚나무를 많이 심는다. 마치 한국의 무궁화선양회에서 많은 무궁화 품종 중 흰 꽃이 피는 백단심을 표준 무궁화로 정한 것과 같다. 경술국치 이후 일제가 조선인의 민족정기를 말살하기 위해서 전국 각지에서 자라는 무궁화를 베어 내고 그 자리에 대신 심은 것이 바로 왕벚나무이다. 학교 교정에도 왕벚나무를 심고 관청은 물론 도로변에도 왕벚나무 가로수를 조성하여 이 땅을 왜색으로 물들였다. 태평양으로 진출하려는 일본 군국주의의 야망은 진해 군항을 온통 왕벚나무 숲으로 바꾸어 놓았다. 불교 사찰은 사찰대로 왜색 불교를 믿는 대처승이 절을 장악하면서 우리의 고유 수종을 베어 내고 그 자리에 일본에서 들여온 왕벚나무를 심었다. 아직도 벚나무의 왜색 시비는 끊이질 않고 있다. 왕벚나무가 제주도 원산이라느니, 아니라느니 말들이 많고 분류학자들조차 명쾌한 해석을 내리지 못하고 있다. 지금도 전국적으로 히메이 요시노라는 사쿠라를 널리 심고 있다. 일본의 국화라고 하는 왕벚나무의 이름마저 못마땅하다고 하여 일부 인사들은 졸벚나무나 왜벚나무로 부르자고 주장한다. 그렇다면 이 사쿠라는 언제 우리나라에 들어왔을까. 기록으로는 순종 때이다. 『순종실록』 부록에 "순종 6년 4월 7일 「경성일보」 사장 요시노 다자에몽이 왕벚나무 250본을 진상하였다. 또 덕수궁에도 250본을 헌상하였다"고 적혀 있다. 이 나무를 궁궐에 심고 여러 곳에 나누어 심은 것 같다. 저들이 왕벚나무를 조선에 심으려고 한 이유가 일본 혼을 이 땅에 깊이 뿌리내리게 하려는 속셈이었다면 윤중로의 왕벚나무도 그렇게 자랑스러운 꽃은 못 된다. 군산, 선주 간 200리 벚꽃길을 조성한 왕벚나무도 한 일본 교포가 기증한 나무라고 하지만 그는 그런 일을 할 만한 재력가가 아닌 평범한 시민이었다고 한다. 그 왕벚나무를 식재한 자금이 일본계의 검은 돈이라는 의혹도 있다.

일본의 나라꽃이든 아니든 나무가 무슨 죄가 있겠는가. 하지만 이왕이면 벚나무도 우리 자생 수종을 심었으면 좋겠다. 벚나무 중에도 올벚나무나 귀룽나무 같은 수종은 가로수로 조금도 모자람이 없는 훌륭한 관상수이다. 왕벚나무가 아닌 우리의 올벚나무가 하얗게 핀 공원이나 가로수 길을 걷고 싶다.

겨레의 마음속에 피는 꽃

　서울의 성북구 우이동에서 양주 울대리로 넘어가는 우이령 고갯길은 다른 말로 소귀고개라고도 한다. 예로부터 서울에서 관북 지방으로 갈 때면 이 고갯길을 자주 이용했는데 진달래가 많았던 것 같다. 지금은 숲이 우거져 진달래 같은 관목이 잘 자라지 못하는 환경이 되었지만 전에는 나무가 많지 않았던 까닭에 진달래, 철쭉, 산철쭉 같은 관목이 많았던 것이다. 해마다 봄철이면 진달래가 피어 서울의 부녀자들이 우이령 길을 찾아 봄날 한때를 즐기고 화전을 부쳐 먹었으리라.

　진달래는 우리 땅 어디에서든지 자라지 않는 곳이 없다. 한라산에서 백두산까지 폭넓은 서식지를 갖고 있는 우리의 자생 식물이다. 그래서 한때는 나라꽃으로 하자는 운동이 벌어진 때도 있었고, 북한의 경우 지난 1964년 함빅꽃나무木蘭로 바꾸기 전까지는 상징화로 아껴진 나무이다.

　진달래는 확실히 아름다운 나무로 양지 바른 곳에서 잘 자란다. 진달래가 많은 땅은 그만큼 땅이 척박한 곳이다. 강산성 토양에서도 견디는 수종이 바로 진달래과 식물이다. 다른 수종들은 척박한 땅을 피해 기름진 땅에 뿌리를 내리지만 진달래는 이렇게 안 좋은 땅에서도 오히려 붉은 색채를 더욱 짙게 피워 올리며 동국의 봄을 장식한다.

진달래를 지칭하는 이름은 여러 가지이다. 연달래, 꽃달래, 얀달래, 반달래, 진달래, 수달래 등 모두 '달래' 자가 붙어 있다. 같은 진달래이지만 꽃의 느낌에 따라 다르게 불렀던 것 같다. 달래꽃보다 꽃 색깔이 진하다고 하여 진달래가 되었다는 설도 있다. 사람마다 그때그때의 느낌에 따라 연달래, 얀달래라고 해도 옆에서 듣는 사람은 모두 진달래로 들을 수 있었으리라. 남도 지방 은어에 앳된 처녀를 일컬어 연달래 하고 성숙한 처녀는 진달래, 그리고 과년한 노처녀는 난달래라 한다. 강원도 지방에서는 물가에서 자라는 산철쭉을 수달래라 부른다. 물에서 자라는 진달래를 뜻하지만 진달래는 독성이 적어 먹을 수 있어도 산철쭉은 먹지 못한다. 그래서 진짜 꽃이라는 뜻으로 진달래를 '참꽃'이라 부르기도 한다. 참꽃에 비해 못 먹는 철쭉은 '개꽃'이라 부른다. 꽃타령을 들어 보면 이 철쭉이 나오는데 우리 자생 철쭉보다 왜철쭉이 노랫말 속에 들어 있음을 알 수 있다. 당시로 보면 원예식물인 왜철쭉이 일반에게도 널리 보급돼 있었음을 알 수 있다.

얀달래, 반달래 이 가지 저 가지 노가지나무
진달래 왜철쭉 맨드라미 봉선화

진달래는 줄기를 꺾어 주면 웃자란 가지가 자라 오히려 더 많은 꽃이
핀다. 진달래는 가지 끝에 꽃눈이 밀집해 달린다. 늙은 나무는 가지가 섬
세하고 끝에 한두 송이의 꽃눈이 달리지만 웃자란 가지 끝에서는 10여
송이의 꽃눈이 달린다. 그래서 사람들에게 가지를 꺾인 등산로 주변의
진달래가 훨씬 탐스러운 꽃으로 피는 것이다. 정원에 심어진 진달래도
가지를 잘라 줄 필요가 있다. 웃자란 가지가 우뚝하면 봄철에 보다 탐스
러운 짙은 색 꽃을 감상할 수 있기 때문이다.

우리 주위에서 보는 관상식물이란 수백 년 또는 수천 년 동안 재배해
오는 동안 내병성, 내한성, 내습성 등 필요에 따라 환경에 적응하고, 향
기를 더욱 짙게 했거나 꽃이 탐스럽고 더 많이 달리도록 개량한 것들이
다. 이러한 과정을 거쳐 오늘날의 원예식물이 되었다. 하지만 진달래는
개량하지 않은 그 자체만으로도 충분한 관상 가치를 지니고 있다. 지금
당장 정원에 심어도 그 어떤 나무보다 화려한 꽃을 피워 매년 봄소식을
알린다.

「상춘곡賞春曲」에는 봄나들이 때 진달래 핀 동산에 올라 마을을 내려
다보는 광경을 노래했다. "……송간세로松間細路에 두견화를 부치 들고
봉두峯頭에 급피 올라 구름 소긔 안자 보니 천촌만락千村萬落이 곳곳에
버려 잇니……." 가사에서 보면 소나무 숲 사이로 난 오솔길을 걸으며
진달래꽃을 꺾어 부채 대신 멋스럽게 들고 정상을 향해 급히 오르는 모

진달래꽃   진달래 꽃봉오리

습을 볼 수 있다. 가사 속의 화자는 드디어 정상에 도착한다. 산 아래로
는 하얀 안개구름이 걸려 있어 구름 위에 앉은 것처럼 포근하다. 산 위
에서 내려다보니 고을의 수많은 집들이 머리를 맞대고 널려 있다. 한 폭
의 산수 인물도를 보는 것 같다. 이 가사를 지은 작가는 계곡에서 화전
을 안주 삼아 향기로운 술을 한두 잔 했을 것이다. 꽃향기에 취했을까.
함께 간 기생의 노랫가락이 취흥을 돋우었을까. 계곡의 풍광만으로 만
족할 수 없었던 선비는 동산을 향해 발걸음을 내디뎠고 내친김에 정상
까지 올랐으리라.

   홍석모의 『동국세시기東國歲時記』에는 3월 삼짇날 진달래꽃으로 화전
을 부쳐 먹는다고 기록되어 있다. "진달래꽃을 따다가 찹쌀가루에 반죽
하여 둥근 떡을 만들고 기름에 지져 먹는 것을 화전이라 한다." 이와 유
사한 기록을 유득공의 『경도잡지』에서도 볼 수 있다. 옛날에는 음력 3월

삼진날을 전후하여 여인들이 마음에 맞는 친구들이나 가족끼리 또는 이웃끼리 가까운 산을 찾았다. 계곡에 솥뚜껑을 걸고 나뭇가지를 지펴 불을 붙인 다음 따 온 진달래꽃을 찹쌀 반죽에 섞어 전을 붙이거나 찹쌀 반죽 위에 꽃잎을 얹어 지져 냈다. 남자들이 솥이며 그릇들을 지게에 져 날라 취사 준비를 마쳐 주고 산을 내려가면 여인들의 오붓한 시간이 시작된다. 서로 시를 지어 노래하면 대구에 따라 다른 사람이 시를 짓기 도 했는데 이런 놀이를 화전놀이라 했다. 엄한 법도 속에 살아야 하는 양반댁 부녀자에게도 진달래가 피는 봄이면 이처럼 해방의 날이 주어 졌다. 부녀자들이 화전놀이를 하며 사설조의 꽃노래를 지어 부른 것이 바로 「화전가花煎歌」이다.

> 화간花間에 벌려 앉아 서로 보며 이른 말이
> 여자의 소견인들 좋은 경을 모를쏘냐
> 규중에 썩인 간장 오늘에야 쾌한지고
> 흉금이 상연하고 심신이 호탕하여……

꽃 사이에 둘러앉아 서로 얼굴을 마주 보니 아무리 여자라고 좋은 경 치를 모를 리야 있겠느냐며 그동안 시집살이로 썩은 오장이 다 시원하 다고 넋두리를 하고 있는 모습이다. 이어 꽃을 감상하는 것에 만족하지 못해 기막힌 요리를 만들어 냈다.

화전을 지져 놓고 화간에 재종숙질再從叔姪

웃으며 불렀으되 어서 오소, 어서 오소

집에 앉아 수륙진미 보기는 하려니와

우리 일실 동탄同歎하기 이에서 더할쏘냐

송하에 늘어앉아 꽃가지로 찍어 올려

춘미春味를 쾌히 보고

소나무 아래 둘러앉아 꽃가지로 찍어 올려 먹는 진달래 꽃전. 먹기가 아까울 정도로 빛깔도 고왔을 것이다. 화전놀이는 혀끝으로 직접 봄을 느끼는 놀이로 우리 겨레가 빚어낸 먹거리 문화요, 민속이다. 진달래로 국수까지 빚어 먹었던 우리 선조들은 음식의 맛뿐만 아니라 멋까지 취할 수 있었던 것 같다. 『동국세시기』에는 진달래로 국수를 뽑아 먹는 과정이 소개돼 있어 눈길을 끈다.

오미자를 우려낸 붉은 국물에 녹두 가루를 반죽하여 익힌 것을 잘게 썰어 넣는다. 거기다 꿀을 타고 잣과 진달래 꽃잎을 띄운 것을 화면花麵이라 한다. 혹은 진달래꽃을 녹두 가루와 반죽하여 국수를 만들기도 한다. 또 녹두로 국수를 만들어 붉은색으로 물들이기도 하는데 꿀물에 띄운 것을 수면水麵이라 한다. 시절 음식으로서 제사에 쓴다.

3월 삼짇날의 화전놀이는 집 안에만 갇혀 지내는 부녀자들에게 이날

하루 소풍을 보내 그간의 스트레스를 풀어 주기 위한 배려로 보인다. 조선시대에는 계절에 따라 3월 삼짇날에는 진달래 화전, 4월 초파일에는 느티떡, 5월 단오에는 수리취떡, 6월에는 장미꽃전, 9월 9일 중양절에는 구절초나 국화로 국화전을 부쳐 먹었다. 또 겨울에는 호박떡, 무시루떡, 곶감떡 같은 것을 쪄서 시절 음식으로 즐겼다. 그 밖에도 쑥이나 미나리, 달래 같은 나물로 전을 부쳐 먹기도 했다. 진달래꽃으로 조리한 요리 가운데 화면만큼 맛과 운치가 있는 것도 흔치 않을 것이다. 조선 영조 때 빙허각憑虛閣 이씨가 지은 『규합총서閨閤叢書』에 따르면 "진달래꽃에서 꽃술을 따 내고 물에 적셔 녹말 가루를 골고루 묻혀서 삶아 낸다. 이것을 오미자 국물에 넣고 잣을 띄워 먹는다"고 적고 있다. 진달래꽃 튀김을 붉은 오미자 국물에 띄워 맛과 멋을 동시에 즐겼던 것 같다.

조선시대 영남 지방의 부녀자들이 널리 불렀던 「영남대가내방가사嶺南大家內房歌辭」 '화전가花煎歌' 편에는 "꽃술일랑 고이 두고 꽃잎만 따서 지져 먹고, 배부르면 진달래 꽃술로 꽃싸움하자"고 노래하였다. 이때 꽃싸움은 꽃술을 걸어 서로 잡아 당겨 꽃밥이 떨어지는 쪽이 지게 된다. 편을 갈라서 하게 되는데 마지막까지 남은 쪽이 승자가 된다. 이긴 쪽에서는 춤을 추고 진 쪽은 벌로 노래를 부른다고 한다.

진달래꽃이 필 무렵이면 절을 찾아가 탑돌이를 하는 풍습도 있었다. 이때 성벽을 걷거나 다리를 밟으며 탑 주위를 도는 것은 무병장수를 위한 기원의 뜻이 담겨 있다. 탐스럽게 핀 진달래 가지를 꺾어 꽃방망이처럼 만들어서 앞서 가는 사람들을 때리면서 놀기도 했는데 이 꽃다발을

'여의화장如意花杖'이라 했다. 진달래꽃으로 선비의 머리를 치면 과거에 급제하고 기생의 등을 치면 친 사람을 사랑하게 된다고 믿었다. 경상도에서는 진달래 나무숲에 꽃귀신이 산다고 하여 봄철 진달래가 필 때는 어린이들을 산에 가지 못하게 말리기도 했다. 또 얼굴이 뽀얀 문둥이가 진달래꽃을 먹고사는데 어린이들이 다가와 꽃을 따면 잡아서 간을 내어 먹는다고도 했다. 아마 어른들이 어린이들에게 위험한 산에 함부로 가지 못하도록 이런 이야기를 꾸며 낸 것으로 여겨진다. 반면 전라도 지방에서는 진달래꽃이 피면 이름 없는 무덤에도 꽃다발이 놓인다. 시집을 못 가고 죽은 처녀 무덤에는 총각들이, 총각 무덤에는 처녀들이 진달래꽃을 꽂아 준다. 이렇게 하여 처녀, 총각 귀신을 달래지 않으면 원혼이 나타나 혼사를 망쳐 놓는다고 믿었기 때문이다.

진달래 뿌리를 삶은 물에 베를 물들이면 파르스름한 잿빛으로 염색이 된다. 스님들의 정갈한 승복은 진달래 뿌리로 물들인 것을 으뜸으로 쳤다. 이러한 전통 염료 기법이 어느 깊은 산의 암자에나 남아 있을까. 지금은 여간해서 찾아볼 수 없게 되었다. 진달래꽃은 화전이나 옷감의 염료로 썼을 뿐만 아니라 술을 담가 먹기도 했다. 특히나 진달래꽃으로 빚은 두견주杜鵑酒는 고려시대의 대표적인 술이다. 진달래꽃을 따다 꽃술을 따내고 독에 담아 찹쌀 고두밥과 누룩을 버무려 그 위에 켜켜이 넣는다. 100일쯤 지나면 향기가 물씬 풍기는 두견주가 된다. 이중에서 당진 면천의 두견주가 가장 유명했다고 한다. 중국에서도 중양절重陽節에 국화와 함께 진달래 뿌리로 술을 담가 진달래 피는 3월 삼짇날 마시는 술을 두견주라 부르기도 했다. 봄에 진달래꽃을 소주에 담가 두면 붉은 꽃물이 우러나와 맛과 빛이 우아하다. 한 컵을 불쑥 마시면 심한 현기증이 일어나면서 혼미에 빠진다. 반드시 1개월 이상 숙성시킨 뒤 마셔야 한다.

진달래꽃은 약재로도 쓰였다. 꽃을 말려서 가루로 만든 것을 꿀에 개어 환을 만들어 사용했다. 이것을 하루 서너 알씩 먹으면 오래된 기관지염을 다스릴 수 있다고 한다. 한방에서는 기관지염, 고혈압, 기침에 좋고 혈압을 내려 주며, 신경통, 류머티즘에 좋다고 알려져 있다.

우리나라 전역에 널리 자생하는 진달래와 철쭉류는 원종만으로도 빼어난 관상 가치가 있다. 진달래, 철쭉, 산철쭉, 참꽃나무 같은 것들은 지금 당장 정원에 재배한다고 해도 다른 어떤 원예식물에 뒤지지 않는다. 더구나 가을에 빨갛게 물드는 잎은 지극히 아름답다. 가지가 치밀하게 붙기 때문에 정원의 산울타리로도 쓸 수 있다.

우이령 진달래는 지금도 산비탈마다 고운 자태로 피어 봄을 알린다. 우리나라의 봄은 진달래, 개나리가 피어 비로소 꽃 대궐을 이룬다. 진달래는 가장 한국적인 꽃이며 때로는 먹을거리이고 민속 문화를 꽃피운 관상식물이다. 이처럼 아름다운 꽃인데도 정원에 심은 것은 별로 보지 못했다. 개량하지 않은 자생종으로 진달래만큼 화려한 꽃나무는 흔하지 않다. 우리 겨레의 심성에 가장 깊이 자리하고 있는 진달래이지만 정원에 끌어들이지 않은 이유는 무엇일까. 우리 겨레는 산과 들에서 자라는 꽃과 나무를 집 안에 끌어들이는 것을 좋아하지 않았던 것 같다. 그래서 진달래도 고운 꽃 빛을 가진 나무이지만 전통 조경에서조차 널리 심지 않은 듯하다. 대신 영산홍이며 명자나무, 골담초, 앵두나무 같은 외래종 화목류는 환영을 받았다.

우이령 진달래 군락이 언제까지나 꽃을 피우고 이 땅의 자연을 풍요롭게 하기를 기대해 본다. 진달래는 우리 꽃이고, 먹는 꽃이며 겨레의 심성에 자리한 관상식물이다. 진달래가 핀 우이령 꽃길을 걷고 싶다.

예로부터 뜰에서 가꾸었던 꽃

양재역 인근 서초구청의 도로변 축대에는 영산홍이 식재돼 있어 봄이면 그 화사한 꽃 빛으로 눈이 부시다. 영산홍은 확실히 꽃 빛이 화사하다. 워낙 많은 꽃이 일제히 피기 때문에 온통 붉은빛 또는 분홍빛으로 카펫을 깔아 놓은 것 같다. 서초구청에서 축대 돌 틈에 식재한 영산홍은 해마다 봄이면 이처럼 길손을 황홀하게 한다. 그러나 최근에는 숲이 우거져 그늘이 지면서 꽃이 잘 피지 않는다. 더구나 너무 줄기가 무성하다고 생각했는지 줄기를 반 정도 잘랐으므로 더욱더 꽃이 잘 피지 않게 되었다. 영산홍이나 개나리 같은 관목류는 줄기를 너무 많이 자르면 새순이 웃자라 꽃이 피지 않는다. 웃자란 가지가 들쭉날쭉 고르지 않기 때문에 줄기를 가지런하게 만들기 위해 다시 자른다. 그래서 묵은 줄기에서 꽃이 피는 화목류의 특성상 꽃이 피지 못하게 만드는 경우가 많다. 따라서 영산홍을 가꿀 때는 절대로 가지를 잘라서는 안 된다. 만약

영산홍 꽃

가지를 자른다면 최소한 두 해는 꽃을 포기해야 한다.

　성종 때를 보면 이 영산홍에 대한 기록이 나온다. 성종 때의 어느 겨울에 궁전의 정원을 관리하는 장원서에서 성종에게 활짝 핀 영산홍 한 분을 진상했다. 그러나 왕은 "꽃이 없는 겨울에 핀 것이어서 귀하긴 하나 짐은 꽃을 애완하는 것을 즐겨하지 않노라冬月開花 出於人爲 予不好花 勿復進"며 물리쳤다고 기록되어 있다. 제철에 핀 것이 아니어서 너무 사치스럽다며 물리친 것에 대해 『국조보감國朝寶鑑』은 국사에 전념하는 왕의 성덕을 예찬하는 기록을 남겼다. 여기서 우리는 하나의 중요한 사실을 발견하게 된다. 당시에 이미 온실 같은 원예 시설이 있어서 촉성 재배를 통해 개화 시기를 조절할 수 있었다는 점이다.

　영산홍은 일본이 원산지이며 잎이 좁고 많은 꽃이 가지를 덮을 정도로 화사하다. 예로부터 귀한 품종으로 대우받으며 선비들의 뜰을 장식한 꽃이다. 그러나 문일평은 『화하만필花下漫筆』에서 영산홍을 자생 수종으로 보았다.

　　영산홍은 본래 영호 근해지에 자생하는 화훼이나 흔히 정원에 이식하여 애호가의 관상용에 공供하기도 하고 근년에 와서는 양화업자養花

業者가 이 꽃을 분재하여 일반인에게 많이 출매出賣하기도 한다. 영산홍은 일명 산철쭉이니 그 경莖과 엽葉이 두견杜鵑과 꼭 같으나 다만 화색花色이 두견보다 곱고 붉다.

이수광은 『지봉유설』에서 영산홍을 다음과 같이 적고 있다.

영산홍은 나무 이름이다. 꽃이 피는 시기는 두견보다 뒤이고 철쭉보다는 이르다. 철쭉보다 높고 크게 자라며 남쪽 지방에서 많이 가꾼다. 『운서韻書』에는 두견화를 영산홍이라 했는데 이는 잘못이다.

영산홍은 우리나라의 자생 수종이 아닌데도 4백여 년 전에 이미 전국 각지에 널리 퍼져 있었던 것 같다. 강원도 강릉 지방 농요에도 「영산홍」이라는 노래가 있다.

이히야 에 에헤야 에히야 얼싸(후렴)
지화자자 영산홍

영산홍로 봄바람에 가지가지 꽃피었네
지화자자 영산홍

꽃바칠레 꽃바칠레 사월 보름날 꽃바칠레

지화자자 영산홍

일 년에 한 번밖에 못 만나는 우리 연분
지화자자 영산홍

이 노래를 듣고 있자면 일 년에 한 번 영산홍이 필 때 만나자는 약속이라도 했는지도 모르겠다는 생각이 든다. 영산홍은 풍성한 꽃이다. 더구나 4월 보름에 보는 화사한 꽃은 마음까지 풍요롭게 한다. 노래를 보면 다음 연에서는 님을 만나면 함께 성황님 앞으로 가서 국태민안과 소원 성취를 빌겠다고 했다. 활짝 핀 영산홍은 그 앞에 서면 무슨 좋은 일이 일어날 것만 같은 그런 꽃이다.

오늘날에도 서울 전역에는 영산홍이 많이 식재되어 있다. 대체로 도시 조경의 큰 흐름은 산에서 옮겨 심은 직선형 줄기의 소나무를 심고 그 아래에 영산홍을 심는 것으로 마무리 짓는다. 공원이나 도로 조경 같은 곳에서도 이런 식으로 식재한 까닭에 특색이 없고 식생이 단조로워 생태 조경이라는 측면에서 보면 단조롭기 짝이 없다. 영산홍 같은 외국에서 들여온 나무를 심기보다는 철쭉이나, 진달래, 산철쭉 같은 우리 자생 수종을 심을 필요가 있다. 외래종보다는 우리 자생 수종을 심으면 그만큼 자연 환경을 우리 땅에 알맞게 할 수 있다. 이를 통해 산과 산의 연결에도 도시 조경이 큰 역할을 담당할 수 있다.

서초구청의 영산홍

바람에 짙어 가는 붉은 향기

◉

서울의 성동구 왕십리 한양대학교 정문에서 진입로를 따라 들어서면 오른쪽 언덕 위에 서 있는 20여 그루의 동백나무를 볼 수 있다. 이 동백나무는 해마다 봄이면 붉은 꽃을 피운다. 노지에서 동백이 겨울을 나는 놀라운 일이 벌어지고 있다. 동백은 서남해 바닷가 마을의 양지 바른 곳을 좋아하는 상록활엽수이다. 혹독한 서울의 겨울바람을 이겨 내고 핏빛을 토해 낸 것을 보면 한편으로는 대견하기도 하고 또 한편으로는 애처롭기도 하다. 언제 누가 이런 상록활엽수를 심었는지 알 수는 없지만 아직도 동백나무는 무성한 잎을 반짝이며 겨울을 이겨 내려고 안간힘을 쏟고 있다. 서울의 겨울은 차고 건조한 바람이 끊이질 않는다. 더구나 왕십리 언덕에 자리한 한양대학교인지라 겨울의 차고 건조한 바람이 동백나무에게는 치명적일 수 있다. 상록활엽수는 넓은 잎을 갖고 있어 수분을 빼앗기기 쉽기 때문이다. 따라서 습도가 높은 바닷가에서나

동백꽃

한양대학교의 동백나무

살 수 있고 내륙의 건조하고 추운 곳에서는 겨울을 넘기기 힘들다. 앞으로 이 동백나무가 얼마나 견딜 수 있을지 안쓰럽기까지 하다.

동백나무는 남쪽 바닷가 마을에서 잘 자라고 찬바람이 불 때 비로소 꽃망울이 부푼다. 다른 대부분의 꽃들이 시들고 잎마저 말라 죽고 나면 동백은 오히려 푸른 잎을 반짝인다. 바닷바람을 맞으며 다소곳이 고개 숙인 동백꽃의 그 붉은 색깔은 겨울에 피기에 더욱 가치가 있다. 아무도 찾지 않는 바닷가에서 누구를 기다리는 듯한 그리움의 꽃이 바로 동백꽃이다.

동백나무는 제주도를 비롯한 남해 도서 지방과 서쪽으로는 대청도와 동쪽의 울릉도까지 바닷가를 끼고 자란다. 특히 서해 대청도의 동백나무 자생지는 천연기념물 66호로 지정된 곳이다. 동백나무가 자라는 지역 중에서 위도상 가장 북쪽에 위치한 관계로 이곳의 동백나무들은 추위에 강하다.

문일평은 『화하만필』에서 "동백은 속명이요, 원명은 산다山茶이니 산다란 동백의 잎이 차나무와 비슷하여 생긴 이름이다. 일본에서는 춘椿이라 하며, 중국에서는 해홍화海紅花라 한다"고 썼다.

옛날부터 우리나라의 동백꽃은 멀리 중국에도 잘 알려져 있었던 것 같다. 이태백 시집에도 "해홍화는 신라국에서 자라는데 꽃이 매우 선명하다海紅花 出新羅國 甚鮮"는 기록이 보인다. 또 『유서찬요類書纂要』에는 "신라국의 해홍화는 곧 산다를 말한다. 12월부터 꽃이 피기 시작하면 이듬해 2월 매화가 필 때까지 계속되기 때문에 다매茶梅라고도 한다新羅國

海紅 卽淺山茶 而差小 自十二月開 至月 與梅同時 一名茶梅"라고 했다. 이수광이 지은 『지봉유설』에는 옛사람의 글을 인용하면서 "꽃이 큰 것을 산다라 하고 작은 것을 해홍이라 한다"고 했다. 또 동박새를 소개하고 있어 눈길을 끈다. 이수광은 동박새가 꽃순을 먹는다고 알고 있었지만 사실은 꿀을 빨기 위해 이 꽃, 저 꽃을 날아다니는 것이다. 현대인이라면 동백꽃이야말로 동박새가 꽃가루를 옮기는 조매화鳥媒花라는 사실을 모르는 사람이 없을 것이다. 만약 동박새가 깃들지 않는다면 곤충이 없는 겨울에 동백꽃이 필 턱이 없다.

원예학에서는 우리나라에서 자라는 동백꽃을 크게 두 가지로 나눈다. 자생하는 동백꽃과 애기동백이 그것이다. 일반적으로 동백은 겨울에 꽃이 피어 봄까지 계속된다. 남부 도서 지방에서는 11월부터 꽃이 피는 데 비해 북쪽으로 가면서 개화 기간이 늦어진다. 내륙의 최북단 자생지인 전라북도 고창의 선운사 뒷산 동백은 4월 초에 개화한다. 또 가장 북쪽의 자생지인 대청도는 4월 중순이 절정기이다. 이를 두고 볼 때 동백이 반드시 겨울에 피는 꽃이라고는 말할 수 없다.

애기동백은 잎이 좁고 길며 가을에 서리가 내릴 때부터 꽃이 피기 시작하여 겨울에 절정을 이룬다. 옛사람들이 말한 해홍화가 곧 동백이고 산다화가 애기동백이다. 애기동백에는 수많은 원예 품종이 있다. 동백이 아교목이고 내한성이 강한데 비해 애기동백은 관목 상태로 자라는 것이 보통이다. 애기동백은 내한성도 약해서 주로 남부 도서 지방에서 재배한다.

한양대학교의 동백나무

『양화소록』의 부록 「화암수록花庵隨錄」에는 꽃을 9등급으로 나누었는데 동백은 선우仙友 또는 산다라 하여 3등에 올려놓았다. 또 꽃이 피는 나무를 9품으로 나누었는데 동백은 작약, 서향, 노송, 단풍, 수양과 함께 4품에 들어 있다. 성현의 『용재총화』에서는 각 지방에서 잘 자라고 맛이 좋으며 알이 큰 과일을 소개하고 있는데 여기에도 동백나무의 기록이 남아 있다.

동백나무

정선의 배나무, 영춘의 대추나무, 밀양의 밤나무, 함양의 감나무라 적고 구례에서는 동백나무가 잘 자란다고 한 것이다. 지금도 화엄사 뒤 대숲에는 붉은 동백꽃이 맨 먼저 봄을 알린다.

사실 아무리 아름다운 동백꽃이라도 숲을 이룰 때에 가치가 있다. 한 그루만 달랑 서 있으면 외롭게 보이기 때문이다. 제주에서 불리는 동백꽃 노래를 보면 외로운 동백나무의 모습을 볼 수 있다.

　　낭기 존 딘 그늘이 좋고
　　동싱 한 딘 위품이 좋다
　　외론 낭게 외 돔박글이

외로 나난 셜와라 흔다

나무숲이 우거진 데는 그늘이 좋고 동생이 많으면 위엄이 있어서 좋다. 외톨박이로 서 있는 동백나무같이 혼자 태어난 나는 서럽고 서럽다는 내용이다. 나무꾼이 자신의 지게에 기대앉아 외로운 신세를 한탄하는 노래이다.

조선시대에는 종이로 조화를 만들어 의식에 널리 쓰였다. 고려 때부터 불교 의식이나 민속신앙 의식에서 지화紙花를 쓰게 되면서 일반 가정에서도 지화를 장식하는 일이 유행하게 되었다. 조선시대 때 만든 종이꽃을 보면 모란, 국화, 연꽃을 많이 만들었고 매화와 동백, 무궁화, 진달래도 불단이나 제단을 장식하는 데 쓰였다. 동백은 꽃이 크고 색깔이 선명하여 지화를 만들었을 때 다른 꽃보다 사실감이 있고 만들기도 쉬웠다.

동백은 사철 푸른 잎을 하고 있어 불사不死의 대상으로 보기도 한다. 남해 도서 지방에서는 새로 담은 장독에 새끼줄을 걸고 소나무 가지와 동백 가지를 꽂는다. 잡귀와 역질이 들지 않기를 바라는 뜻이다. 이와 비슷한 풍습이 일본에도 남아 있다. 정월에 집 대문 양쪽에 장대를 세우고 새끼로 연결하여 솔가지와 동백 가지를 꽂는 것이다. 이러한 장대를 가도마쓰鬼木라 하는 데 귀신이 얼씬도 하지 말라는 뜻이다.

부산에는 동백나무 이름을 딴 동백시장이 있다. 국내에서 가장 먼저 중고품 시장을 열어 성공한 곳이 부산의 동백시장이다. 가정에서 안 입

한양대학교의 동백나무

는 옷가지를 모아 필요한 사람들에게 싼값에 넘겨주는 재활용 시장이라고 할 수 있다. 처음에는 미망인이나 노동자 부인들이 한 달에 한 번씩 모여 옷이며, 밑반찬, 수공예품, 장난감 같은 것들을 들고 나와 서로 교환하거나 사고팔기도 했다. 그러다가 지난 1980년 초에 시작된 이 일이 부산의 각 구청별로 확산되었고 물자 절약은 물론 전국적인 사회 생활 운동으로 정착돼 가고 있다.

동백나무는 저 유명한 진나라의 시황제와도 얽혀 있다. 중국 진나라의 시황제가 늙지 않고 죽지 않는다는 불로초와 불사약을 구하기 위해 동해로 사람을 보냈다는 전설에서 그 사신이 우리나라의 제주도에 와서 가져간 불사약이 바로 동백기름이라고 주장하는 학자도 있다. 일본 교토의 쓰바키사椿寺에는 임진왜란 때 가토 기요마사加藤清正가 우리나라 울산성에서 훔쳐 도요토미 히데요시豊臣秀吉에게 바친 오색동백이 아직도 살아 있다. 히데요시는 이 나무에 감시자를 두어 아무도 접근을 못하게 했다. 그리고 젊어지기 위해 씨에서 짠 기름을 혼자만 먹었다고 한다.

동백꽃은 통째로 떨어진다. 시들지 않은 꽃이 떨어지는 식물은 동백 말고는 별로 없을 것이다. 떨어진 꽃은 주워 술을 담가 마시거나 찻잔에다 띄울 수도 있다. 또 꽃잎을 찹쌀 반죽에 적셔 전을 부치면 맛깔스런 요리가 된다. 꽃을 쪄서 말린 것을 빻아 가루로 만들면 지혈제로도 효과가 좋다. 외상에 뿌리거나 코피가 날 때도 쓴다.

동백씨에서 짠 동백기름은 튀김 요리를 할 때 좋고, 머릿기름으로도

동백나무 꽃봉오리

동백나무 꼬투리와 씨

썼던 화장유이다. 옛날에는 목욕 후에 동백기름을 발라 피부를 매끄럽게 했다. 비누가 없었던 시절에는 잎을 태운 재를 물에 녹여 비누 대신으로 쓰기도 했다. 동백기름은 윤활유로도 쓰였고, 등불을 밝혔으며, 불에 데었을 때 상처가 난 곳에 바르기도 했다. 방랑 시인 김삿갓은 자신의 시에서 박물장수가 노파에게 동백기름을 파는 내용을 소개하고 있다.

연지, 분 등속 안 사시겠어요　臙脂粉等買耶否
동백기름 향유도 갖고 왔다우　冬柏香油亦在斯

이 시를 보면 옛날에는 동백기름이 화장품으로 널리 쓰였다는 것을 알 수 있다. 최근 일본에서는 동백기름에 발모 성분이 있다는 것이 알려져 발모제를 합성하기 위한 연구가 활발히 진행 중이다. 뿐만 아니라 봄철에 새로 돋아나는 어린 싹은 나물로도 먹을 수 있다. 새싹을 따서 소금을 넣은 끓는 물에 살짝 데쳐서 찬물에 담가 쓴맛을 우려낸 다음 무침이나 전 같은 요리에 쓴다.

동백의 목재는 단단하여 최고급 목기를 깎는 데 쓰였다. 그러나 지금은 큰 나무가 거의 없어서 동백 목기도 구경하기 어렵게 되었다. 또 동백나무로 구운 목탄은 화력이 세고 불티와 그을음이 생기지 않아 최고급 숯으로 쳤다. 남해 도서 지방에서는 겨울철 화로에 담는 숯불로 반드시 동백숯을 썼다. 그 때문에 동백나무가 수난을 받아 지금은 사람이 접근할 수 없는 낭떠러지 같은 곳에만 남아 있다.

동백나무를 태운 재를 동백회冬柏灰라 하여 염색할 때 매염제로 사용하기도 했다. 동백나무 재는 강한 알칼로이드 성분과 철분을 띠고 있어 선명한 붉은색과 보라색을 띤다. 동백회는 도자기의 잿물을 만들 때도 쓰인다. 동백회를 진흙물에 섞어 유약으로 쓰면 고운 빛깔의 도자기를 구워 낼 수 있다. 저 고려청자의 비취색은 동백회를 섞은 유약 때문에 그토록 고운 빛깔이 드러났는지도 모른다. 청자의 비색을 재현해 보는 일도 의미 있는 일이 될 것이다.

난대성 상록활엽수를 서울같이 차고 건조한 기후대에서 재배하기 위해서는 그만큼 수고가 뒤따라야 한다. 줄기를 짚으로 싸 주는 것만으로는 겨울을 넘길 수 없다. 한두 해 겨울을 넘겼다고 해서 노지에서 즉응했다고 보아서도 안 된다. 영하 5도 이하로 일주일 이상 계속되면 동해를 입는다. 이럴 때는 저녁에 호스를 밖으로 끌어 내 잎에 물을 뿌려 주면 된다. 그러면 즉시 얼어붙어 고드름 덩어리 속에 나무가 갇히게 된다. 이렇게 하여 잎에 얼음을 얼려 두면 절대로 동해를 입지 않는다. 얼음은 섭씨 0도밖에 안 되는 최적의 보온제이기 때문이다. 한번 얼려 두면 그 얼음이 다 녹을 때까지 며칠이고 견딜 수 있으므로 한겨울 동안에 물 몇 번만 뿌려 주면 거뜬히 겨울을 난다. 이렇게 하면 이듬해 봄에 화사한 꽃을 볼 수 있다.

최근 몇 해 동안 하동, 보성 지방의 차밭이 동해로 큰 피해를 입었다고 한다. 그 사람들이 차밭에 물을 뿌려 주는 간단한 방법만 알았더라면 동해를 피할 수 있었을 것이다. 앞으로는 더 이상 겨울철 동해를 입었다는 말이 나오지 않았으면 한다. 한 번만 물을 뿌려 주면 일시적인 한파가 다 가도록 더 이상 추위 걱정은 할 필요가 없다. 이처럼 가벼운 수고만으로 상록활엽수를 통해 남국의 정취를 맛볼 수 있다는 것은 정말 다행스러운 일이다. 이 방법을 이용하면 동백나무 외에도 송악, 돈나무, 후박나무, 다정큼나무, 호랑가시나무, 보리밥나무 같은 상록활엽수를 온실이 아닌 마당에서도 얼마든지 가꿀 수 있다.

　한양대학교의 동백나무는 현재 높이가 2~3미터 정도밖에 안 되지만 앞으로 더 크게 자라 서울의 명소가 되기를 빌어 본다. 식재만 하고 팽개쳐 두기보다 더욱 섬세한 관리를 통해 난대식물을 온대지역에서 재배해 성공했다는 최초의 기록을 남겼으면 좋겠다.

목초로 쓰이는 중요한 밀원식물

 서울의 아차산에는 싸리나무가 많다. 종류도 다양하여 참싸리, 조록싸리, 땅비싸리 같은 관목들이 길가나 능선에 무리 지어 자란다. 싸리나무는 자원으로서의 가치 이상으로 유익한 나무이다. 꽃이 아름답고 양질의 꿀을 얻으며 떨어진 잎은 녹비 효과가 좋아 땅을 기름지게 만든다. 더구나 뿌리혹박테리아를 갖고 있어서 스스로 질소를 합성하므로 척박한 땅에서도 잘 자란다.

 아차산은 바위가 많아 큰 나무가 자라기에는 어려움이 많다. 이런 토양 조건에 가장 잘 어울리는 나무가 바로 싸리나무 같은 관목이다. 아차산의 능선을 올라서기 전부터 길가나 바위틈을 가리지 않고 볕이 잘 드는 곳이면 어디에서든지 싸리나무가 무더기를 이룬 것을 볼 수 있다. 싸리나무는 밑에서부터 여러 줄기가 돋아나 수많은 가지로 갈라지고 그 끝에서 자주색 꽃이 피는데 향기가 좋다. 일본에서는 일찍이 싸리나무의 관상 가치를 깨달아 정원에 널리 심었다. 작은 꽃이 다닥다닥 달린 것을 보면 여간 탐스럽지 않다. 또 향기까지 갖추고 있어 왜 이처럼 아름다운 나무를 몰랐던가 하는 생각이 들 정도이다.

아차산을 비롯한 서울 근교의 어느 산이든 싸리나무가 없는 곳이 있을까마는 이곳의 싸리나무 숲은 특별히 정감이 간다. 여름의 뜨거운 햇살을 견디며 살아온 꽃이기에 더욱 아름답게 느껴지는지도 모른다. 8월의 한더위면 나비 모양의 보랏빛을 띤 분홍색 싸리꽃이 핀다. 풀싸리, 조록싸리, 좀싸리 등 종류가 많듯 꽃도 유난히 많이 핀다.

작은 나무인데 비해 잎이 보이지 않을 정도로 꽃이 촘촘히 피어나는 것이 특징이다. 싸리꽃이라면 여름 꽃의 대명사일 만큼 중요한 밀원식물이다. 싸리는 꽃뿐만 아니라 가을에 물드는 노란 단풍도 매력적이다. 세종 때의 집현전 학자 성삼문은 "벼랑에 놓인 돌이 겹겹이 늘어서 있고, 개암나무, 싸리나무 많고도 무성하네岩岩列崖石 濟濟榛楛"라고 노래했다. 이 글을 보면 절벽에 점점이 붙은 싸리나무와 무성한 개암나무가 얽혀 자라는 풍경이 그려진다. 우리나라의 어느 곳에서나 쉽게 볼 수 있는 암

조록싸리 꽃   참싸리 꽃

목초로 쓰이는 중요한 밀원식물

벽 한 자락이 아닐 수 없다. 싸리나무는 아무 데서나 쉽게 볼 수 있고 잘라도 다시 돋아나는 떨기나무이다. 쉽게 구할 수 있기 때문에 한 줌씩 묶으면 싸리비가 되고, 엮으면 소쿠리, 길게 늘어세우면 울타리도 된다. 싸리나무가 없었으면 어땠을까 싶을 정도로 우리 선조들의 생활과 싸리나무는 깊은 관계를 맺고 있다. 가지가 가늘고 부드러워 바구니나 둥근 광주리, 종다래끼, 고리, 삼태기, 바소쿠리를 만들어 물건을 담아 보관하거나 운반용구의 재료로 자주 애용되었기 때문이다. 싸리비로 집 안팎을 쓸었고, 싸리로 엮은 고기잡이 통발로 고기를 잡았으며, 닭을 치는 조롱도 싸리로 만들었고, 텃밭에 싸리를 엮어 송아지가 들어가지 못하도록 울타리도 세웠다. 조록싸리는 목질이 곧고 줄기가 굵어 싸릿대라 불렀다. 이것으로는 지팡이를 만들고 지붕도 이었다. 울타리와 문을 엮어 세우기도 했다. 바로 운치 있는 사립문이다.

싸리나무 가지를 솥에 넣고 찌면 껍질이 말끔히 벗겨지는 데 이걸 이용해서 깨끗한 흰색의 바구니를 짤 수 있다. 껍질을 벗긴 흰색 줄기와 벗기지 않은 붉은 줄기를 섞어서 무늬가 있는 바구니를 짜기도 한다. 벗겨 낸 껍질은 밧줄을 꼬거나 미투리를 삼는다. 가는 새끼처럼 꼬아서 작업모를 만들기도 한다. 여름철 햇볕을 가리기 위해 쓰고 비가 올 때는 우장이 되기도 했다. 다산 정약용은 그의 시 「장기농가長鬐農歌」에서 싸리 울타리를 이렇게 읊었다.

새로 돋아난 두 장의 두꺼운 호박잎　新吐南瓜兩葉肥

밤사이 넝쿨 뻗어 싸리문에 얽혔네 夜來抽蔓絡柴扉

역시 박은 초가지붕에 올려야 뜨거운 햇볕을 받아 잘 익고 호박은 싸리 담장을 타고 올라가면서 달리는 것이어야 따 먹을 수 있다. 요즈음은 싸리문, 싸리 담장이 없으니 여름 애호박의 맛과 넝쿨의 서정도 앞으로는 볼 수 없게 될지 모른다.

유득공의 『경도잡지』에서는 정월 풍습에 싸리나무로 만든 윷으로 윷놀이를 하거나 던져서 나온 것을 보고 점을 쳤다는 기록이 보인다. "붉은 싸리 가지 두 토막을 쪼개어 네 쪽으로 가른다. 길이는 세 치가량, 작은 것은 콩알만큼 작은 것도 있다. 이것을 던지며 노는 것을 사희柶戲라 한다." 싸리나무는 잘 쪼개지고 윷을 만들면 가벼워서 놀이하기에도 좋았다. 작게 만든 것은 콩윷이라 하여 종지 안에 담아서 흔들어 던졌다.

중국에서도 싸리나무에 대한 기록이 보이는데 『열녀전』에서는 후한 시대 양홍의 처 맹광을 일컬어 "싸리나무 뒤꽂이에 무명치마를 걸친 검소한 복장荊釵布裙을 한 열녀였다"라고 기록해 놓았다.

따끔하면서 정신을 번쩍 들게 하는 교육용 회초리로 싸리나무만 한 것도 없다. 특히나 한나라 때 전진田眞의 분형分荊 고사는 사뭇 교훈적이다. 부모가 돌아가시자 아우 광廣과 경慶이 유산을 나누어 갖자고 요구했다. 모든 재산을 셋으로 공평하게 나누었고 마당에 심어진 보라색 싸리나무紫荊花까지 셋으로 쪼개었다. 제각기 나누어 심었더니 천천히 시들다가 나중에는 죽게 되었다. 그래서 진이 "이 나무는 본디 뿌리가 하나인데 셋으로 갈랐으니 어찌 살 수 있겠는가. 사람이 나무만도 못하다"
며 다시 합쳐 심었더니 되살아났다는 이야기이다.

싸리나무는 땔감으로도 요긴하게 쓰였다. 과거에는 서울 남대문과 동
대문 밖에 나무전이 열릴 때가 있었는데 그때 가장 비싼 나무가 바로
싸리나무 땔감이었다. 숯에 버금갈 정도로 화력이 좋고 연기가 나지 않
았기 때문이다. 가난한 집에서도 정월 보름에는 반드시 싸리나무로 오
곡밥을 지었다.

싸리나무는 척박한 땅에서도 혼자 잘 자라기 때문에 새로 쌓은 제방
이나 사방공사를 끝낸 복토지에 싸리씨를 뿌리기도 한다. 그러면 다른
어떤 나무나 풀도 살지 못하는 곳에서 거뜬히 활착한다. 잎은 소나 양,
토끼 따위 초식동물들의 먹이는 물론 닭이나 돼지 먹이에 섞기도 한다.
산에서 식사를 할 때 싸리 가지만 있으면 수저가 따로 필요하지 않다.
곧은 줄기는 곶감을 말릴 때 감을 꿰는 꼬챙이로도 쓰인다. 1950년대에
는 각종 행사장에 나온 학생들이 싸리 가지에 매단 작은 태극기를 흔들
기도 했다.

싸리나무 잎은 잎대로 쓰임새가 많다. 말려서 가루를 내어 떡쌀에 섞
거나 밀가루에 섞어 국수를 만들어 먹거나 빵을 쪄 먹는다. 영양분도
많고 변비에도 특효다. 봄에 돋아난 어린 싹으로는 나물을 해서 먹었다.
씨는 가루로 만들어서 죽을 쑤고 밥에 섞어 짓기도 했다. 2차 세계대전
때는 껍질을 벗겨 제지원료로 사용했다. 한방에서는 형조荊條, 씨를 호
지자胡枝子, 뿌리를 호지자근胡枝子根이라 부르며 약재로도 사용한다. 잎

과 가지는 해열, 해독제로 쓰고 신장, 임질, 동맥 경화의 예방약으로도 이용되고 있다. 싸리나무 가지를 태우면 반대쪽 골속으로 끓는 즙액이 나오는데 이 즙을 버짐에 바르면 쉽게 낫는다.

경상북도 안동 호암에는 굽이쳐 흐르는 낙동강을 바로 내려다보는 산중에 조선조 때의 학자 송암 권호문의 정자 연어헌鳶魚軒이 있다. 그 연어헌 기둥과 상주 남장사南長寺의 일주문 왼쪽 기둥이 싸리나무라는 설이 있다.

등산로가 많은 아차산이지만 어느 곳으로 올라가도 싸리나무를 쉽게 만날 수 있다. 그만큼 흔한 식물인 까닭에 사람들은 그 가치를 인식하지 못하는지도 모른다. 사람들은 흔히 꽃이 크고 첫눈에 띄는 나무를 좋아한다. 그러나 산과 들에서 피는 자생 식물 중에는 자세히 바라보면 그 어떤 원예식물에도 뒤지지 않을 만큼 예쁜 꽃들이 많다. 싸리나무도 마찬가지이다. 뜰에 한 그루의 싸리나무를 심으면 나비를 불러들이게 되고 씨앗을 먹는 산새들을 정원에서 만나게 된다.

아차산에 싸리나무 꽃이 향기롭게 퍼지면 꿀벌들의 활동이 어느 때보다 분주해진다. 가을이 다 가기 전에 마지막 꿀을 모으려는 작은 벌레들의 날갯짓이 신선하다. 한 그루의 싸리나무가 있어 산길이 쓸쓸하지 않고 향기롭기까지 하니 얼마나 고마운 나무인가. 자연은 언제나 베풀기만 할 뿐 우리에게 손을 내밀지 않는다. 그 마음에 고마워할 줄 알아야 한다.

하늘벌레가 먹는 신성한 잎사귀

창경궁 통명전 뒤의 축대 위에는 2백여 년 된 늙은 뽕나무 한 그루가 서 있다. 줄기가 아름이 넘는 굵기이고 높이 또한 주변의 다른 나무와 비슷하다. 이 뽕나무는 주변의 말채나무와 느티나무 사이에 서 있는데 곧게 자라다가 두 갈래로 갈라져 가지가 사방으로 퍼져 나가고 있다. 잎은 긴 타원형이고 가장자리에 톱니가 있는 산뽕나무로 해마다 수많은 오디가 달린다. 초여름에 오디가 익을 때면 지면이 검은 점으로 얼룩이 질 정도로 많이 떨어진다.

옛날에는 창경궁의 뽕나무에서 뽕잎을 따 누에를 쳤다. 예로부터 궁궐에서는 논을 마련하고 뽕나무를 심어 임금이 왕자들과 함께 논에서 모내기를 하고 가을이면 벼 베기를 통해 농사의 중요성을 강조했다. 궁궐의 내명부 수장인 중전 또한 후궁들을 거느리고 친히 누에를 쳐 길쌈의 중요성을 백성들에게 알렸다. 이러한 의식처럼 행해졌던 농업과 양잠

창경궁의 뽕나무

하늘벌레가 먹는 신성한 잎사귀

뽕나무 꽃

은 역대 왕조들이 전통적으로 치렀다.

뽕나무 열매인 오디는 맛이 달고 많이 달린다. 잎겨드랑이마다 다닥다닥 달리는 오디는 처음에는 노란색에서 주황색 또는 붉은색이 되었다가 나중에는 검게 익는다. 다 익은 열매는 향기가 있고 부드러워 예로부터 귀한 열매로 여겼다. 최근에는 오디를 수확하기 위한 품종도 개발되어 과수로 재배하기도 한다. 예로부터 집 안에 뽕나무가 성하면 자손이 번창한다고 믿어 왔는데 그 이유는 뽕나무가 씨가 많은 나무이기 때문이다. 오늘날 오디는 잼이며 시럽, 술, 과자, 주스 같은 가공식품으로 만들어지고 갖가지 의약품의 재료로도 사용된다. 또한 오디에서 검은 색소를 추출하여 천연 잉크나 머리 염색약, 무공해 화장품도 만든다.

인류 역사에서 뽕나무만큼 큰 영향을 끼친 나무도 없을 것이다. 누에라는 벌레에게 뽕잎을 먹여 실을 얻으면서 인류는 새로운 의생활을 시작할 수 있게 되었다. 문명이 발달할수록 신분의 차이가 뚜렷해지면서 지배 계급이 등장했고, 그러다 보니 신분을 상징하는 의생활의 중요성이 날로 높아져 갔다. 이때 누에로부터 얻은 실로 만든 비단은 그러한 높은 신분을 표시하는 중요한 옷감으로 안성맞춤이었다. 사실 뽕나무

는 먼 옛날 우리 겨레가 대륙에 살
던 때부터 매우 중요하게 여겼던
나무이다. 중국의 동북 지방에서
산둥반도와 한반도까지 우리 겨레
가 사는 곳이면 어디에서든 자라
던 나무가 바로 뽕나무였다.『단군
세기檀君世紀』에 따르면 "단군왕검

뽕나무 열매(오디)

이 버들궁전에 살면서 백성들에게 누에 치는 법을 가르치고 널리 권장
했다"는 기록이 보인다. 또 신라의 박혁거세가 6부의 촌락을 두루 다니
면서 농경과 양잠을 권장했다는 이야기도 남아 있다. 그 외에도『한서지
리지漢書地理志』에 "고조선에서는 양잠이 널리 성행했다"라는 구절을 찾
아볼 수 있다. 뿐만 아니라 신농神農의 딸 누조嫘祖는 '밭田에서 실絲을
뽑는 할머니女'를 말한다. 바로 양잠의 신이다. 우리 민간 신앙에서는 출
산을 관장하는 신이며 삼신할머니라 하여 받들어 모신다. 흔히 누에라
고 하는 벌레도 누조 할머니의 이름을 따서 붙인 말이라고 한다. '하늘
이天 내린 벌레虫'라는 누에蚕에게는 잠신의 이름을 붙여 늘 고마움을
잊지 않으려고 했다.

　뽕나무 상桑 자는 나무에 오디가 붙어 있는 모습을 형상화한 문자이
다. 또 나무에 벌레인 누에가 붙어 있는 모습을 그린 문자라고 해석하는
학자도 있다. 뽕나무를 해 뜨는 동쪽에서 자라는 신령스런 나무라 하여
동방신목東方神木이라 부르기도 했다. 뽕나무는 황하 남쪽에는 자라지

않는다. 중국의 동북 지방에서 한반도에 걸쳐 자생하는 낙엽교목이다. 산둥은 원래 고조선의 옛 땅이었다. 신농 또한 산둥인이란 사실을 두고 보면 우리 겨레가 최초로 양잠을 했다는 결론에 가 닿는다.

나무 타령을 보면 뽕나무가 등장한다.

> 너랑 나랑 살구나무
> 방귀 뀌어 뽕나무
> 물에 둥둥 들메나무
> 바람 솔솔 소나무
> 배가 쌀쌀 싸리나무
> 십리 절반 오리나무

이렇게 나무 이름만 갖고도 재미있는 노래를 부를 수 있었다니 옛 조상들의 해학이 느껴진다.

뽕나무는 열매인 오디만 먹는 것이 아니다. 봄에 돋아나는 부드러운 잎은 쌈을 싸 먹을 수 있다. 또 데쳐서 뽕잎 나물로 갈무리해 두고 겨울에 먹어도 좋다. 뽕잎을 갈아서 짠 녹즙으로 밀가루 반죽을 해서 국수나 빵, 만두피를 하면 좋다. 또 뽕잎을 말린 다음 갈아 낸 뽕잎 가루로 밀가루 반죽을 하면 녹색의 고운 색을 얻을 수 있다. 까맣게 익은 오디를 갈아 즙을 이용해도 거무스름한 반죽을 만들어 낼 수 있다. 모두 맛과 향이 고운 요리가 된다.

이처럼 쓰임이 많은 뽕나무의 재배 역사는 수천 년이 된 것으로 보이는데 전통적인 뽕나무 재배 방법은 다음과 같다. 먼저 지붕을 새로 이을 때 걷어 내는 썩은 새끼줄을 준비한다. 여기에 오디를 으깨어 바른다. 검은 오디 즙에는 노란 씨가 섞여 있게 마련이다. 이것을 고랑에 죽 펴고 그 위에 흙을 덮어 두면 곧 싹이 튼다. 뽕나무 묘목을 길러 내는 특이한 방법이겠으나 지금은 사라진 기법이 되고 말았다.

좋은 뽕나무는 접을 붙이거나 꺾꽂이를 통해 번식시킨다. 주로 산뽕나무에서 잘 익은 오디를 따 물에 으깨어 충분히 씻는다. 채로 잘 걸러 내고 물에 가라앉은 노란 씨만 모았다가 고운 모래와 섞어 망에 담아 땅에 묻어 둔다. 봄에 꺼내 묘상에 뿌리면 싹이 튼다. 1년을 키워 이듬해 봄눈이 움직이기 전에 좋은 품종의 삽수를 잘라서 쪼개접劈接을 붙이면 된다.

뽕나무는 잎을 생산하기 위한 것과 열매인 오디를 거두는 것, 약효가 좋은 품종을 골라 심는 것 등 쓰임에 따라 종류가 다양하다. 또 뽕나무를 관상수로 재배하기 위해서는 우수한 유전형질을 가진 품종을 선택해야 한다. 잎에 노란 무늬가 들어 있는 것이나 가지가 밑으로 처지는 것, 구불구불 뒤틀리는 것도 있다. 잎이 잘게 찢어지는 것도 있고 넓은 것도 있다. 또 가로수로 뽕나무를 심을 때는 오디가 떨어지지 않는 수나무를 심는 것이 좋다. 뽕나무는 대부분 암수가 같이 있지만 어떤 것은 암수가 다른 나무도 있기 때문이다. 암나무를 심으면 오디가 길가에 떨어져 여간 지저분한 것이 아니다. 그리스의 아테네나 이탈리아의 로마 같은 유서 깊은 도시에서도 뽕나무를 가로수로 심어 가꾸고 있다. 역사의 도시다운 발상이다. 그 옛날 실크로드의 영광을 재현하려는 뜻이 담겨 있는 것은 아닐까?

뽕나무는 국력과 관계있는 나무로 여겨지기도 했다. 물론 고급 의복을 지어 입기 위해서는 먼저 뽕나무를 심어야 한다. 하지만 그보다도 뽕나무는 활을 만드는 재료로 더할 나위 없이 좋다. 『서경書經』 「우공禹貢」 편에는 '활을 만드는 재료로 뽕나무가 가장 좋다'고 적혀 있다. 우리나라의 국궁에도 뽕나무 목재가 들어간다. 뽕나무는 재질이 질기면서도 단단하여 잘 부러지지 않고 휘는 강도도 높다. 그래서 화살을 보다 멀리 날려 보낼 수 있다. 이처럼 활을 만드는 뽕나무를 궁간상弓幹桑이라 한다. 조선 태종 때는 그 궁간상을 보호하기 위해 야생 뽕나무 거목이 자라는 숲을 봉산封山으로 지정해서 함부로 베지 못하도록 했다. 뽕나무는 전략 물자이고 국력을 키우는 근간으로 여겼기 때문이다.

뽕나무에 얽힌 음악도 있다. 바로 「맥상상陌上桑」인데 전국시대 때 진나부란 미인이 부른 목가적인 노래이다. '맥陌'은 밭둑이라는 뜻이다. 바로 뽕나무 밭둑에서 부른 노래인 셈이다. 초나라 왕의 가신 중에 왕인이라는 사람이 있었는데 진나부는 왕인의 처였다. 초왕이 진나부의 미모에 반하여 사랑을 호소했으나 남편을 저버릴 수 없었던 진나부는 노래를 지어 거절했다. 이러한 연유에서인지 고전 해학에서는 언제나 뽕나무 밭이 사랑의 무대였다. 뽕나무 밭에서 만나자고 하면 에로틱한 표현이고, 뽕 따러 간다고 하면 사랑을 찾아간다는 은어로 사용되었다. 뽕이 아름다운 여인을 상징하는 말이 되기도 했다. 사실 이러한 비유가 터무니없지만도 않은 것이 한방에서는 오디를 상심桑椹이라 하여 자양 강장제로 사용한다. 덜 익은 오디를 증기로 쪄서 말려 약으로 쓰는 것이다. 또 뽕나무 뿌리껍질은 상백피桑白皮라 하여 이뇨제로 쓰인다. 이때에는 노란 뿌리를 캐 겉껍질을 벗겨 내고 흰색의 속뿌리만 쓴다. 상백피를 넣고 빚은 술이 바로 상백주桑白酒인데 불로장생약으로 여겼다.

뽕나무 가지로 젓가락을 만들어 사용하면 무병장수한다는 말도 있다. 또 뽕나무 잔가지를 토막 내어 술을 빚어도 장수한다는 이야기가 전한다. 뽕나무 잎도 좋은 약재로 알려져 있다. 더 좋은 것은 누에똥을 먹는 것이다. 또 오령五齡이 지난 누에를 냉동 건조시켜 분말로 만들어 먹어도 당뇨병에 도움이 된다.

이처럼 뽕나무는 차로, 약으로, 목재로 하나도 버릴 것이 없다. 특히 뽕나무가 없다면 실크라는 천연섬유를 어디서 얻을 것인가. 인류의 위대한 의생활도 뽕나무라는 자원이 있었기에 가능했다. 한마디로 고마운 나무다.

창경궁의 뽕나무는 크기도 웅장하지만 줄기의 썩은 부위가 없어 상태가 좋다. 이대로 가면 앞으로도 수백 년을 거뜬히 견딜 수 있을 것이다. 해마다 수많은 잎이 돋아나고 많은 열매가 달리면 갖가지 새들이 찾아올 것이다. 고궁의 뽕나무를 지금은 정원수처럼 생각하지만 그 옛날 이 나무의 잎을 먹여 누에를 쳤던 궁궐 여인들의 고운 모습을 생각하면 더없이 가치 있는 나무로 여기지 않을 수 없다.

창경궁의 뽕나무는 그래서 보호해야 할 나무이다. 다행히 창경궁 외에 창덕궁에는 천연 기념물로 지정한 늙은 뽕나무가 있고 또 다른 뽕나무 고목도 남아 있다. 모두 조선시대 궁녀들이 누에를 쳤던 역사적인 나무이다.

먹을 수 있는 맛있는 나무

...

젖과 꿀이 흐르는 값진 생명 자원

인사동 건국빌딩 주차장 한쪽 담장 옆에 한 그루의 늙은 아까시나무
가 혼자 외롭게 서 있다. 언제 누가 심었는지 모르지만 백 년 이상 돼 보
이는 고목이다. 줄기는 온통 거친 주름으로 감싸여 있다. 게다가 툭툭
붉거져 나온 껍질이 세월의 무게를 더한다. 마치 백전노장의 갑옷을 걸
치고 당당하게 서 있는 것 같은 모습이 사뭇 야성적이다. 나무의 높이
는 10미터 정도이고 줄기는 한 아름이 넘는다. 2미터 높이에서 두 갈래
로 갈라졌다가 다시 수많은 가지로 흩어져 해마다 무수히 많은 꽃을 피
워 향기를 퍼뜨린다. 그때가 되면 이 도심의 어디에서 날아오는지 꿀벌
떼가 종일 윙윙거린다. 가끔씩 주차장으로 드나드는 자동차가 미끄러지
면서 소음을 보태지만 벌들은 제 할 일만 한다. 그 모습을 보노라면 자
연스레 근면을 배우게 된다. 개화 기간이라는 주어진 시간에 더 많은 꿀
을 모으겠다는 저들의 작은 몸짓으로 우리는 앉아서 달콤한 꿀을 얻는

건국빌딩의 아까시 나무
줄기에 오동나무가 자라고 있다.

다. 꿀벌을 가축처럼 길러 온
지 천 년이 넘는다지만 그보
다 먼저 꿀을 만드는 나무에
게 감사하는 마음을 가져야
한다. 남들이 외래 수종이라
고 꺼리는 아까시나무를 정원
수처럼 길러 온 사람들을 기
억해야 한다는 말이다.

서울 근교의 어디를 가나
아까시나무를 쉽게 볼 수 있
다. 사람들이 사는 마을 근처
에서 흔히 눈에 띄기 때문에
온 산을 뒤덮고 있는 줄 알지

만 사실은 그렇지 않다. 아까시나무가 자라는 곳은 길가, 밭둑 같은 사
람들의 생활 공간에서 멀지 않은 곳이다. 그러다 보니 아까시나무가 전
국을 뒤덮고 있는 것처럼 보이는 것이다.

「과수원길」이라는 동요 속에서는 아까시나무를 아카시아로 잘못 부
르고 있다. 아까시나무와 아카시아는 같은 콩과식물이지만 그 속屬은
완전히 다르다. 아까시나무는 북아메리카 원산의 낙엽교목이다. 원
산지에서는 키가 20~30미터나 자라고 지름이 2미터나 되는 것도 있다.

아까시나무는 참으로 고마운 나무이다. 사람들이 생각하는 이상으

로 값진 나무임에 틀림없다. 우선 아까시나무의 이름부터 살펴보자. 아까시나무의 학명은 로비니아 슈도아카시아*Robinia pseudoacacia*이다. 여기에서 로비니아*Robinia*는 16세기 스페인의 로빈 대령이 아메리카에서 이 나무를 유럽에 전한 것을 기려 식물학자 린네가 그의 이름을 붙였다. 뒤의 슈도아카시아*pseudoacacia*는 아카시아를 닮았다는 뜻이다. 즉 '로빈 대령이 갖고 온 아카시아 비슷한 나무'라는 뜻이다.

아까시란 가시가 있다는 뜻으로 붙인 우리말이고, 아카시아*Acacia*는 열대성 관목을 지칭하는 라틴어 속명이다. 우리 주위에서 흔히 볼 수 있는 아까시나무를 아카시아로 적는 것은 분명 잘못된 표기이다. 아카시아는 열대성이기 때문에 우리나라의 경우 밖에서는 살 수 없다. 온실에서나 가꿀 수 있을 뿐이다. 또 일부 백과사전에서는 아까시나무를 아카시라고 적고 있는데 이것도 잘못되었다. 수많은 문학 작품에서도 아까시나무를 아카시아로 적고 대중가요에서도 대부분 아카시아로 노래하고 있다. 초등학교 교과서에서조차 아까시나무를 아카시아로 가르치는 것은 정말 문제이다.

아까시나무를 우리나라에 도입하여 처음 식재한 곳은 경인 철도변과 용산의 육군 본부 자리이다. 1910년 경술국치가 있은 지 얼마 안 돼 독일 총영사 크루거가 아까시나무 묘목을 들고 초대 총독인 데라우치 마사타케를 찾아갔다. 당시 노량진과 제물포간의 경인 철도변에 심을 수종에 대해 데라우치가 자문을 구했기 때문이다. 크루거는 중국 산둥 성의 독일령 청도에 자국에서 옮겨 와 심은 아까시나무가 잘 자란다고 전했다. 이를 들은 데라우치는 중국으로부터 수만 그루의 아까시나무 묘목을 들여왔다. 경인 철도변에 식재한 것을 본 당시의 프랑스인 불어교사 에밀 마텔은 번식력을 걱정하여 산지에는 심지 말 것을 건의하기도 했다. 그러나 총독부 당국자가 전국의 헐벗은 산에 아까시나무를 심어 화목으로 쓰도록 한 것이 대량 식재하게 된 계기이다.

사실 아까시나무로 황무지를 녹화한 예는 많다. 미국의 루즈벨트 대통령은 테네시 강 유역의 황무지에 아까시나무를 심어 푸른 숲으로 가꾸는데 성공했다. 프랑스 동부의 산악지대, 독일 서부 지역에도 아까시나무를 심어 푸른 숲을 만들었다. 숲이 우거진 뒤로 물이 풍부해지자 황무지에 목장을 만들어 수많은 젖소를 치고 있다. 지금은 젖과 꿀이 흐르는 낙원으로 바뀐 셈이다.

아까시나무는 꽃이 아름다워 관상수로 심어도 좋다. 중국의 대련시에 가면 아름드리 가로수가 모두 아까시나무라는 데 놀라게 된다. 공원에도 거대한 아까시나무가 자란다. 우리나라에서는 일부 지방에서 가로수로 아까시나무를 심은 적이 있으나 지금은 거의 대부분 사라졌다. 서울 시청에서 명동으로 넘어가는 소공동 중간쯤에도 건물 앞 조경수로 늙은 아까시나무를 심었다. 해마다 꽃이 피어 그윽한 향기로 도시인의 찌든 마음을 씻어 준다.

아까시나무는 콩과식물이다. 잎은 녹비 효과가 뛰어나 토양을 빨리 기름지게 한다. 그러나 이 나무 밑에서는 초본식물이 자라지 못한다. 지나치게 잎이 무성하여 햇빛이 지면까지 미치지 못하기 때문이다. 초기의 우리나라 조림에 있어서 중요한 자리를 차지한 수종이 바로 아까시나무였다. 헐벗은 산, 그것도 산성 토양이 섞인 암벽지대에서 살아남을 수 있는 수종을 찾던 중 이 아까시나무가 선택된 것이다. 광복 후 지난 1980년대까지만 해도 10대 조림 수종에 들어 있을 정도로 아까시나무는 중요한 나무였다. 당시에 심은 아까시나무가 초본류도 자라지 못하는 척박한 땅을 점차 비옥한 토양으로 바꿔 나가 오늘에 이른 것이다.

태백산 금대봉 식물 탐사에 나서 그곳 광산지대를 지날 때였다. 당시에는 광산에서 버린 폐석 더미를 녹화하는 일이 큰 문제였다. 석탄을 캘 때 나오는 폐석이 산더미처럼 쌓여 있는데 그대로 두면 장마기에 산사태 위험이 있었다. 그래서 어떤 나무를 심어야 살 수 있을까 궁리하고 있었다. 태백시에서는 근류균을 갖고 있는 물오리나무를 심는 중이었다. 아무리 생각해도 그 폐석의 자갈 더미에서 물오리나무 묘목이 살 수 있을 것 같지 않았다. 그래서 아까시나무를 심으라고 태백시에 건의를 한 적이 있다. 담당자의 회신은 외래 수종이어서 주민들의 거부감이 적지 않다는 것이었다. 그렇게 하여 2~3년 뒤에 다시 그곳을 찾았을 때는 예상대로 물오리나무가 모두 말라 죽고 아래쪽 물기가 있는 곳에만 겨우 몇 그루가 목숨을 부지하고 있었다. 완전히 실패한 조림 사업이었다. 그 후 다시 아까시나무 조림이 시작되어 연차적으로 식재한 결과 잘 자라나 땅을 비옥하게 만들었음은 물론이다. 지금은 아까시나무를 베고 거제수나무를 심어 잘 키우고 있다. 이처럼 아까시나무는 콩과식물의 특성을 잘 간직하고 있는 낙엽교목이어서 뿌리에 기생하는 근류균이 질소를 고정하기 때문에 유기질이 적은 곳에서도 살아갈 수 있다. 황무지나 다를 바 없는 땅에 뿌리를 내리고 떨어진 잎이 땅을 비옥하게 만드는 원리가 바로 이것이다. 아까시나무를 자른 곳에 경제수를 다시 심으면 원래의 푸른 산으로 되돌려 놓을 수 있다.

그런데도 아직까지 왜놈들이 나라를 망치려고 몹쓸 가시나무를 심었다고 믿고 있는 것이 문제이다. 더욱이 묘지를 죽은 이의 유택으로 믿고 있는 우리의 전통 사상과 얽혀 묘지 근처에 심은 아까시나무 뿌리가 관을 뚫고 들어간다고 말하기도 한다. 그러나 사실은 아니다. 아까시나무는 뿌리를 깊이 내리지 않고 옆으로 얕게 뻗어 나가는 나무이다. 묘지에서 아까시나무가 잘 자라는 것은 그 자리에 볕이 충분히 비치기 때문이다.

아까시나무는 도입 식물이지만 이제는 우리 땅에 귀화한 자생 식물이다. 잎은 양질의 가축 사료로 쓸 수 있다. 소나 말, 양, 토끼, 염소 등 초식동물은 물론 돼지나 닭의 사료로도 이 아까시나무의 잎을 써 왔다. 그러나 날카로운 가시 때문에 청정 사료로는 쓸 수 없다. 줄기를 베어 말렸을 때 잎이 떨어지면 줄기를 걷어내고 남은 잎을 사료로 썼다. 그러다가 1960년대 산림청에서 세계 최초로 가시 없는 아까시나무를 만들어 내는데 성공했다. 그러나 우리는 그 가치를 이해하지 못해 종을 보존하지 못했지만 미국에서는 한국의 가시 없는 아까시나무를 대량으로 번식하여 사료로 쓰고 있다. 가시가 없는 아까시나무 줄기는 가시가 있는 것과 달리 여름철에 가지째 잘라서 분쇄기에 넣어 다른 사료와 섞어 가축에게 먹일 수 있다.

세계적으로 중요한 밀원식물로 유럽에서는 아까시나무의 가치를 널리 인식하여 지금도 심고 있다. 특히 동구권의 체코와 폴란드 같은 나라에서는 대규모 아까시나무 숲을 조성하여 꿀을 생산하고 있다. 반면 우리는 잘 자라는 아까시나무도 공연히 트집을 잡아 베어 내고 있다. 우리나라 꿀 생산량의 70퍼센트를 아까시나무에 의존하고 있는 실정이고 보면 아까시나무야말로 국민 건강을 책임지는 나무임에 틀림없다. 게다가 아까시나무의 꿀은 향기가 좋고 맛이 순하다. 서양에서도 아까시나무 꿀을 상품으로 친다. 호주나 뉴질랜드 같은 나라는 워낙 많은 꿀을 생산하기 때문에 설탕보다 꿀이 더 싸다. 최소한 이 나라에서는 가짜 꿀 시비는 없는 셈이다.

아까시나무의 목재는 단단하고 질겨서 가구를 만들면 탄력이 좋아 잘 부러지지 않는다. 서부 개척 시대에는 아까시나무의 목재로 마차를 만들었고 열차도 아까시나무의 목재로 만들었다. 또 아까시나무로 배를 만들기도 했는데 오래도록 물에 잠겨 있어도 잘 썩지 않는다고 알려져 있다. 우리나라의 경우 지난 1960년대까지만 해도 서울에 우마차가 다녔다. 그때 우마차의 차체는 모두 아까시나무와 참나무 목재를 사용했다. 참나무는 단단하지만 무거워서 좋지 않았고 가볍고도 질긴 아까시나무 목재를 으뜸으로 꼽았다. 마포에서 제작된 우마차는 이처럼 전국 각지에서 반입된 질 좋은 아까시나무 목재로 만들었다. 우리나라의 경우 아까시나무를 목재 자원으로 생산하는 것보다 밀원식물에서 가치를 찾으면 몇 배의 소득을 올릴 수 있을 것이다.

아까시나무는 꽃을 먹을 수 있는 몇 안 되는 나무이기도 하다. 생으로 고추장이나 된장에 찍어 먹을 수 있고, 입맛에 따라 마요네즈나 케첩에 찍어 먹어도 좋다. 상추쌈에 곁들이면 맛과 멋, 그리고 향을 동시에 취할 수 있다. 차를 끓이면 운치도 좋고 빛깔 고운 찻물에 싱싱한 꽃 두어 송이를 띄우면 한 쌍의 원앙이 연못에 노니는 것처럼 신비감마저 감돈다. 또한 아까시나무 꽃을 쌀가루에 버무려 찌면 맛깔스런 백설기가 된다. 아까시나무 꽃밥에 아까시나무 물김치를 곁들이면 이보다 더 기막힌 요리가 있을까. 새로 돋아난 싹도 나물로 먹을 수 있다. 줄기를 된장이나 고추장 항아리에 박아 두면 훌륭한 밑반찬으로 쓸 수 있는 장아찌가 된다. 잎을 갈아 녹즙을 만들고 그 물에 밀가루를 반죽하여 국수나 빵을 만들어도 좋다. 이처럼 아까시나무는 버릴 것이 하나도 없는 자원 식물인 셈이다.

몇 해 전 어느 교수가 한 일간지에서 아까시나무 망국론을 쓴 일이 있었다. 실로 어처구니없는 글이었다. 그 교수는 일반인이 생각하는 비뚤어진 상식으로 우리 국토에서 아까시나무를 모두 잘라 내야 한다고 글을 썼다. 그 글을 본 몇몇 뜻 있는 학자들이 모여 '한국아까시나무연구회'라는 단체를 설립하였다. 나무 한 가지를 연구하기 위한 학술 단체로는 국내에서 최초로 설립된 것이다. 또 한국양봉협회에서는 아까시나무를 더 많이 심고, 심은 나무는 더 이상 베지 말아 달라고 당국에 건의를 하기도 했다. 양질의 꿀을 생산하는 아까시나무야말로 가장 부가가치가 높은 나무인 까닭이다.

아까시나무 꽃

아까시나무 꼬투리

젖과 꿀이 흐르는 값진 생명 자원

최근 들어 전국 각지에 심은 아까시나무가 때아닌 수난을 받고 있다. 외래 수종인 아까시나무가 우리 자생 수종을 몰아내고 전국의 삼림을 고사시킨다는 것이다. 잘못 알려진 식물 지식 때문에 밭둑이며 도로 가에 심은 나무까지 무차별적으로 잘려 나가고 있다. 또 근교에서 자라는 아까시나무를 서울시에서는 불량 수종이라는 이름으로 모두 잘라 내겠다고 발표했다. 과연 아까시나무는 이름처럼 아무 쓸모없는 불량 수종일까.

앞에서도 아까시나무는 강한 볕을 좋아하는 양수라고 했다. 덕분에 다른 나무가 자라지 못하는 바위틈에 간신히 뿌리를 내려 수십 년을 버텨 온 고마운 나무이다. 그런데도 바위틈에 조금 남은 마사토 사이에 뿌리를 내리고 살아온 아까시나무를 죽여 버리겠다는 것은 위험천만한 일이다. 바위틈에서는 관목만이 살 수 있을 뿐 그 어떤 교목도 뿌리를 내리기 어렵다. 더구나 인공 조림으로 아까시나무 숲을 대신할 만한 수종이 있겠는가. 기존의 아까시나무를 잘라 내고 그 자리에 상수리나무나 층층나무, 말채나무를 심겠다고 하지만 이런 수종으로는 척박한 환경에서 자라나기가 더 어렵다. 물이 풍부하고 비옥한 땅에서 자라는 수종을 바위 위에 심겠다는 것이나 진배없기 때문이다. 거름기가 없는 마사토에서는 소나무조차도 살 수가 없다. 아까시나무만이 근류균을 통해 스스로 질소를 고정하기 때문에 삼청동 공원의 바위 위에서, 남산의 암봉에서, 그리고 관악, 도봉, 아차산에서도 매년 꽃을 피워 맑은 향을 퍼뜨리는 것이다.

아까시나무는 절대 불량 수종이 아니다. 일본 사람들이 우리 땅을 망치려고 심은 것은 더욱 아니다. 아까시나무가 없었다면 헐벗은 우리 산야가 이처럼 풍요로운 숲이 되지는 못했을 것이다. 우리는 아까시나무에게 매일 감사하는 마음을 가져야 한다. 그리고 빈터나 도로 절개지 같은 곳이 있다면 환경 공해에도 강한 아까시나무를 심어 빠른 시일 내에 숲을 조성해야 한다. 사실 아까시나무는 북아메리카에서 들여온 귀화식물이지만 언젠가는 이 땅에서 사라질 나무이다. 이 땅의 자생 식물로 이루어진 숲이 무성해지면 아까시나무는 그늘에 가려 저절로 죽어버리고 만다. 그때까지는 잘 가꾸어 생활에 이용하는 방안을 찾아야 한다. 무조건 미워할 것이 아니라 개발하기에 따라 아주 요긴하게 쓸 수 있는 자원 식물이 바로 아까시나무이다.

건국빌딩의 아까시나무 고목은 그래서 더욱 가치 있고 이 땅에서 오래도록 적응한 나무이기에 생명 자원으로서 보호가 필요하다. 도심에 이처럼 거목이 살아 있다는 것이 놀라울 따름이다. 그러나 해마다 많은 가지를 잘라 보는 이들을 안타깝게 하고 있다. 흉터 있는 미인을 어디 고운 눈으로 보던가. 나무도 잘린 흔적 없이 곱게 늙었을 때 아름다운 것이다. 나무를 다듬는다고 가지를 죄다 잘라 장작개비로 만드는 가로수를 보면서 관상수까지 저 지경을 만들고 있는 세태가 안타깝다. 건국빌딩의 아까시나무 거목이 오래도록 그 자리에서 살아 있기를 바랄 뿐이다.

들을 보고 달리는 산곡, 도토리

    성균관대학교에 있는 상수리나무는 둘레가 3미터나 되는 거목이다. 교문을 들어서면서 오른쪽 문묘의 담장 옆에 있는 이 나무는 주변에 다른 나무가 없어 사방으로 가지를 뻗었다. 어른 두 명이 손을 맞잡아야 할 정도로 큰 상수리나무가 풍성한 그늘을 드리우고 오가는 학생들을 맞이한다. 주변에는 상수리나무 외에도 갈참나무를 비롯한 서너 그루의 고목이 있다. 바로 담장 넘어 대성전의 아름이 넘는 떡갈나무 한 그루도 넓은 잎사귀에 붉게 단풍이 들었다. 이 주변의 숲은 건물이 들어서기 전 산지의 자연림이었을 것이다. 상수리나무도 수백 년의 풍파를 이겨 낸 거목이다.

    성균관대학교는 조선시대 성균관이 있던 자리라 6백 년의 역사를 갖고 있는 학문의 전당이다. 그래서 대학 캠퍼스 또한 오래된 거목들로 숲을 이루고 있다. 도심에서는 보기 어려운 느티나무, 말채나무, 졸참나무,

갈참나무, 자귀나무 같은 노거수가 울창하여 사철 아름다운 풍광을 이룬다. 상수리나무를 지나면 캠퍼스 곳곳에서 때죽나무, 쪽동백나무, 생강나무, 쥐똥나무, 철쭉, 진달래, 국수나무 따위 자생 수목들을 볼 수 있다. 사실 사람들은 상수리나무를 관상 가치가 높은 나무로 보지 않는다. 그 때문에 정원에 심는 일은 거의 없고 가끔 공원용수나 아파트 조경수로 심을 뿐이다. 그러다 보니 대학이 세워지기 전 이곳이 자연림일 때부터 자라 온 상수리나무를 베지 않고 보호한 대학 당국의 심미안이 놀랍다.

상수리나무에서는 해마다 많은 도토리가 열린다. 인근 주민들이 도토리를 주워 가기도 하고 야생 다람쥐의 먹이가 되기도 한다. 상수리나무는 참나무과에 속하는 낙엽교목이다. 우리나라는 식물 지리학상 참나무대帶에 속해 참나무류가 많다. 상수리나무, 떡갈나무, 굴참나무, 갈참나무, 신갈나무, 졸참나무, 물참나무 등이 있고 가시나무류의 상록성 참나무가 있다. 이를 한데 통틀어 참나무라고 부른다. 영어로는 오크 트리Oak tree이다.

참나무 장작에서 만들어지는 참숯은 오늘날의 가스 불만큼이나 그을음이 없고 화력이 세다. 교통이 발달하지 못했던 옛날, 눈이 많은 서북 지방에서는 겨울의 교통수단인 썰매를 만드는 귀중한 재료가 바로 이 참나무였다. 산속의 집인 굴피집도 굴참나무 껍질로 이은 것이다. 유럽에서는 참나무에 신이 깃든다고 믿어 제우스의 재단에 떡갈나무 가지를 받치는 풍습이 있었다. 기원전 5백 년경 그리스 사람들은 떡갈나

성균관대학교의 상수리나무 줄기

무 거목을 신목으로 여겼고, 뇌신雷神이 좋아하여 벼락을 타고 내려온다고 믿었다. 따라서 번개가 치면 떡갈나무 밑을 피하라는 말이 오늘날까지 전해지고 있다.

상수리나무의 열매인 도토리를 껍질 채 삶아 겨울 동안 일렸다가 봄에 녹은 것을 말려 다시 삶은 다음 알맹이를 물에 쳐 가며 빻은 상수리쌀로 도토리 밥을 짓기도 하고 상실운두병橡實雲頭餅이라 하여 도토리 수제비를 만들어 먹기도 한다. 또한 상실유橡實乳라 하여 도토리묵, 상실병橡實餅이라 해 도토리떡을 만들어 별식으로 먹었다. 도토리는 산중에서 혼자 수도하는 사람들이 상식하는 신선식이기도 했다. 타닌이 많은 도토리를 한방에서는 설사나 이질에 지사제로 썼다. 좋은 약재였던 까닭에 민간에서는 설사가 있으면 도토리를 껍질째 달여 마시기도 했다. 명의 이시진이 쓴 『본초강목』에는 "도토리는 곡식도 아니고 그렇다고 과실도 아닌 것이 곡식과 과실의 좋은 점을 두루 갖추고 있다. 도토리만 먹어도 보신이 필요 없는 좋은 식품이다"라고 적혀 있다. 홍만선의 『산림경제』에는 "도토리를 쪄 먹으면 흉년에도 굶주리지 않는다"고 했다. 이와 관련된 우리말로 '도토리 친구', '도토리 나이'란 것이 있다. 대여섯 살 난 꼬마를 지칭하는 말인데 그 나이가 되면 도토리 정도는 주워서 제 밥벌이를 한다는 뜻이 담겨 있다. 도토리가 주식이던 때를 생각하면 충분히 이해가 된다. 도토리는 들을 내다보고 달린다는 말도 전해진다. 이것은 참나무 꽃이 피는 5월에 비가 많으면 농사는 풍년이 드는 대신 열매인 도토리는 적게 달리지만 반대로 가뭄이 든 해는 충분한 일조량 덕분에 산곡인 도토리가 풍년이 되는 것을 빗댄 말이다. 그러다 보니 일각에서는 상수리나무를 인仁을 갖춘 나무라 부르기도 했다. 이외에도 옛 선비들은 상수리나무에 절節이 있고 의義가 있으며, 도道가 있다고 여겼다. 충절의 상징처럼 불리고 있는 백이와 숙제가 수양산에서 고사리와 도토리만 먹다가 죽었기 때문에 더욱 품위 있는 나무로 받들었던 것이다.

경상도 지방에서는 상수리나무 열매를 꿀밤이라 한다. 꿀처럼 맛이 좋은 밤이라는 뜻이 되겠지만 실제는 맛이 떫어서 날로 먹을 수 없다. 묵을 쑤어 먹는 고마운 나무였던 까닭에 꿀밤이라는 좋은 이름을 붙여 준 것 같다. 사전에서는 상수리나무의 열매를 상수리라 하고, 떡갈나무의 열매는 도토리로 구분하고 있다. 하지만 일반적으로 도토리라 하면 묵을 쒀 먹을 수 있는 모든 참나뭇과의 열매를 말한다.

우리 조상들은 소나무가 아닌 다른 나무들을 잡목으로 생각했다. 소나무에는 나무 중에서 재상이라는 뜻이 담겨 있다. 그럼에도 유독 참나무만은 '진짜 나무'라는 이름을 붙였을 정도로 귀한 수종으로 대접받았다. 우리가 흔히 참나무라고 하지만 사실 참나무란 이름의 나무는 없다. 참나뭇과에 속하는 낙엽활엽수는 많지만 그중에서도 상수리나무를 대신 참나무의 대명사처럼 부르고 있다.

참나뭇과는 목재에서 나는 향기가 좋다. 15세기 이후 유럽의 항해술이 발달하면서 먼 바다를 항해하는 일이 성행하게 되자 바다에서 몇 달을 보내야 하는 선원들에게는 식량 보관이 커다란 문제가 되었다. 그래

상수리나무 꽃

들을 보고 달리는 산곡, 도토리

서 발달한 것이 바로 훈제 고기이다. 참나무 장작을 태운 연기에 고기를 그을리면 오래도록 보관해도 썩지 않고 참나무 향이 베어 맛도 좋았다. 신대륙의 발견에 참나무가 지대한 공헌을 한 셈이다. 유럽의 명주인 위스키는 반드시 참나무통에서 숙성시킨다. 그래서 맛과 향이 독특하다. 오래 숙성시킬수록 향이 좋은 명주가 되는 이유도 이 때문이다. 참나무통이 아니었다면 위스키는 태어나지 못했을 것이다.

나뭇잎이나 새싹을 나물로 먹을 줄 알았던 우리 겨레였지만 참나뭇과의 싹은 먹지 않았다. 독성은 없으나 타닌 성분이 너무 많아 떫은 맛 때문에 나물이 되지 못했던 것이다. 그러나 타닌도 이용하기에 따라 생활에 유용하게 쓸 수 있다. 전통 염료 작업에서는 참나뭇과의 껍질에서 갈색 염료를 추출해 낸다. 도토리를 삶은 물에서는 황갈색을 얻고, 철을 매염제로 쓰면 푸른색을 띤 검은색이 된다. 껍질을 삶은 물에 20퍼센트의 유산동, 2퍼센트의 초산을 쓰면 계란색이 되고 명반을 매염제로 쓰면 밝은 주황색이 된다. 카키색에서 갈색, 검은색까지 다양한 색을 낼 수 있다. 이렇게 해서 주로 어망을 물들일 때 염료로 썼다. 갈색으로 염색된 어망은 짠 바닷물에도 썩지 않기 때문에 오래도록 쓸 수 있었다.

상수리나무 이외에 같은 참나뭇과인 떡갈나무는 줄기가 튼튼하고 높이 자란다. 유럽인들은 나무 중에서도 유난히 자태가 우람한 떡갈나무를 두고 지옥과 천상 세계를 연결하는 나무로 보았다. 지상에서 하늘을 향해 기도를 드리는 곳도 떡갈나무 밑이고, 주문을 외는 곳도 이 나무 밑이다. 또 천사들이 떡갈나무를 타고 지상으로 내려온다고 믿었다. 뿌리가 깊이 박혀 있어서 지옥의 나라까지 뻗쳐 있다고 믿기도 했다. 그래서 늙은 떡갈나무 둥치의 구멍으로부터는 지옥의 사자가 나온다고 하여 가까이 가려 하지 않았다. 숲에 사는 꼬마 요정이 사는 곳 역시 떡갈나무 구멍이었다. 그래서 떡갈나무는 '요정의 나무'라 불리기도 한다. 그림책 속의 요정은 나뭇잎으로 만든 관을 쓰고 꽃밭을 누빈다. 바로 떡갈나무 잎 모자를 쓰고 숲에서 활약하는 모습이다.

기독교에서는 떡갈나무를 오히려 신성시했다. 초기 기독교가 유럽에 전파될 때 떡갈나무로 교회를 지었다. 다른 목재를 쓸 수밖에 없을 때에도 십자가만은 반드시 떡갈나무 목재를 깎아 세웠다. 그 때문에 지금도 신성한 나무로 여기고 있다.

14세기 일본의 문장가이며 가인歌人인 요시다 겐코吉田兼好는 그의 책 『도연초徒然草』에서 떡갈나무 사이로 새어 드는 달빛의 아름다움을 이렇게 그렸다.

새벽녘 가까이 되어 기다리던 달이 겨우 고개를 내미는 모습을 보면 더욱 정취가 있다. 검푸른 나뭇가지 사이로 떠오른 달그림자, 나뭇잎 사이로 새어 드는 달빛, 약간의 먹구름 사이로 숨는 달의 정경 따위가 한층 더 정서가 깊다. 떡갈나무나 상수리나무의 젖은 듯이 윤기가 흐르는 잎에 달빛이 반짝이는 모습은 사무치도록 마음을 흔들어 놓는다. 이럴 때 도시에 사는 사람들은 기분이 통하는 친구가 옆에 있었으면 하고 생각하게 된다.

얼마나 아름다운 글인가. 떡갈나무 잎사귀 사이로 새어 드는 달빛과 그 빛을 읽을 줄 아는 작가의 마음을 손끝으로 느낄 수 있을 것 같다. 달빛을 통해서 볼 때는 꽃보다도 오히려 5월에 돋아난 떡갈나무의 여린 잎이 운치가 있다.

한 그루의 참나뭇과 나무는 생태적으로도 대단히 가치 있는 나무이다. 꿀벌이 참나뭇과 나무줄기에 난 구멍에 집을 짓고 꿀을 모으면 이 꿀을 따기 위해 너구리, 곰 같은 짐승이 즐겨 찾는다. 열매인 도토리를 따려고 다람쥐, 청설모 같은 설치류가 찾아오면 떨어뜨린 도토리를 먹기 위해 토끼, 노루, 사슴까지 뒤쫓아 온다. 수액은 뱀눈나비나 나방, 장수말벌, 사슴벌레 등 곤충류가 즐겨 핥아 먹는다. 참나무 숲에서만 볼 수 있는 살아 있는 자연인 셈이다.

유안이 쓴 『회남자』에는 1년을 마감하는 동짓달의 나무로 상수리나무를 꼽았다. 상수리나무만이 산곡山穀인 도토리를 딸 수 있는 나무이기 때문이다. 반면 박제가는 그의 명저 『북학의』에서 떡갈나무의 비료 효과에 대해 설파했다. "오늘날 논농사를 짓는 사람들은 떡갈나무 잎을 싱싱한 채로 논에 깐다. 썩지 않으니 당년에는 효과를 볼 수 없을 것이다." 충분히 썩힌 퇴비를 쓰면 비료 효과가 당년에 나타나므로 거름기 유실이 적다는 것을 지적하고 있다. 비료가 귀한 당시에는 참나뭇과 나무의 무성한 잎이 좋은 거름으로 쓰였다는 것을 알 수 있다.

성균관대학교의 상수리나무가 앞으로도 더욱 무성하게 자라 해마다 많은 도토리를 달아 주었으면 좋겠다. 비 내리는 가을날 호젓한 대학 캠퍼스를 찾았을 때 지면에 떨어진 노란 상수리나무 낙엽은 우리의 마음을 숙연하게 한다. 그토록 화려했던 단풍은 어느새 떨어져 계절의 뒤안길로 사라지고 있다. 우리의 삶도 또한 한낱 낙엽 같은 것이 아닌가. 늙은 상수리나무가 꿋꿋하게 버티고 선 성균관대학교에는 계절의 아름다움과 사라지는 것들에 대한 아쉬움이 있다. 누구나 이 상수리나무를 보면 고목을 통해 자신의 모습을 되돌아볼 수 있는 계기가 될 것이다.

덩굴에 달리는 토종 바나나

　서울 근교 어디를 가나 숲 그늘에서 으름 덩굴을 만나게 된다. 그중 종로구 부암동 백사실 계곡의 으름은 반갑기 그지없다. 으름 덩굴을 통해 심산유곡의 정취를 느낄 수 있다. 굵은 줄기는 껍질이 잿빛이고 거칠게 갈라진다. 큰 나무를 기어오른 줄기에서 수많은 가지가 갈라져 뭉툭한 마디에서 잎이 돋아나고 꽃이 핀다. 주로 비옥한 땅에서 잘 자라고 오래된 줄기는 큰 나무를 온통 뒤덮기도 한다. 볕이 잘 드는 곳을 싫어하는 편이고 음습한 계곡의 낙엽수림에서 다른 나무를 기어오르기 때문에 무성한 으름 덩굴 밑은 볕이 스며들지 않는다. 이러한 숲 그늘은 야생 조수류의 임시 거처가 되기도 한다. 또 열매는 맛이 좋아 산새나 짐승들의 좋은 먹이가 된다. 그 때문에 으름 숲에서는 많은 산새를 볼 수 있다. 4월의 북한산, 수락산, 관악산 같은 계곡이면 쉽게 으름을 찾을 수 있다. 으름은 머루, 다래와 함께 산에서 얻는 세 가지 중요한 과일이다. 가을

산의 바나나라고 한다. 길
쭉한 열매가 2~4개씩 붙
어서 아래로 매달리기 때
문이다. 으름은 산지의 다
른 나무를 타고 오르는 낙
엽성 덩굴식물로 이 땅을
대표하는 자생 수종이다.

여덟잎으름

으름은 식용, 약용, 공예용, 관상용으로 널리 쓰인 까닭에 산촌 사람
들의 생활과도 깊은 관련이 있다. 지방마다 서로 조금씩 다른 이름으로
불린다. 으름, 얼임, 우림, 으흐름, 어름나물, 어름넌출, 어름나무라 한다.
제주 방언으로는 유름, 졸갱이, 목통여름이라고도 부른다. 한자로는 목
통木通, 팔월찰八月紮, 야향초野香樵, 예지자預知子, 야목과野木瓜 등 여러 가
지 이름을 갖고 있다.

유희가 쓴 『물명고』에는 "으름通草은 등이나 칡과 같고 한 가지에 5장
의 잎이 붙으며 꽃과 열매는 밑으로 쳐진다. 표주박 모양의 열매를 '으흐
름'이라 한다. 만년등萬年藤, 부지附支, 목통木通, 연복자燕覆子라 한다"고 적
었다. 으름은 제주도에서부터 황해도까지 전국의 산지 계곡에서 볼 수
있다. 다른 덩굴식물과 마찬가지로 숲이 울창한 곳에서는 잘 자라지 못
한다. 어느 정도 볕이 드는 숲 가장자리를 차지하는 것이 보통이다. 으름
은 긴 잎자루 끝에 타원형의 작은 잎이 5장씩 모여 하나의 잎을 이룬다.
꽃은 한 꼬투리에 암꽃과 수꽃이 함께 핀다. 암꽃은 수꽃보다 큰 편이고

1. 으름 열매
2. 으름의 수꽃(상)과 암꽃(하)
3. 으름의 겨울눈

꽃잎이 뒤로 젖혀진다. 암꽃의 암술머리에는 끈적끈적한 액체가 묻어 있어 쉽게 수꽃의 꽃가루가 묻는다. 꽃잎은 없고 3장의 꽃받침이 꽃잎 같으며 두껍다. 잎 모양이 독특하고 제멋대로 휘감긴 덩굴 줄기가 아름 다워 장식품이나 꽃꽂이 재료로 많이 쓰인다. 관상 가치가 있어서 정원 에 심기도 하고 화분에 심어 밑으로 늘어뜨리기도 한다. 산지에서 채취 한 줄기는 바구니를 엮는데 쓰인다. 껍질을 벗기고 정교하게 가공한 것 은 대를 물려 쓸 수 있다.

　으름이 무성한 숲의 그늘 속에 들어가면 캄캄할 정도로 다른 나무 를 온통 뒤덮는다. 으름은 산의 계곡 큰 바윗돌이 많은 곳에서 다래덩 굴, 노박덩굴, 할미밀망이나 사위질빵 등 덩굴성 식물과 엉켜 자란다. 「어 랑타령」은 이러한 머루와 다래 덩굴이 서로 어우러져 자라는 모습을 노 래했다.

　　산수 갑산 머루 다래
　　언클러 선클러 졌는데
　　나는 언제 임을 만나
　　언클러 선클러 지느냐
　　어랑어랑 어허야
　　어허랑아 디어자
　　내 사랑아

다래와 머루는 중요한 산과일이면서 어느 나무나 잘 감아 오른다. 다래와 머루는 다정하게 얽혀 있는데 우리 임은 곁에 없으니 언제 품에 안겨 볼 수 있을까 하는 내용이다. 조선시대 여인들의 외로운 마음을 실은 애절한 노래가 아닐 수 없다.

으름은 어린순을 나물로 이용한다. 부드러운 싹을 따서 끓는 물에 소금을 한 줌 넣고 살짝 데쳐 낸다. 찬물에 헹궈 요리를 하거나 물기를 짜서 냉장고에 보관하면 된다. 어린잎과 꽃을 따 그늘에서 말려 차로 만들면 좋다. 4~5월에 피는 연한 보라색 꽃은 달콤한 향기가 오래도록 사라지지 않는다. 옛날에는 이 꽃을 따 그늘에 말려 향낭에 넣고 다니면서 향수를 대신하기도 했다.

으름은 자가수정이 잘되지 않아 한곳에 한 나무만 심으면 열매가 잘 달리지 않는다. 마당에 한 그루를 심으면 해마다 수많은 꽃을 피우지만 열매가 달리지 않거나 달려도 아주 적게 달린다. 이럴 때는 다른 나무를 그 옆에 심거나 딴 그루의 가지를 잘라 접을 붙여 주면 많은 열매가 달린다.

잘 익은 과일은 저절로 껍질이 벌어져 속에 든 과육을 맛볼 수 있다. 부드럽고 맛이 달다. 얼음처럼 맛이 차갑다 하여 얼음이 으름으로 전음되었다고 주장하는 학자도 있다. 과육 속에 섞인 씨도 먹을 때는 성가신 법이지만 버릴 것이 아니다. 모으면 식용기름을 짤 수 있는 유지 자원 식물이다.

제주 목동들은 소나 말을 치러 산에 갔다가 으름을 만나면 즉시 따 먹는다. 그러나 아직 덜 익은 것은 껍질이 단단하고 떫어서 먹을 수 없다. 이런 것은 집에 갖고 와 보리를 넣은 항아리 속에 묻어 둔다. 며칠이 지나면 말랑말랑해지는데 맛이 달콤해서 먹을 만하다. 으름은 줄기에 매달린 채 익어서 껍질이 벌어진 모습이 여자의 음부 같다고 하여 임하부인林下婦人이라는 별명이 달려 있다. 제주 어린이들은 "아은 땐 조쟁이 되곡 어룬 되민 보댕이 되는 것 뭇고?"라면서 수수께끼 맞히기를 한다. 어릴 때는 고추이지만 어른이 되면 달라진다는 것을 말한다.

으름 열매는 약리 실험에서 이뇨 작용과 이질균, 폐결핵균에도 저항성이 강한 것으로 나타났다. 그러나 장기간 복용하면 신장 기능에 이상이 오거나 신부전증에 걸릴 수도 있으므로 조심해야 한다. 한방에서는 줄기를 통초라고 하고 열매는 목통이라 부른다. 겨울철 낙엽이 진 뒤에 채취한 통초는 소염성 이뇨제, 요도염, 소변통에 쓴다. 또 진통, 진경, 인후통에 귀중한 약재로 쓰인다. 허준은 그의 저서 『동의보감』에서 "으름은 정월과 2월에 줄기를 잘라 껍질을 벗기고 말려서 쓰는데 열두 경락을 서로 통하게 한다. 그래서 통초라 한다"고 적고 있다. 이시진의 『본초강목』에는 "목통은 맺힌 것을 풀어서 편안하게 하고 이수利水 작용을 한다"고 적혀 있다. 또한 산모의 젖을 잘 나오게 하고 불면증, 신경 안정제로 널리 쓰인다. 목통은 중풍을 다스리고 피를 잘 돌게 하며 류머티즘, 소변 불통, 허리 아픈 데 쓰기도 한다. 좋은 약재이지만 금기 사항도 많다. 몸이 허약하여 땀을 많이 흘리는 사람이나 설사, 비위가 약한 사람은 쓰지 않는 것이 좋다. 더욱 중요한 것은 임산부에게는 유산의 위험이 있으므로 반드시 의사의 지시에 따라야 한다.

으름이 낙엽 덩굴식물인데 비해 멀꿀은 상록성이다. 멀꿀은 제주도를 비롯하여 경남과 전남, 전북, 충남의 도서 해안 지방에서 자란다. 봄에 흰색 꽃이 피고 향기가 좋다. 열매는 타원형이고 껍질이 두꺼우며 갈색을 띤 붉은색으로 익는다. 잎은 두껍고 으름보다 훨씬 크며 소엽의 잎자루가 긴 편이다. 남쪽 바닷가 마을에서는 대문 옆에 심어 아취형으로 올리고 등나무처럼 시렁으로 가꾼다. 으름과 마찬가지로 줄기는 껍질을 벗겨 내어 약으로 쓰고, 과일이 열리면 과육은 먹고 과일의 껍질은 말려 약재로 사용한다. 한 가지 알아 두어야 할 것은 중국에서 쓰는 생약명과 우리나라에서 쓰는 생약명이 서로 다르다는 사실이다. 목통만 해도 중국에서는 쥐방울덩굴과의 등칡을 말하는데 비해 한국에서는 으름덩굴을 쓴다. 따라서 문헌에 나오는 처방만을 믿고 함부로 약을 쓰면 위험한 지경에 이른다. 일반인이 자생 식물을 생활에 이용할 때는 그 식물의 독성 유무를 반드시 알아 두어야 함은 물론이다.

초여름에 피는 향기로운 으름 꽃은 아래로 매달린다. 꿀이 많아 수많은 나비와 벌들이 향기를 따라 찾아든다. 다섯 장의 동그란 잎이 모여 하나의 잎을 이루는데 구부러진 줄기와 함께 관상 가치가 있어 정원에 심으면 좋다. 근교의 산으로 가 으름을 한번 찾아보자. 그리고 우리 자생 수종의 아름다움을 다시 한 번 느껴 보자.

부암동 백사실 계곡의 으름

수송동 조계사의 마가목
약효가 좋은 열매와 껍질

    수송동 조계사 경내에 조성한 숲은 그리 넓지는 않아도 여러 가지 나무가 자란다. 소나무 숲이 있는가 하면 모란, 목련, 불두화, 백당나무, 쥐똥나무, 단풍나무, 배롱나무 따위 낙엽수들이 자란다. 그중에서 눈길을 끄는 것이 마가목이다. 그동안 정원수로 널리 심지는 않았지만 최근에는 나무에 달리는 열매를 보고 사람들이 차츰 관심을 가지게 되었다. 마가목은 여름에 피는 흰 꽃송이보다 가을에 빨갛게 물드는 단풍이 더 곱다. 그보다 더 좋은 것은 아름다운 열매다. 가지가 휘어질 정도로 많이 달리는 마가목 열매를 보면 그야말로 경이롭기까지 하다. 조계사 석탑 주위에 몇 그루가 있고 진입로 오른쪽 배롱나무 맞은편에도 두어 그루가 서 있다. 이곳 자투리 녹지에는 목련이며 사철나무, 단풍나무 등이 자란다. 지난해에는 한 보살이 채 익지도 않은 열매로 술을 담는다며 모조리 따더니 올해에는 아직 탐스럽게 달려 익을 날을 기다리고 있다. 이

1 2

1. 마가목
2. 마가목 열매

번 가을에는 눈으로나마 마가목 열매의 화려한 풍요를 누릴 수 있을지
모르겠다.

　높은 산, 깊은 수림 속에서 자라는 마가목은 하늘나라의 정원수 같
다. 죽 뻗어 오른 줄기는 멋스럽고 껍질은 매끄럽다. 오래된 나무라 해도
껍질이 얇아서 깨끗하게 보인다. 가지 끝에 달린 잎은 열대의 야자수를
보는 것 같다. 독특한 깃털 모양의 겹잎이다. 몇 가닥씩 매달려 바람에
나부끼는 것을 보면 확실히 아름다운 나무라는 것을 알게 된다. 마가목
의 하얀 꽃은 또 어떤가. 그해에 자란 어린 가지 끝에 핀 꽃은 보는 것만
으로 풍성하다. 가만히 들여다보면 작고 앙증맞은 하얀 꽃이 수천수만
송이나 옹기종기 머리를 맞대고 매달려 있다. 이처럼 많은 꽃을 피우니

수송동 조계사의 마가목

열매 또한 많을 수밖에 없다.

마가목의 진정한 가치는 탐스런 열매에서 찾아야 한다. 빨간 열매를 빼고 마가목을 말할 수는 없다. 가지 끝에 주저리를 이룬 붉은 열매는 보는 것만으로도 배가 부르다. 꼭 먹을 수 있는 열매라야 포만감을 느끼는 것은 아니다. 풍성한 열매는 시각적으로 소유욕을 충족시켜 주기에 충분한 소재이다. 처음에는 노랗게 익은 열매가 차츰 주황색에서 붉은 색으로 물들어 가다가 열매가 완전히 익으면 자체 무게를 이기지 못해 가지가 축 늘어진다. 가지에 비해 지나치다 할 정도로 많은 열매가 달린다. 가을에 붉게 물드는 단풍 또한 좋다. 붉은 열매와 단풍까지 아름다운 나무가 얼마나 되겠는가. 봄의 노란 싹과 초여름의 신록, 그리고 하얀 꽃, 가을이면 단풍이 들고 열매까지 달리니 이보다 더 좋은 나무가 어디 있을까. 사시사철 몸단장을 하고 있는 것이 신비스럽기까지 하다.

마가목은 거목이 아니어도 꽃이 잘 피고 열매도 잘 달린다. 1~2년생 어린 묘목도 심은 지 4~5년이면 열매가 달린다. 접목한 것은 다음 해 바로 열매를 볼 수 있다. 뿐만 아니라 추위에 매우 강해서 전국 어느 곳에서나 가꿀 수 있다. 처음에는 한두 송이의 열매가 달리지만 나이를 먹어 가면서 점점 많이 달리기 시작하여 10여 년만 지나면 온통 붉은 꽃나무처럼 어우러진다. 초여름에 덩치가 큰 나무 전체를 흰 꽃이 뒤덮으면 수림 속에 안개가 어린 듯하다. 봄철에 돋는 새싹이 말의 이빨처럼 힘차게 돋아난다 해서 마아목馬牙木이라 한 것이 마가목으로 바뀌었다. 한자로는 호두나무 잎을 닮은 꽃 피는 나무라 하여 화추花楸라 한다.

마가목은 높은 산에서 잘 자란다. 남한에서 자라는 마가목은 상당히 큰 교목인데 비해 북쪽으로 가면서 점점 작아져 아교목 상태가 된다. 같은 산에서도 계곡의 숲 그늘에서는 토양이 비옥하고 물이 풍부하여 교목을 이루지만 능선에서는 아교목 정도로 자란다. 마가목은 사실 고산 지대를 좋아한다. 백두산에서는 해발 1,000미터 이상의 활엽수림에서 볼 수 있다. 그에 비해 설악산이나 태백산 같은 곳에서는 1,300미터 지점에서도 자란다. 주로 낮은 골짜기에서는 높이 10~15미터까지 자라지만 조건만 좋으면 교목 상태로 자라기도 한다. 1,500미터 이상 고산 지대에 자라는 것은 키가 작고 꽃자루에 털이 있다. 당마가목이라 한다. 열매의 색깔이 특히 붉고 고와서 고급 정원수로 재배하기도 한다. 태백산에는 높이 10미터, 지름이 40센티미터 이상 되는 거목이 자라고 있다. 강원도 구절양장의 노추산 정상 아래에도 지름 40~50센티미터, 높이 10~15미터의 마가목 거목 군락이 인간들의 손을 용케 피하여 살아 있다. 그러나 언제까지나 저들의 손을 피할 수 있을지 걱정이다.

얼마 전까지만 해도 10월 중순께 영동고속도로를 달리다 보면 도로 변에 심어진 붉은 나무 열매가 꽃처럼 달려 있는 마가목을 볼 수 있었다. 강원도 도로공사의 어느 뜻있는 조경사가 일찍이 우리 자생 식물의 가치를 깨달아 수많은 마가목을 심어 놓았다. 그 길을 달리는 사람마다 가을에 무슨 꽃이 저리 예쁠까 하고 궁금했을 것이다. 그러나 지금은 그 많던 마가목이 한 그루도 없다. 누군가 마가목의 열매를 보고 사심이 생겼는지 죄다 뽑아 가고 한 그루도 남겨 두지 않았다. 그 많던 나무가 어디로 옮겨 갔는지 눈을 씻고 보아도 없다. 심는 사람 따로 있고 뽑아 가는 사람 따로 있는 셈이다.

마가목 꽃

일본 홋카이도 쿠시로 시의 경우 가로수가 모두 마가목이어서 매우 인상적이었다. 우리나라에서도 강원도 추운 지방에서는 마가목을 가로수로 심어 볼 만하다. 서울에서도 마가목 가로수 길을 만들어 자생 식물이 심어진 도시 환경을 통해 조경학적 자존심을 회복해야 한다. 지금은 히말라야시더, 메타세콰이아, 플라타너스, 튤립나무, 이태리포플러, 은단풍 같은 이름도 생소한 외래 수종을 가로수로 가꾸고 있다. 우리가 눈에 익은 은행나무, 수양버들, 회화나무, 가죽나무, 감나무, 배롱나무도 중국 원산이고 보면 우리 자생 수종을 가로수로 심은 것은 느티나무, 산벚나무가 고작이다. 이런 때 영동고속도로의 마가목은 조경학적으로 크게 환영받아야 했는데 아까운 일이 되고 말았다.

예로부터 마가목 지팡이는 노인들의 허리 등 신경통에 좋다고 하여 많이 썼다. 목재는 단단하고도 탄력이 좋아 고급 공예품을 만들고 연장 자루로 쓴다. 게다가 껍질과 몸통, 열매 모두 사람을 위하니 하늘이 내렸다 할 만하다. 마가목을 약재로 쓰는 부위는 줄기의 껍질과 열매이다. 마가목을 약재로 쓸 때는 여름에서 가을에 걸쳐 팔뚝 굵기의 어린 가

약효가 좋은 열매와 껍질

지를 잘라 껍질을 벗겨 그늘에서 잘 말린 것을 상품으로 친다. 마가목의 성미性味에 대해 『동북상용중약수책東北常用中藥手冊』에 의하면, "과실의 맛은 달고도 쓰며 평平하다. 줄기와 껍질의 성질은 차다"고 적혀 있다. 따라서 몸이 찬 사람이나 냉한 부인들에게는 권할 만한 약재가 아니다.

마가목의 성분은 정유 물질과 함께 스테로이드, 쿠마린, 플라보노이드 글리코사이드, 강심배당체, 그리고 약간의 사포닌이 들어 있는 것으로 알려져 있다. 주로 기침과 가래를 멎게 하는 데 쓰고 만성 기관지염과 폐결핵, 신장 기능이 떨어져 몸에 부기가 있을 때 쓴다. 약효 면에서 볼 때 마가목의 열매를 쓰는 것이 더 효과적이다. 기침, 가래에는 말린 열매를 1~2냥씩, 줄기와 껍질은 3~5돈을 넣고 물에 달여 한번에 마신다. 몸이 잘 붓고 부기가 좀처럼 빠지지 않을 때는 열매 5돈을 달여 하루에 두 번씩 나누어 마시면 좋은 효과를 볼 수 있다. 만성 기관지염을 치료할 때는 껍질을 당의정으로 만들어 복용하는 것이 좋다. 껍질을 잘 말려 절구에 곱게 빻아 가루를 만든 다음 찹쌀가루에 꿀과 함께 껍질 가루를 섞어 벽오동씨 크기의 환을 빚으면 된다. 1회에 6~7알씩 하루 세 번 나누어 먹으면 효과를 볼 수 있다. 처음에는 8~9알씩 쓰다가 열흘 단위로 증세를 보아 가며 수를 줄여도 좋다.

그러나 어떤 약이라 해도 부작용이 있게 마련이다. 마가목도 사람에 따라 입맛이 떨어지고 구토가 있으며, 변비를 호소할 수 있다. 또 위장 장애, 두통과 어지럼증이 나타날 수 있으므로 현기증이 있거나 빈혈인 사람은 삼가는 것이 좋다. 물론 건강한 사람이라도 병이 있을 때는 치료를 위해 반드시 의사의 진맥과 처방에 따라 써야지 건강 보조식품인양 받아들여서는 안 된다.

마가목의 붉은 열매는 과실주로 담그는 데 이것 역시 약효가 뛰어나다고 전해진다. 열매를 깨끗이 씻어 술병의 3분의 1만 채우고 나머지는 소주로 채우면 된다. 마른 마가목 열매나 껍질은 소주를 5배 정도 되도록 부어야 한다. 그런 다음 1년 이상 밀봉해 그늘에 보관했다가 황갈색으로 익으면 내용물을 건져 내고 잘 걸러서 다른 병에 부어 장기 보관한다.

마가목의 경우 칼로 어슷 썰어 끓는 물에 잠시 삶는 듯 우려먹으면 향기가 좋고 혈액 순환을 돋운다고 알려져 있다. 예로부터 마가목은 산간 지방의 겨울 기호음료가 돼 왔다. 하지만 마가목 껍질이 약으로 쓰이면서 전국의 자생지에 살아 있는 나무가 껍질을 벗긴 채 백골처럼 말라 죽고 있다. 태백산, 함백산, 금대봉 일원에는 마가목이 많았다. 그러나 지금은 껍질을 도려내는 도채꾼들의 손에 의해 줄기가 발가벗긴 채 곳곳에 죽어 있고 어떤 줄기에는 독버섯이 제 세상인 양 돋아나 있다. 껍질을 벗긴 나무를 상상해 보라. 처절하기 짝이 없다. 너무나 살벌해서 모피를 벗겨 낸 사육장의 여우 고기 같다.

열매를 가득 달고 우아한 자태를 뽐내던 아름다운 나무가 이렇게 하나 둘 사라지고 있다. 우리가 마가목 껍질로 우려낸 차를 선호하는 한 자생지의 마가목은 사라질 수밖에 없다. 뭐가 먹을 것이 없어 나무껍질을 삶아 먹으려고 하는지 관광지마다 마가목 껍질을 묶어 놓고 만병통치약이라며 팔고 있다. 신경통에 좋고 위장병에 좋다고 하지만 지나친 남용으로 오히려 건강한 사람들을 변비 환자와 위장 장애 환자로 만들고 있다.

비단 마가목뿐만이 아니다. 음나무 가지와 옻나무 가지는 닭죽을 끓일 때 좋다며 권하고, 화살나무 줄기는 각종 암 예방과 치료에 특효라며 팔고 있다. 이런 것들이 모두 산에서 불법 채취한 것임은 물론이다. 산에서 도둑질한 물건을 사서 쓰는 사람 또한 장물아비라는 사실을 알아야 한다. 생약재를 민간 요법이라며 의사의 처방도 없이 함부로 쓰는 사람들이 있는 한 우리의 자생 식물은 살아남을 수 없다. 몸에 좋다면 독이 있든 없든 먹고 보자는 식의 어리석은 일은 이제 그만했으면 좋겠다.

조계사의 마가목은 줄기가 곧게 자란다. 원줄기를 중심으로 가지가 사방으로 뻗었고 줄기 위쪽 잔가지에서 꽃이 피고 열매를 맺는다. 열매는 팥알 정도이지만 워낙 많은 수가 주저리를 이루기 때문에 가지가 늘어진다. 볕이 잘 드는 곳에서 자라는 마가목은 온통 열매로 뒤덮여 나무 전체가 붉게 보이기도 한다. 조계사 경내에 마가목처럼 열매가 많이 달리는 나무를 심은 것은 환영할 만하다. 마가목을 정원에 심으면 풍성한 열매 때문에 많은 산새들이 몰려든다. 정원에 들새와 멧새를 불러들이고 싶으면 마가목을 심을 일이다. 특히 겨울철 먹이가 부족할 때는 산새들이 도심으로 날아드는 데 그때 이들이 먹을 수 있는 것이 많지 않다. 외래 수종을 심으면 먹이에 낯선 짐승들이 좀처럼 먹으려 들지 않는다. 산새들도 저들이 늘 먹었던 먹이에 관심을 보인다. 그 예로 피라칸다 같은 나무는 얼마나 많은 열매가 달리던가. 그렇게 풍성한 열매를 두고도 새들이 별 반응을 나타내지 않는다. 오히려 소나무나 측백나무의 딱딱한 씨를 더 좋아한다. 우리가 볼 때 과육이 풍부하고 맛이 있는 장미과 식물의 열매를 좋아할 것 같은데 그렇지 않다.

가을에 잎이 지고 붉은 열매만 남아 있을 때 마가목은 그 어떤 꽃보다 아름답다. 왜 이처럼 아름다운 나무를 옛날에는 미처 몰랐을까 하고 생각하니 아쉽기만 하다.

청빈과 화합을 뜻하는 덩굴

　서울의 청계산에는 칡이 많다. 칡이 많다는 것은 그만큼 볕이 잘 드는 산이며 땅이 비옥하다는 뜻이다. 칡은 토심이 깊고 비옥하며 볕이 잘 드는 숲 가장자리에서 잘 자라기 때문이다. 칡은 줄기가 길게 뻗어 나가며 마디에서 뿌리가 내리고 이어 굵은 뿌리에 전분을 저장한다. 숲을 가꾸기 위해서는 칡덩굴을 제거해 주어야 한다. 경제림 조성이라는 과제를 두고 보면 칡은 반드시 제거해야 할 식물이다. 그러나 칡의 자원학적 가치를 알고 보면 여간 고마운 나무가 아니다. 칡의 뿌리는 전분이 많아서 식용할 수 있고 줄기에서 껍질을 벗겨 섬유를 얻을 수 있다. 잎은 식용 또는 가축의 사료로 쓸 수 있고, 꽃에서는 좋은 꿀을 생산한다. 더구나 칡꽃을 말려 차를 끓이면 향기가 좋고 약효까지 얻을 수 있으니 이만한 식물이 어디 있을까.

　칡은 전국의 어느 산에서나 쉽게 볼 수 있는 덩굴식물이다. 서울 근교의 산지에서도 얼마든지 칡을 볼 수 있다. 그만큼 흔한 식물이고 번식력도 뛰어난 편이다. 봄이 되면 전국적으로 칡뿌리를 캐는 사람들을 많이 볼 수 있다. 칡뿌리가 돈이 된다는 것이 알려지면서부터이다.

칡을 한자로는 갈葛이라 쓴다. 서로 잘 어울리지 못하고 만나면 다투는 관계를 갈등葛藤 관계라고 한다. 칡과 등藤나무는 만나면 서로 얽혀서 감아 오르기 때문에 어느 한쪽도 양보가 없다는데서 생긴 말이다. 하지만 갈등이라는 단어와는 반대로 칡은 아무데나 잘 어우러지는 습성이 있다. 나무든, 바위든 가리지 않고 칡은 옆으로 뻗어 나간다. 억센 생명력과 환경 적응력이 뛰어나 종종 산지에서는 산림을 망치는 주역이 되기도 한다. 줄기를 잘라도 뿌리가 남아 있는 한 기운차게 되살아나 주위의 나무를 옭아매 숨을 못 쉬게 하기 때문이다.

칡은 양수이다. 따라서 그늘이 지면 살지 못한다. 기존의 숲이 우거진 곳에서는 발을 붙이지 못한다. 그러나 사람이 숲을 파헤치거나 산지에 도로를 개설하기 위해 땅을 파헤치면 오래지 않아 칡이 파고든다. 처음에는 그리 무성하게 자라지 못하다가 비옥한 토양에 뿌리를 내리면 3~5년 사이에 뿌리의 굵기가 지름 20~30센티미터에 이른다.

옛날에는 칡이 초본인 줄 알았다. 그러나 지금은 칡을 목본에 넣는다. 지상부의 대부분이 겨울이면 말라 죽는 것을 보고 풀이라고 생각하기 쉬우나 사실은 그렇지 않다. 칡의 뿌리를 잘라 보면 나이테를 볼 수 있다. 목본에서나 있는 나이테를 갖고 있는 것만으로도 나무라는 것을 알 수 있다.

지리산 국립공원은 칡 때문에 산림이 죽어 가고 있으나 손을 쓰지 못하고 있다. 워낙 광범위한 지역에 골고루 퍼져 있어서 인공적으로 제거하는 데는 엄청난 장비와 예산 그리고 인력이 들어가야 하기 때문이다. 이것도 사실 인간의 이기심 때문에 발생한 재앙이라 할 수 있다. 아직은 대수롭지 않게 생각하고 있지만 실상은 그렇지 않다. 지금 당장 칡을 제거하지 않으면 지리산 국립공원의 넓은 숲은 머지않아 칡으로 뒤덮이고 말 것이다. 북아메리카도 칡의 폐해가 심상치 않다. 1950년대 중국에서 미국으로 가져간 칡이 지금은 빠른 속도로 퍼져 나가고 있어 문제가 되고 있다. 초기에는 척박한 땅의 지피용地皮用으로 쓰기 위해 심었으나 씨가 멀리 퍼지면서 산지의 숲을 뒤덮고 있기 때문이다. 앨라배마 주를 비롯한 4개 주에서는 중국산 칡이 높이 30미터나 되는 낙엽 활엽수를 뒤덮어 나무를 죽이고 있다. 또 전신주를 타고 올라가 정전 사고를 일으키고 통신 장애를 가져오기도 한다. 그래서 도로변에 무성하게 뻗어 나가는 칡을 제거하기 위해 칡과의 전쟁을 선포하기도 했다. 한때 미국자리공이 우리나라에서 발견되면서 공포의 대상인 것으로 비쳐졌듯이 미국에서도 칡 때문에 골치를 썩이게 된 것이다. 충분한 생태적 검정을 거치지 않고 동식물 집단을 이주시키면 어떤 환경 재앙이 따를지 아무도 알 수 없다.

이처럼 골칫거리인 칡도 사실 쓰임이 많다. 칡의 줄기에서 뽑아낸 섬유로는 질 좋은 옷감을 짤 수 있다. 지금은 거의 시원한 여름 옷감으로 이용되고 있지만 옛날에는 겨울에도 칡베옷을 입었다. 고려 말에 목화가 들어오기 전까지는 삼의 껍질로 짠 삼베와 갈포를 즐겨 사용했는데 순수 자생종인 갈포와 달리 삼은 외래 도입 식물이다.

칡에서 섬유를 얻는 과정은 복잡하다. 먼저 8월경 칡 줄기가 단단해지면 거두어들인다. 그해에 자란 초록색 줄기를 낫으로 베어 오는데 잎을 따내고 가지런하게 묶어 다발을 만든다. 이때 잎을 버리는 것이 아니라 가축 사료로 하거나 녹즙 원료로 쓴다. 줄기는 큰 가마솥에 넣고 찐 뒤에 찬물에 담그면 껍질이 잘 벗겨진다. 이 껍질을 물에 담가 발효시키면 겉껍질이 없어지고 하얀 섬유질만 남는다. 이것을 다시 머리카락처럼 잘게 찢어 실을 만든 것이 갈사葛絲이다. 그런 다음 그대로 옷감을 짜면 노르스름한 천연색 갈포가 되지만 잿물에 담가 표백시키면 흰색 갈포가 된다. 칡에서 뽑아낸 섬유는 갈포 외에도 노끈, 밧줄, 종이 등을 만

1. 칡 꽃
2. 칡 꼬투리

| 1 | 2 |

청빈과 화합을 뜻하는 덩굴

드는 데 사용되었다.

옛 고승들은 갈포를 입고 혹한기의 동안거를 지내면서 몸과 마음을 갈고닦았다. 방한복이래야 한지로 지은 내복을 부드럽게 구겨서 속에 껴 입는 정도였다. 사실 갈포의 이용은 먼 옛날로 거슬러 오른다. 오, 월 두 나라가 서로 경쟁 관계에 있을 때였다. 어느 여름 연회에 참석한 월왕이 좋은 갈옷을 입고 나타났다. 이것을 본 오왕은 나라 안의 모든 백성을 산으로 보내 칡을 베어 좋은 갈옷을 짜 바치도록 했다. 기원전 2세기 때 유안이 쓴 『회남자』「맹하」편에 보면 "이달에는 천자가 칡베로 옷을 해 입었다是月也 天子始絺"는 기록이 보인다. 여름이면 천자도 가는 칡으로 짠 고운 베옷을 입었다는 것을 알 수 있다. 또 옛날에는 갈포 수건을 목욕 타월로 썼다. 『예기』「옥조玉藻」조에는 군자의 일상 생활 예절을 적고 있는데 "군자가 목욕할 때는 두 가지 수건을 쓰는데 상체는 부드러운 칡베를 쓰고 하체는 거친 것을 쓴다浴用二巾 上絺下綌"고 했다. 황제라고 해서 함부로 사치해서는 안 된다는 뜻이다. 이처럼 칡의 속껍질로 짠 베는 물에 젖으면 부드러우면서도 질기기 때문에 여름철 옷감으로 좋았다. 또 여름이면 "천자는 올이 치밀한 갈옷을 입는다天子始絺"는 기록도 보인다. 여름에는 임금도 시원한 갈옷을 입고 정사를 돌보았던 것이다. 섬유가 귀했던 그 옛날 칡은 사람들의 옷감을 짜는 데 없어서는 안 될 귀중한 자원이었다.

칡덩굴 그 자체만으로도 굵은 실타래를 대신해 쓸 수 있다. 줄기를 나무망치로 두들기면 물기는 다 빠져나가고 섬유질만 남는데 물에 담가

서 두들기기를 여러 번 반복하면 굵은 실타래처럼 변한다. 이것으로 삿갓을 엮으면 가볍고도 질겨 수십 년을 쓸 수 있었다. 옛 스님들은 갈포로 지은 승복을 입고 갈립葛笠을 쓴 채 고행의 길을 떠나곤 했다. 옛 시인 묵객들도 갈옷 차림으로 부들방석에 앉아 지내는 것을 청빈한 삶의 표본으로 여겼다. 『송서은일전宋書隱逸傳』에 따르면 동진의 도잠은 천성이 검소한 사람으로 나온다.

> 벼슬을 버리고 야인 차림에 갈건을 쓰고 다녔다. 술자리를 만나면 갈건을 벗어 던지고 마음껏 마셨다. 술에서 깨어나면 다시 갈건을 찾아 쓰고 일어났다.

칡 줄기를 베어 말리면 갖가지 생활 용구의 재료로 사용할 수도 있다. 가는 줄기를 골라 광주리와 바구니를 짜고, 굵은 것은 따로 골라 병아리 둥지나 닭장을 엮었다. 크게 얽으면 곡식을 저장하는 간이 창고가 되기도 했다. 또 울타리를 엮는 건축 자재로 썼고, 통나무를 엮어 뗏목을 만들면 힘들이지 않고 목재를 실어 나를 수도 있었다. 함경도에서는 멧돼지 함정에 반드시 칡덩굴을 위장재로 썼다. 멧돼지가 다니는 길목에 함정을 파고 그 위에 칡덩굴을 덮으면 멧돼지가 칡 냄새를 맡고 찾아왔다가 빠졌다. 또 갯벌에서는 굵은 통나무를 박고 칡덩굴을 걷어다 나무와 나무를 엮어 방책을 만들었는데 밀물 때 물이 들어왔다가 썰물이 되어 빠지고 나면 칡덩굴 안에 물고기가 갇혀 나가지 못했다.

칡 줄기로 만든 갈필葛筆 또한 재현해 봄직하다. 대나무 뿌리로 죽필竹筆을 만들 듯 칡 줄기를 나무망치로 계속 두드리면 물기가 빠져나간다. 이것을 물에 풀면 고운 섬유질만 남는데 먹을 묻혀 글씨를 쓸 수 있다. 죽필을 만들기 위해서는 속이 꽉 찬 대나무 뿌리를 구해야 하는데 그런 대나무는 쉽게 구할 수 없다. 갈필은 나무에 글씨를 쓰는 목수들이나 돌에 금을 긋는 석수들이 즐겨 사용했다. 정교하게 묶은 갈필은 모필보다 힘이 있어 좋은 작품을 쓸 수 있었다. 사냥꾼이나 심마니처럼 산에서 지내는 날이 많은 사람들은 칡덩굴로 움막집을 짓기도 했다. 그렇게 지은 움막은 갈호葛戶라고 불렸다.

갈근은 예로부터 춘궁기를 이겨 내는 구황식이었다. 칡의 뿌리를 캐어 잘 말려서 절구에 찧은 다음 채로 치면 고운 가루를 얻을 수 있다. 좀 더 고운 갈분을 얻으려면 칡뿌리를 절구에 찧어 즙을 짜 가라앉히면 앙금이 생긴다. 처음에는 갈색이지만 물을 자주 갈아 주면 흰색이 된다. 이것이 바로 갈분이다. 이 갈분으로 떡, 수제비, 전, 국수를 해 먹는다. 세종 때 편찬한 『구황촬요』에는 칡 전분을 만드는 법이 자세히 기술되어 있다. "츩부리를 졍히 씨셔 겁질 벗기고 즛두드려 그 건지를 업시하고 물에 갈안치와 마르거든 그 가루를 쌀에 범으려 죽쑤어 먹으면 됴흐니라. 간성 츩부리가 가장 됴흐니 녹두 가루를 석거 면을 맹글면 능히 목말으지 안이하니라." 굵고 튼실한 칡을 잘 씻어 껍질을 벗기고 짓찧어 즙을 짜 가라앉히면 앙금이 생기는데 녹두 가루와 섞어 국수를 만들어 먹으면 된다는 내용이다. 오늘날 갈분을 만드는 방법과 다르지 않다.

뿌리뿐만 아니라 잎은 잎대로 말린 다음 갈아서 분말로 만들어 두고 요리의 첨가제로 쓴다. 밀가루 반죽에 칡잎 분말을 섞으면 파르스름한 것이 색이 곱게 변한다. 봄철 부드러운 잎을 몇 장씩 묶어 된장에 박아 두면 훌륭한 장아찌가 되기도 한다. 또한 어린 싹은 데쳐서 껍질을 벗기고 나물로 무쳐 먹어도 좋다. 개발하기에 따라 수십 가지의 요리를 거뜬히 해 낼 수 있다.

칡즙이 숙취에 좋다는 것은 누구나 잘 아는 사실이다. 미국에서도 칡에 관한 요리책이 나와 베스트셀러가 되기도 했다. 칡은 꽃도 약이나 차로 사용할 수 있다. 특히 꽃을 말려 따뜻한 물에 우려낸 칡꽃차葛花茶는 선가에서 즐겨 마셨던 선차禪茶였다. 칡꽃에서 얻는 꿀 역시 향기가 강하고 색이 조청처럼 짙어 노인들의 보양제로 높이 친다. 이처럼 칡은 뿌리에서부터 줄기, 잎 어느 것 하나 버릴 것이 없는 자원 식물이다. 천연 소재인 이러한 칡이 오늘날 화공 약품으로 만든 공해 물질에 밀려 나는 것이 서글프다.

아버지를 도와 조선 건국의 주역이 된 이방원이 혁명에 앞서 고려조의 충신 정몽주를 회유한 「하여가」에서도 칡이 보인다.

이런들 엇더ᄒ며 져런들 엇더ᄒ료
만수산 드렁츩이 얼거진들 엇더ᄒ리

만수산 칡덩굴처럼 서로 얽혀서 잘 살아 보자는 내용이다. 월정사를

칡뿌리

세운 자장법사와 칡에 관한 이야기도 재미있다. 이 이야기에 따르면 신라의 자장법사가 문수보살을 친견하려고 중국의 오대산으로 갔다. 자장법사는 문수보살의 돌부처가 세워진 태화지가에서 7일 동안이나 기도를 했다. 마지막 날 밤, 꿈속에 부처님이 나타나 글을 주었으나 범어로 된 내용이어서 읽을 수가 없었다. 이튿날 꿈속의 글귀를 풀이하고 있던 자장에게 마침 노스님이 지나가다 물었다.

"여기서 무엇을 하고 있습니까?"

"네! 소승은 신라에서 왔습니다. 꿈에 글을 받았는데 그 뜻을 알 수가 없군요."

자장이 글의 내용을 말했다. 그랬더니 노승은 일체의 법을 깨달았다는 뜻이라고 알려 주는 것이었다. 그리고 그가 가지고 있던 물건을 내주면서 말했다.

"이것은 부처님께서 쓰시던 물건입니다. 가사 한 벌과 바리때, 부처의 정골이니 그대가 본국으로 가져가서 부처의 자비를 널리 펴시오."

그러고는 신라국 동북방 명주에 오대산이 있는데 1만의 문수보살이 상주하는 곳이라고 했다. 사실 그 노승이 바로 문수보살이었다. 이를 들은 자장은 귀국하여 오대산에서 3일 동안이나 문수보살을 친견하려고 했으나 그늘이 져서 볼 수가 없었다. 만년에는 강원도의 수다사水多寺에서 살았는데 어느 날 꿈속에 이상한 스님이 나타났다.

"내일 태백산 칡넝쿨이 우거진 곳葛蟠地에서 다시 만나자."

그 말 한 마디만 남기고 스님은 자취를 감추었다.

자장은 제자들을 데리고 태백산으로 들어가 종일토록 칡넝쿨이 우거진 곳을 찾았다. 해가 거의 넘어갈 때쯤 큰 나무 밑에 구렁이 한 마리가 똬리를 틀고 있는 것을 발견했다. 자장은 기쁜 듯이 제자들에게 말했다.

"이곳이 바로 칡넝쿨이 우거진 곳이니라."

자장은 그곳에 석남원石南院을 세우고 문수보살을 기다렸다. 그러던 어느 날 한 늙은이가 남루한 도포를 입고 짚으로 만든 삼태기에 죽은 강아지를 담아 갖고 찾아왔다. 그 늙은이가 제자에게 말했다.

"자장을 보려고 왔느니라. 너는 가서 너의 스승에게 고하기만 하면 돼."

제자가 자장에게 자세히 말했다. 자장 또한 늙은이의 존재를 깨닫지 못했다.

"필시 미친 사람이겠지. 먹을 것을 주어 적당히 돌려보내라."

그가 돌아가면서 삼태기를 기울이자 죽은 강아지가 사자로 바뀌는 것이었다. 그는 사자의 등에 앉아 푸른빛을 내며 멀리 사라져 갔다. 자장이 그제야 깨닫고 남쪽 고개 위에 올라갔더니 이미 노인은 멀리 사라지고 난 후였다고 한다.

사실 칡이 산림에 피해를 주는 것은 사실이다. 그러나 아무리 번식력이 왕성한 칡이라 해도 그늘에서는 살지 못한다. 숲을 파괴하여 볕이 잘 들면 칡 같은 양지를 좋아하는 나무들이 자라기 시작한다. 따라서 기존의 숲을 파괴하지 않으면 칡도 쉽게 번식하지 못한다. 또 칡이 자라는 곳에서는 이것을 이용하는 방법을 개발하는 것이 좋다. 서울 근교의 산지에 마구 번식해 나가는 칡의 이용 방안을 연구해야 한다. 생활에 널리 활용하는 것이 칡을 없애는 것보다 더 좋은 방법이다.

우면산의 구기자나무
신선이 알려 준 불로장생약

구기자나무가 자라는 우면산 지역은 1970~1980년대까지만 해도 원예업을 하는 비닐하우스 농장이 많았다. 이 지역에서 생산한 갖가지 꽃들은 서울의 환경을 풍요롭게 해 주는데 큰 역할을 담당했다. 지금도 산자락에는 개인의 크고 작은 농장이 곳곳에 남아 있다. 이곳의 구기자나무는 그 당시에 농장에서 재배하던 것이 그대로 남아 있는 듯하다. 주로 밭둑에 울타리 삼아 심고 가꾸고 있는 것들인데 해마다 여름이면 꽃이 피고 빨간 열매를 맺는다.

옛날 중국 서하 지방 여인들은 구기자나무의 열매와 잎, 그리고 줄기와 뿌리까지 먹고 소녀처럼 아름다운 피부를 유지했으며 무병장수했다고 한다. 또 전설에 이르기를 맨발의 한 신선에게서 한 가지 처방을 얻은 노인이 그 약을 먹고 100세가 넘도록 살았다는 이야기도 남아 있다. 그 나이에도 걸음이 나는 듯했고 백발이던 머리카락이 검게 변했으며 치아가 모두 빠지고 새로 돋아났다고 하니 불로장생약이 따로 없다.

그가 먹었던 약이 바로 봄에는 구기자나무의 싹인 정초精草였고, 여름에는 구기자나무의 꽃인 장생화長生花, 가을에는 열매인 구기자枸杞子였고, 겨울에는 구기자나무의 뿌리껍질인 지골피地骨皮였다고 전해진다. 이것들을 햇볕에 말려 술에 재운 후 다시 말려 꿀을 섞어 환을 지어 먹었다는 것이다.

구기자라는 명칭이 가장 처음 등장한 문헌은 『신농본초경神農本草經』이다. 구기자를 먹으면 장수하고 눈이 밝아진다고 쓰면서 지선地仙, 각노자却老子 혹은 명안초자明眼草子라고 부르고 있다. 구기자나무의 오래된 줄기로 지팡이를 만들면 선인장仙人杖, 서왕모장西王母杖이라 부른다. 열매인 구기자는 양의 유두처럼 생겼다 하여 양유羊乳라고 부른다. 그밖에 구기枸杞, 구기채枸杞菜, 괴좆나무, 선장仙杖, 물고추나무 등으로 불리기도 한다.

중국 후한 시대에 저술된 책인 『신농본초경』은 한방에 관계된 서적 중에서 가장 오래된 책이다. 이 책은 근래 한방서 저술가들이 저술의 기본으로 삼고 또 본초론도 이 책의 이론을 그대로 따를 정도로 잘 쓴 책이다. 이 책에서는 인류가 쓰는 약의 종류를 1년의 날수와 같은 365가지로 구분 짓고 상약上藥, 중약中藥, 하약下藥으로 나누어 정하고 있다. 그중에서 상약은 인간의 생명을 기르는 약이라고 해서 경신내노輕身耐老라고 하는데 독이 없으므로 오래 먹을수록 좋다고 설명하고 있다. 한편 중약은 간혹 독이 있거나 체질에 따라 독성이 나타나므로 몸에 맞춰 써야 하며 오래 복용하면 안 되고, 하약은 모두 독이 있으므로 사람의 병을 고치는데 조금씩 택해 먹어야 한다고 기록하고 있다. 『신농본초경』에 따르면 구기자와 인삼은 상약에 속하는 것으로 구분돼 있으며 그중에서도 구기자는 상약 중의 상약이라 해서 오래 먹으면 몸이 거뜬해지고 늙지 않는다고 되어 있다.

구기자나무는 원래 중국이 원산인 낙엽관목으로 전국의 마을 근처 밭둑이나 냇가, 사찰 부근에서 자란다. 야생하는 나무는 없고 폐허로 남은 집터나 옛 마을 또는 오래된 절터 부근에서 볼 수 있다. 이러한 식물은 누군가 심어 준 나무인 까닭에 사람이 살았던 흔적을 말해 주는 것이기도 하다. 따라서 구기자나무를 비롯한 골담초, 머위, 미나리 같은 식물을 주거지표식물이라 부른다.

구기자나무는 줄기가 길고 잎도 가늘고 길어 활 모양으로 아래로 쳐진다. 가시가 없거나 짧은 가시가 있으며, 잎은 부드럽고 계란형이다. 여름에는 옅은 자줏빛의 작은 꽃이 피며 달걀형 열매가 열리는데 이것이 바로 구기자이다. 중국에서는 감숙, 영하에서 생산되는 구기자가 유명하고, 우리나라에서는 청양과 진도가 구기자 특산지이다. 특히 고대로부터 영하에서 생산된 구기자의 약효를 높이 평가했는데 과립이 튼실하고 부드러우며, 색깔이 마노와 같아 감구기甘拘杞라고 불렀다.

구기자는 『시경』에서도 "구기자를 모았다"는 구절이 나오는 것으로 보아 약으로 쓰기 시작한 지 3천 년은 넘은 것으로 보인다. 구기자에 대한 글 중에 "마노의 천연 색깔과도 같고 자줏빛 윤기가 흐른다"는 구절이 있는 것처럼, 구기자는 매우 붉어 마노를 연상시킨다. 이러한 구기자는 눈을 밝게 하고 몸을 보양하는 상품上品의 약재이다. 구기자에는 대량의 카로틴과 각종 비타민 B와 C가 함유되어 있으며, 리놀산과 베타시토스테롤을 포함하고 있다. 구기자는 눈을 밝게 하고 몸을 보양하는 것 외에도 간을 튼튼하게 하고 지방간을 치료하며 신경 쇠약을 치료하는 효능이 있다. 『본초강목』에서는 "봄과 여름에 구기자의 잎을 채취하여 쓰고 가을에 줄기와 열매를 채취하여 섭취하면 몸이 가벼워지고 기운이 솟는다"고 적혀 있다. 또한 중국에서는 예로부터 선과仙果라 하여 강장, 회춘에 특효가 있다고 알려져 왔다. 그래서 다음과 같은 일화도 전해진다.

어느 때인가 한 선비가 서하 지방을 가는 중이었다. 길가에서 나이 열대여섯 살 정도 돼 보이는 여자가 80~90살로 보이는 늙은이를 매질하고 있었다. 괴이하게 여겨 "어른을 공경하라 했거늘 어찌 젊은이가 노인을 매질하는가?" 하고 호통을 쳤다. 그 여자의 말이 "이 아이는 내 증손자인데 회초리를 드는 것이 무엇이 잘못이오? 좋은 약이 있는데도 먹지 않아 이같이 늙어서 걸음도 잘 걷지 못하게 되었으므로 벌을 주는 것이오"라고 말하는 것이었다. 그 사람이 나이가 얼마냐고 물으니 여자는 자신의 나이가 372살이라고 했다. 그래서 이번에는 "그 약이 무엇이며 몇 가지나 되는지 알려 줄 수 없겠소?" 하고 물었더니 "약은 단 한 가지이지만 이름은 다섯 가지인데 봄에는 천정天精, 여름에는 구기拘杞, 가을에는 지골地骨, 겨울에는 선인장仙人杖 또는 서왕모장西王母杖이라 하오. 이것을 사철 채취해 먹으면 나처럼 장수할 수 있지요"라고 했다는 것이다.

구기자나무 꽃   구기자나무 열매

　이처럼 구기자를 오래 복용하면 노화를 억제하고 젊음을 연장할 수 있으며, 머리가 세는 것을 방지할 수 있다. 고대의 의학자들은 이 구기자를 매우 중요하게 생각했는데, 진晉대의 명의인 갈홍, 당대의 약학자인 손사막과 맹선 등 역대 약학의 거두들은 모두 구기자로 만든 술을 즐겨 마셨다. 이러한 구원주枸圓酒는 맨발의 신선이 주었다던 처방에 따라 "계원육桂圓肉과 함께 사용하면 심장의 피를 보충해 주고 간과 신장을 보양하는 한편, 맛과 향이 좋다"고 했다. 구기자와 당삼을 함께 사용하면 비장과 신장을 보양하고 피를 보충하는 효능이 있다.

　『동의보감』에서도 구기자에 대한 기록이 나온다. 『동의보감』에 따르면 구기자는 "뿌리인 지골피는 삼정환의 기본이고 구기는 구복久服하면 경신불로輕身不老하고 추위와 더위를 이기며 장수한다"라고 기재되어 있다. 처방을 간략히 적어 보면, 신경통에는 율무와 구기자를 넣고 달여서 차 대신 장기간 복용한다고 쓰여 있다. 또 위염에는 구기자를 달여 차 대신 마시면 특효를 본다고 되어 있고, 심장 쇠약에는 구기자차를 장기간 마시고, 폐결핵일 때는 구기자나무 뿌리껍질을 생식하거나 구기자차를 달여 마시면 좋다고 적혀 있다.

조선 세종 때 편찬한 『향약집성방鄕藥集成方』에는 "구기자는 맛이 쓰고 성질은 차며 독이 없다. 소갈, 주비, 풍습증을 치료하며 가슴과 옆구리의 기를 내려 준다. 열로 머리가 아픈 것을 낫게 한다. 또한 숨이 차는 것을 치료하고 힘줄과 뼈를 튼튼하게 하며 성욕을 세게 하고, 대소장을 두루 잘 통하게 한다. 오래 먹으면 몸이 거뜬해지고 늙지 않으며 추위와 더위를 타지 않는다. 평지나 못가, 언덕에서 자란다. 뿌리는 거울에 캐고 잎은 봄과 여름에 따며, 줄기와 열매는 가을에 따 그늘에서 말린다"고 적었다.

『약성론』에서는 "구기는 신약으로 쓰인다. 열매와 잎도 같다. 맛은 달고 성질은 평이하다. 정혈이 부족한 것을 보하고 얼굴빛을 희게 하며 눈을 밝게 한다. 또 정신을 안정시키고 사람의 수명을 연장시킨다. 구기자 잎과 양고기를 같이 넣고 국을 끓여 먹으면 몸에 좋다. 특히 중풍을 예방하고 눈을 밝게 한다. 갈증이 날 때는 물에 달여 차처럼 마신다. 빛이 희고 가시가 없는 것이 좋다"고 쓰여 있다. 『일화자日華子』에서도 구기자에 대한 기록이 보인다. "구기자는 지선地仙의 싹이다. 답답한 것을 없애고 의지를 굳건히 하며 심기를 든든하게 한다. 피부와 뼈마디 사이에 있는 풍사를 없애고 열독을 삭이며 창종도 치료한다."

이처럼 몸에 좋은 구기자는 다른 약재와 함께 탕제로 복용하기도 하지만 차나 술, 음료, 요리로 만들이 먹기도 한다. 좋은 식품이며 약재인 까닭에 여러 가지 식용 또는 음용 방법을 연구하여 자신의 구미에 맞는 것을 개발할 필요가 있다.

그중에서 구기자차를 끓이는 방법은 의외로 간단해서 누구든 쉽게 할 수 있다. 먼저 양질의 구기자 열매를 구입해야 한다. 싱싱한 것보다는 수분을 뺀 마른 열매가 더 좋다. 잘 마른 구기자는 선명한 붉은색이고 광택이 있다. 검붉은 구기자는 속이 상한 것일 수 있으므로 피해야 한다. 구입한 구기자는 맑은 물에 깨끗이 씻어 물기가 빠지도록 채반에 널어 둔다. 구기자가 완전히 마르면 오지그릇이나 유리그릇에 넣고 물을 부어 끓인다. 차색이 핑크빛으로 우러날 때까지 끓이면 된다. 너무 오래 끓이면 과육이 풀어져 차가 텁텁해질 수 있으므로 끓이는 농도를 잘 조절해야 한다. 구기자차는 맛이 덤덤하므로 기호에 따라 마시기 전에 꿀을 타서 마셔도 좋다. 또 생강, 계피, 인삼 같은 향신약재를 넣고 끓여도 좋은 음료가 된다. 육유의 자작시에 "눈 그치니 초당의 댓돌에 청명함이 흐르고, 이른 새벽 구기자차 한 잔을 마시네雪霽茅堂鍾磬淸 晨齊枸杞一杯羹"라는 구절이 있는 것으로 보아 육유도 구기자차를 즐겨 마셨음을 알 수 있다. 소동파도 구기자를 선묘仙苗, 또는 선초仙草라고 불렀으니, 구기자의 맛이 얼마나 좋은지 짐작할 수 있다.

구기자차 외에 구기자의 싹으로 만드는 구기엽차도 있다. 이것은 구기자의 싹에 서너 장 잎이 달렸을 때 하나씩 따 녹차를 덖을 때와 같은 방법으로 차를 만든다. 그런 다음 잘 말려 두고 필요할 때마다 조금씩 덜어내 차를 우려내 마시면 된다. 이것이 바로 구기자 잎으로 만든 구기엽차이다.

구기두枸杞頭라고 불리는 구기자 싹은 이른 봄에 채집하는데 채소로도 먹을 수 있다. 향이 좋고 부드러우며 윤기가 흐르는 것이 특징이다.

기름에 볶아 먹거나 끓여서 국으로 먹어도 된다. 더위를 식혀 주고 눈을 밝게 하는 효능이 있다.

식이요법 중에는 구기자죽도 있는데 이는 열을 내리고 눈을 밝게 하기 위해 먹었다. 구기자의 싹은 열과 독을 가라앉히고 종기를 낫게 하는 효능이 있으며, 피부의 급한 염증 치료에도 적합하다. 생즙을 내 마시고 찌꺼기로 팩을 하면 피부에도 좋다. 또한 구기의 뿌리껍질에는 계피산과 페놀, 리놀산 등이 함유되어 있어 혈압을 낮추고 혈당을 낮추는 작용을 하며, 해열 효과가 탁월한 것으로 알려져 있다. 지골피를 증류시켜 만든 지골피로地骨皮露는 허열과 미열을 제거하는데 유명한 음료이다.

이러한 지골피로도 차를 끓여 마실 수 있다. 우선 잘 말린 지골피를 잘게 썰어 팬에 넣고 살짝 볶아 낸다. 겉이 노릇노릇하게 볶아 낸 것을 서너 쪽 넣고 끓인 것이 바로 지골피차이다. 열매나 잎에서 느낄 수 없는 또 다른 맛과 향을 즐길 수 있다.

구기자나무의 뿌리는 음식 재료뿐만 아니라 조각품의 재료로도 쓰인다. 유우석은 자신의 시 「구기정枸杞井」에서 구기자나무의 뿌리를 이렇게 노래했다.

무성한 줄기는 신선의 지팡이인데 　枝繁本是仙人杖

그 뿌리는 종종 개와 같은 모양이네 　根老能成瑞犬形

상품은 감로주와 같은 맛이어서 　上品功能甘露味

한 잔만 마셔도 수명을 늘리네 　還知一勺可延齡

우면산의 구기자나무

백거이도 그의 시에서 "영약의 뿌리가 개의 형상인 줄 미처 몰랐는데 밤마다 개 짖는 소리가 들리는 듯하네不知靈藥根成狗 怪得時聞夜吠聲"라고 했다. 송나라 휘종은 어떤 백성에게서 개처럼 생긴 구기자나무의 뿌리를 얻었는데, 천 년도 넘은 진귀한 구기자나무 뿌리였다는 이야기가 전해지고 있다.

구기자나무는 좁은 잎에 비해 열매가 많이 달리는 편이다. 빨갛게 익은 것을 골라 따면 가을까지 계속 수확할 수 있다. 우면산에서는 구기자나무 외에도 천궁, 당귀, 작약 같은 약초를 재배하고 참취, 더덕, 도라지, 고려엉겅퀴 따위 산나물도 가꾼다. 이러한 자생 식물들은 영리를 목적으로 재배하기보다 경작지 주변의 공터에서 몇 개체씩 가꾸고 있다. 과거 원예업에 종사했던 사람들이라 곳곳에 삶의 흔적들이 남아 있는 것이다.

구기자나무는 대량 재배한 것이 아니라 해도 울타리 가득 빨간 열매가 달린 모습을 보면 마음이 흐뭇하다. 구기자나무의 열매는 확실히 관상 가치가 있다. 정원수로 가꾸는 소목 중에 이만한 나무도 흔치 않을 것이다. 빨간 열매가 주렁주렁 달려 루비처럼 반짝이는 구기자나무는 참으로 아름답다. 구기자나무는 덩굴성임에도 불구하고 줄기를 오래 가꾸면 팔뚝만큼 굵어지고 가지가 10미터나 뻗어 나간다. 그래서 오래도록 길러 시렁에 올려 그늘을 만들어도 좋다. 구기자나무가 만든 그늘 아래에서 구기자차를 마시며 잠시나마 일상에서 벗어나 신선의 마음을 가져 보는 것도 좋지 않을까.

나뭇가지에 달리는 참외

종묘광장공원은 세운상가와 종묘 사이에 있는 공원이다. 이곳에는 십여 그루의 모과나무가 자란다. 해마다 가지에는 커다란 모과 열매가 달려 노랗게 익어 간다. 이들 나무에는 봄이면 잎과 동시에 연분홍 꽃이 피고 여름에는 초록색의 길쭉한 열매가 달려 잎사귀 속에 수줍은 듯 붙어 있다. 찬바람이 이는 때가 오면 어느덧 모과 나뭇잎도 붉게 물들기 시작하고 열매는 노란빛을 더해 간다.

모과는 그 모양만 두고 보면 정말 먹음직스럽게 생겼지만 입을 대면 깨물 수도 없을 만큼 단단하다. 그렇지만 바라보는 관상수로는 모과만큼 풍요로운 과일도 흔치 않을 것이다. 모과는 다른 과일에 비해 우선 크기가 듬직하다. 참외만 한 것도 얼마든지 딸 수 있다. 열매가 직게 달리도록 적과를 해 주면 더 커진다. 푸짐한 모과는 보는 것만으로도 입에 침이 고인다. 그것은 이 열매가 지독하게 시어서 우리의 머리에서 맛을 기억하고 있기 때문이다. 맛이 신 모과이지만 향기는 강하다. 한두 개 방 안에 두는 것만으로도 모과 향이 실내를 가득 채운다. 그래서 가을 이면 자동차 뒷자석에 두어 천연방향제로 이용하기도 한다.

모과나무는 장미과에 속하는 낙엽활엽수이다. 원산지는 중국 남부 이며 우리나라에서는 약용식물로 전국 각지에서 재배하고 있다. 줄기가 매끄럽고 껍질이 벗겨지면서 얼룩무늬를 남기는 것이 특징이다. 잎은 타 원형이고 가장자리에 톱니가 많다. 모과나무는 가을에 붉게 물드는 단 풍이 고운데 오래도록 매달려 있는 노란 열매가 또한 아름답기 때문에 최근에는 고급 정원수로 인기가 있다.

모과나무라는 이름은 나무木에 달리는 참외瓜라 하여 목과木瓜라고 부르던 것에서 'ㄱ' 자가 탈락하여 된 것이다. 모과의 명칭이 처음 기록 된 문헌은 『명의별록名醫別錄』이다. 『이아爾雅』에서는 '무楙'라고 적고 있 다. 사실 『시경』에서 이미 모과가 나오는 것으로 보아 재배 역사는 오래 된 것으로 보인다. 『시경』 「위풍衛風」 조에서 사랑하는 남녀가 서로 선물 을 주고받으며 부르는 노래에도 모과가 등장한다.

> 내게 모과를 던지기에 귀한 패물로 갚았지요
> 갚으려 한 것이 아니라 좋은 관계로 지내자는 뜻에서
> 投我以木瓜 報之以瓊琚匪報也 永以爲好也

지금도 중국에서는 소녀가 남자 친구에게 모과를 선물하면 그대를

좋아한다는 뜻으로 여긴다. 모과는 사랑의 증표인 셈이다.

지난겨울을 돌이켜 보면 미처 겨울을 준비하기도 전에 영하 10도를 오르내리는 강추위가 여러 날 계속된 터라 그 어느 해보다 혹한을 실감했던 것 같다. 그러나 계절은 어김없이 순환해 봄을 맞이한다. 버들가지는 색깔부터가 다르다. 며칠 전까지 날이 선 바람도 어느새 훈풍으로 바뀌었는지 싫지가 않다. 그래도 눈을 들면 먼 산은 머리에 흰 눈을 쓰고 있으니 아직은 봄이 손에 잡히지 않는다. 이맘때는 따뜻한 모과차가 제격이다. 겨우내 구덩이에 묻어 두었던 농익은 모과를 꺼내면 향기가 온통 방 안을 가득 채운다. 그 강한 향기로 겨울의 해묵은 곰팡이 냄새며 찌든 세월의 먼지를 말끔히 씻어 내릴 수 있을 것 같다.

모과는 땅속 구덩이에 저장해야 한다. 가을에 잘 익은 모과를 거두면 상한 것을 골라내고 마당 한구석에 땅을 파고 바닥에 짚을 깐다. 그런 다음 모과를 수북하게 쌓아 놓고 그 위에 나뭇가지를 걸친다. 그러고 나서 짚이나 가마니를 덮고 흙을 수북하게 덮으면 된다. 저장하는 모과는 반드시 재래종을 구입해야 한다. 개량종은 껍질이 곱고 예쁘게 생겼으나 저장성이 없어 쉽게 썩어 버리고 만다.

맛과 향은 저장 방법에 따라 달라진다. 구덩이에 저장했다가 겨울을 넘기고 이듬해 설날이 지난 뒤에 꺼내면 모과 속살은 귤색으로 농익어 있다. 가을에는 그렇게도 딱딱하여 잘 드는 식칼로도 자르기 힘들었던 과육이 허벅허벅 잘도 썰어진다. 구덩이에서 꺼낸 모과는 물에 깨끗이 씻어 낸 뒤 물기를 닦아서 납작하게 썰어 놓는다. 씨는 빼내고 그대로 끓여 내거나 많을 때는 말려서 쓰기도 한다. 모과는 신맛이 강해서 날로 먹기는 거북하지만 구덩이에 저장한 것은 단맛이 있고 단단하지 않아 날로 먹을 수도 있다. 그러나 신맛 또한 너무 강하기 때문에 역시 차를 끓여 마시는 것이 좋다.

모과차를 마시기 위해서는 과육을 설탕에 절였다 조금씩 뜨거운 물에 타면 된다. 먼저 납작하게 썬 모과를 용기에 넣고 그 위에 설탕을 한 켜 뿌린다. 그런 다음 다시 모과를 깔고 그 위에 설탕을 뿌린다. 이렇게 하여 겨울 동안 절였다가 이듬해 봄부터 차로 마시면 된다. 뜨거운 물에 타고 입맛에 따라 꿀을 조금 가미하여 마실 수 있다. 또 다른 방법으로는 모과를 얇게 썰어 씨를 빼고 볕에 말리는 것이다. 채반이나 발에 널어놓으면 잘 마른다. 많을 때는 얇게 썬 것을 솥에서 증기로 쪄서 말리면 쉽다. 좋은 모과차를 만들려면 말리는 도중에 비를 맞히지 않아야 한다. 말린 모과는 뜨거운 물에 우려내고 입맛에 따라 꿀이나 설탕을 타 마신다. 또한 말린 모과를 가루로 빻아 이용하면 편리하다. 절구에 빻아 고운 채로 쳐서 분말로 만든 다음 종이봉투에 담아 냉동실에 보관하거나 통풍이 잘되는 그늘에 보관하고 필요할 때마다 물에 타 마시면 된다. 한 잔의 물에 모과 가루는 찻숟갈로 두 숟갈 정도면 적당하다. 보통 겨울에는 뜨거운 물에 타고 여름에는 찬물에 타 잣이나 대추 썬 것을 띄워 마신다.

모과를 말릴 때 약성을 높이기 위해서는 많은 정성을 기울여야 한다. 표면이 공기 중의 산소와 결합하면 붉은색으로 변하는데 처음에는 오

모과나무

종묘광장공원의 모과나무

렌지색이지만 서리를 맞으며 말리다 보면 나중에는 갈색이 되고 이어 검붉은 색이 된다.

『동의보감』에 따르면 "모과를 썰 때는 무쇠 칼로 썰어서는 안 되고 구리칼을 사용하라"고 적혀 있다. 스테인리스 칼이면 쓰기에 더욱 좋을 것이다. 모과차를 끓일 때에도 무쇠 그릇을 사용해서는 안 된다. 유리 주전자나, 도자기 그릇을 쓰는 것이 약효 면에서나 맛과 향에도 좋다.

모과나무의 열매인 모과는 사과산, 레몬산, 주석산, 아미노산, 비타민 등을 함유하고 있다. 또 약간의 칼슘과 철분 등의 무기질을 갖고 있다. 모과를 달여 쥐의 위에 주입했더니 침출성 관절염에 대해 소염 작용을 하는 것이 밝혀졌다. 모과의 신맛은 유기산인데 덜 익은 열매에 많다. 맛이 시고 따뜻한 성질을 가지고 있으며, 풍습을 제거하고 근육과 위를 편안하게 하는 효능이 있다. 풍습으로 오는 마비와 근육통, 근육 경련 등의 증상에 쇠무릎, 오갈피, 율무와 함께 처방하며, 오랜 마비로 근육과 뼈가 무력해지면 호골과 함께 술에 재워 복용하는데, 이것이 바로 유명한 '호골모과주虎骨木瓜酒'이다.

모과는 토사곽란을 치료하는 데에도 쓰인다. 여름에 덥고 몸에 습한 기운이 들거나 오한이 나는 사람에게는 오수유, 생강, 자소 등과 함께 처방해 몸을 따뜻하게 하고 습기를 없애며 근육을 풀어주는 모과탕을 쓴다. 또 더위를 많이 타는 사람에게는 잠사, 황련, 치자를 함께 처방한 잠사탕이 좋다.

이처럼 모과는 여러모로 좋은 식품이지만 또한 산성식품이어서 치아나 뼈를 손상시키기도 한다. 『침경針經』에서는 "식산이 너무 많으면 소변을 잘 보지 못하게 된다"고 했는데, 이것은 경험의 결과로 얻어진 것이다. 원대의 나천익은 『보감寶鑑』에서 이런 이야기를 전하고 있다. "태보太保의 유중해 등이 매일 꿀에 절인 모과 서너 개씩을 먹었는데, 그중 몇 명이 소변을 잘 보지 못하는 병에 걸려서 나를 찾아왔다. 그들이 식산이 많이 든 음식을 너무 먹어서 걸린 병이라는 것을 알고 신 음식을 먹지 말도록 했더니 병이 곧 나았다."

신 음식뿐만 아니라 맛이 너무 강한 음식은 모두 사람에게 해를 끼칠 수 있다. 이처럼 옛사람들이 모과가 사람에게 이롭다고는 했지만, 딱 한 가지 강력한 신맛은 해롭다고 할 수 있다. 『동의보감』에는 모과의 약효에 대해 "성질이 따뜻하고 맛이 시며 독이 없다. 곽란을 치료하고 근육이 뒤틀리는 것을 없애며 소화를 촉진시킨다"고 했다. 『향약집성방』에서는 "각기, 곽란으로 토하거나 설사를 하면서 쥐나는 것을 치료한다"고 했다. 『방약합편方藥合編』에서도 비슷한 기록을 볼 수 있다. "다리가 붓거나 근육이 뒤틀리는 증상, 무릎의 경련 증상을 치료한다."

모과는 약재로서뿐만 아니라 먹을거리로도 훌륭하다. 모과의 껍질을 벗기고 푹 삶아서 꿀에 절이면 맛있는 정과가 된다. 쌀뜨물에 모과 가루를 넣고 되직하게 졸이면 모과죽이 되는데 노인이나 환자의 건강 회복식으로 좋다. 또 모과 가루에 생강즙을 타 죽을 끓이기도 한다. 모과떡도 있다. 잘게 썰어 말린 모과를 흰 쌀가루와 녹두 가루를 섞어 찌면 된다. 그러나 지금은 구체적인 요리 방법이 사라진 요리이다.

모과나무 열매

나뭇가지에 달리는 참외

모과는 '추피목과皺皮木瓜'라고도 불렸는데 약재로 쓰기 위해 말리면 표면에 주름皺이 많이 지기에 붙여진 이름이다. 중국의 모과 약재 주산지는 안후이, 사천, 호북, 절강 등지이다. 특히 안후이 성 선성에서 나는 '광피목과光皮木瓜'는 표면에 광택이 있고 품질이 매우 좋아서 '선목과宣木瓜'라 하여 상품으로 친다. 그 외에도 양자강 유역과 저장 성, 안후이 성, 산둥 성 등지에서 주로 생산된다. 우리나라에서 재배하는 모과나무는 내한성이 비교적 강한 산둥 성 품종이 대부분이다.

모과나무 목재는 재질이 붉고 단단하며 광택이 있다. 예로부터 화류목樺榴木, 화리목樺梨木, 화려목樺櫚木이라 하여 자단이나 흑단처럼 귀한 목재로 생각했다. 쇠처럼 단단하여 가구재, 기구재, 연장자루로도 썼다. 또 장기나 주판알을 깎고 도장을 새기는 등 여러 가지 목공예품에도 사용된다. 모과나무 목재로 짠 조선시대의 화류장樺榴欌은 최고급 가구였다. 또한 정절을 상징하는 은장도 자루는 모과나무 목재를 깎아 붙인다.

종묘광장공원의 모과나무는 삼봉 정도전 시비 옆에서 자라는 것이 가장 크다. 그렇게 오래된 나무는 아니지만 공원을 조성할 때부터 서 있었던 듯하다. 누군가 이 나무를 좋아해서 공원에 여러 그루를 심어 놓은 듯하지만 채 익기도 전에 모과가 거의 사라지고 손이 미치지 못하는 꼭대기에 몇 개가 달려 있을 뿐이다. 어느 농장에서 심은 묘목이 자라 이처럼 큰 나무가 되었고 공원으로 시집와 해마다 탐스러운 열매를 달고 지나는 사람들에게 가을의 향기를 전해 주고 있다. 얼마나 고마운 나무인가. 나무를 심고 가꾼 사람들에게 감사해야 한다.

옛날에는 집집마다 모과나무를 가꾸면서 가을에 열매를 수확하여 술을 담거나 차를 우려내 마셨다. 그러나 최근에는 모과가 개량되면서 너무 쉽게 썩어 버리고 저장이 되지 않아서 이용하는 사람이 줄어들었다. 한때는 모과가 가장 값진 과일일 때도 있었는데 이제는 모두 옛말이 되고 말았다.

모과차가 그리운 계절이다. 하던 일을 잠시 멈추고 모과차로 생활의 여유를 찾아보는 것은 어떨까.

나뭇가지에 달리는 참외

조계사의 대추나무
산홋빛으로 익어 가는 과일의 제왕

수송동 조계사 경내 주차장으로 들어가다 오른쪽 화단을 보면 대추나무 두 그루가 서 있는 것이 보인다. 이 나무는 그리 큰 나무는 아니지만 수세가 강건하고 볕이 잘 드는 곳에 있어 해마다 대추가 달려 지나는 사람들의 마음을 풍성스럽게 한다. 두 그루 중 아래쪽 나무에서 더 많은 열매가 달린다. 가장자리에 있어 볕이 잘 들기 때문으로 보인다.

대추나무는 여름의 나무이다. 옛날에는 불씨를 오래 살려두면 양기가 지나쳐 전염병이 생긴다고 믿었다. 그래서 '찬수鑽燧'라 하여 철따라 나무를 비벼 불을 일으켰다. 『주례周禮』에는 사계절 불을 일으키는 나무가 다르다고 적었다. 봄에는 잎이 일찍 돋아나는 버드나무나 느릅나무에서 불씨를 얻었다. 살구나무와 대추나무는 붉기 때문에 여름에 취하고, 가을에는 토기가 왕성하여 뽕나무와 산뽕나무의 황색 줄기에서 불을 얻었다. 또 겨울에는 흰 시무나무와 검은 자단에서 불을 얻었다. 각각 제철을 나타내는 방위색에 따라 불을 일으킨 셈이다.

대추나무는 수명이 긴 나무에 속한다. 성장 속도가 너무 느려 수십 년이 지나도 거목으로 자란 것을 찾아보기 어렵다. 대추나무가 아름이 넘는다고 하면 수백 년 이상이 된 나무이다. 그만큼 성장이 늦은 목재는 조직이 단단하고 치밀하다.

바람이 부는 날이면 대추나무에서 대추가 지면으로 떨어져 뒹군다. 대추는 나무에서 짙은 갈색을 띤 자줏빛으로 완전히 익지 않아도 수확을 서둘러야 한다. 다 익기를 기다렸다가는 먼저 익은 것이 떨어져 수확량이 적어질 수밖에 없다. 넓은 천막 같은 것을 펴 들고 한 사람이 나무를 흔들어 떨어뜨리고 다른 한 사람은 이파리 따위 찌꺼기를 골라내면 된다. 볕에 잘 말리면 식용 또는 약용으로도 쓸 수 있다.

대추는 오랜 옛날부터 중요한 약재였다. 송대의 명의인 허숙미는 한 여인이 갑자기 귀신을 본 듯 슬피 우는 것을 치료한 적이 있다. 그 여인의 가족들은 놀라고 무서워 백방으로 찾아다니며 신에게 빌고 무당을 찾아가 기도를 드렸으나 모두 헛수고였다. 허숙미가 그 여인을 진단하더

대추나무 꽃   대추나무

산홋빛으로 익어 가는 과일의 제왕

니 병명을 '장조臟燥, 히스테리, 신경계통의 병'이라 하고 의성 장중경의 처방을 따랐다. 그 약은 감초소맥대조탕이었으며 그 약을 몇 첩 먹은 여인은 금방 나았다고 한다.

대추는 홍조紅棗라고 불리기도 했는데 『신농본초경』에서는 이를 상품으로 분류하고 있다. 대추나무는 갈매나무과의 낙엽교목으로, 높이는 7~8미터 정도 되고 줄기에 가시가 있다. 잎은 계란형이고 가장자리에 톱니바퀴가 있다. 여름에 연녹색의 작은 꽃이 피고 열매를 맺는데 이것을 '조棗'라고 부른다. 음력 8월에 따서 햇볕에 말린 것이 앞서 이야기한 홍조이다. 생대추를 익혀서 말린 후 다시 가마에 넣고 장작으로 불을 때 훈증하는 것을 몇 번 반복하면 대추씨의 외피가 쭈글쭈글해지고 검은색을 띠며 광택이 나는데 이를 흑조黑棗, 또는 남조南棗라고 한다. 대추를 한자로는 '대조大棗'라고 쓴다. 조棗는 묶을 속朿 자를 아래위로 포개 놓은 글자로 열매를 실에 조롱조롱 묶어 놓은 모양이다. 옆으로 늘어 놓으면 가시 극棘 자가 된다. 극은 멧대추나무를 뜻하기도 한다.

대추는 영양이 풍부하고 단맛이 있어 모두들 좋아한다. 대추의 비타민 C 함량은 과일 중에서도 많기로 유명하며, 사과와 복숭아의 100배나 된다. 비타민 P의 함량도 과일 중에서 최고인데, 이러한 연유로 대추를 '천연 비타민'이라고 부른다.

한의학에서는 홍조가 약성을 조화시키고 약의 독성을 완화시키는 효능이 있다고 한다. 그래서 많은 처방에서 대추를 쓴다. 근래에는 홍조가 과민성 알레르기에도 효능이 있다는 것이 밝혀졌다. 하루에 세

번씩 홍조 열다섯 개를 날로 먹으면 그 증상이 개선된다. 철분 결핍성 빈혈에도 대추가 이용되는데, 대추 500그램을 씨를 제거한 다음 익히고 검은콩 250그램과 흑반 60그램을 찧어 반죽해서 환으로 만들어 하루에 2~3회 3그램씩 복용하면 된다. 노인의 체력이 약하고 변이 묽을 때에도 가을과 겨울에 매일 대추 다섯 개씩을 먹으면 좋다. 좁쌀죽을 끓일 때 대추와 마를 적당량 넣으면 비장을 튼튼히 하고 기를 북돋우는 데 효과적이라고도 알려져 있다. 갑작스레 땀이 나거나 식은땀이 날 때에는 대추와 오매 각각 100개와 물 500밀리리터를 넣고 200밀리리터가 될 때까지 졸여 아침저녁에 반씩, 열흘 동안 마시면 도움을 얻을 수 있다. 그 밖에 대추는 체력이 부족하거나 불면증이 있을 때, 소화가 잘 안되거나 황달과 간염에 걸렸을 때 다른 한약재와 함께 사용하면 효과를 볼 수 있다.

「약성가藥性歌」에서 대추를 이같이 노래하기도 했다.

대추는 비장을 튼튼히 하고 위를 보호하며

그 약효가 참으로 뛰어나다네

폐를 적셔 주고 진액은 허한 기운을 치료하며,

껍질이 붉은 대추는 약용으로 두루 쓰이지

하지만 위가 더부룩하고 담이 든 사람에게는 대추가 맞지 않다.

전국시대 때 소진이란 사람은 연나라의 문후文候에게 보고하기를 "북쪽에는 대추나무와 밤나무가 많습니다. 이것만 있으면 농사를 짓지 않고도 살 수 있습니다"라고 했다. 실제로 대추와 밤은 식량 대신 먹을 수 있었다. 조선시대에는 말린 대추와 밤을 전략 물자로 사용하기도 했다. 잘 말린 밤과 대추는 몇 년을 두어도 썩지 않았기 때문이다.

『사기』「화식전」에는 "안읍에서 대추가 많이 난다. 위魏 문제가 내린 조서에 따르면 안읍의 대추 맛은 천하에 으뜸이다"라는 기록이 보인다. 또한『동국세시기』에는 "단옷날 정오에 대추나무를 시집보낸다"고 적혀 있다. 두 개로 갈라진 대추나무 줄기 사이에 돌을 끼워 놓으면 열매가 많이 달린다고 믿기도 했다. 도끼로 밑동을 쳐서 상처를 내면 열매가 많이 달린다는 속설도 있다. 모두 과학적으로 맞는 말이다. 잎에서 만든 당분을 뿌리로 내려가지 못하게 해 열매에 저장하는 방법인 것이다. 환상박피의 효과를 노린 결과이다.

『삼국유사』「가락국기駕洛國記」에는 인도에서 시집오는 허황후가 찐 대추를 갖고 왔다는 기록이 있다. 옛날에는 먼 거리를 여행할 때 찐 대추를 식량 대신 휴대했다는 것을 알 수 있다. 지금도 허황후의 오라버니 장유화상이 세운 장유암에서는 수로왕의 제사에 대춧잎 나물을 올린다.

대추는 과일의 어른이어서 제사상에서도 가장 높은 자리에 앉는다. 조棗, 율栗, 이梨, 시柿라 하여 대추는 씨가 하나만 있으므로 임금이요, 밤은 세 개이므로 삼정승을 뜻하고, 배는 여섯 개이므로 육판서요, 감은 여덟이므로 팔도의 수령 관찰사를 뜻한다고 한다. 산호빛으로 익어 가는 대추는 작아도 과일의 제왕인 셈이다.

대추나무는 재질이 단단하고 탄소를 많이 함유하고 있어 전기가 잘 통하는 특징이 있다. 집에 대추나무를 심으면 피뢰침 역할을 하여 벼락을 피할 수 있다. 벼락 맞은 대추나무는 더욱 단단해져 하늘의 기를 가득 담은 것으로 믿었다. 그래서 대추나무 도장을 벽조목이라 하여 최고로 치는 것이다. 부적도 벽조목으로 만든다. 벽조목은 미세한 부스러기라도 물에 가라앉는다.

조계사의 대추나무를 보려면 주차장으로 들어가다가 오른쪽 불교중앙박물관으로 가는 길가 화단을 찾으면 된다. 밑에서 외줄기로 자라 2미터 높이에서 두 갈래로 갈라지기 시작하여 여러 갈래로 퍼졌다. 대추나무는 잎이 긴 타원형이고 표면이 반짝인다. 열매도 광택이 있다. 반짝이는 열매를 보면 먹지 않아도 사랑스럽다. 탱글탱글한 열매는 언제 보아도 마음이 흐뭇하다.

대추나무를 조계사에 심은 것도 예사롭지 않다. 사실 대추나무는 예로부터 절에서 즐겨 가꾸었다. 대추 열매를 끓여 진하게 달인 후 환을 지어 먹으면 한두 알로도 식사를 대신할 수 있었다고 한다. 절에서 수도하는 스님들은 자신만의 독특한 선식을 만들어 먹었는데 대추를 졸여 만든 벽곡단은 불가에서 비전돼 내려오는 선식 중 하나였다. 그래서인지 사찰에서는 대추를 가꾸고 열매를 거두면 불전에 공양했다. 조계사의 대추나무도 어느 스님이 부처님에게 공양을 올리듯 정성들여 심고 가꾸었는지도 모른다.

참고 문헌
....

講談社編輯部 編,『が一デン植物大圖鑑』講談社

강무학,『한국세시풍속기』, 집문당

姜炳志 外,『長白山區野生可食植物及採集興加工』, 吉林科學技術出版社

姜希顔 著·이병훈 역,『양화소록』, 을유문화사

高霞水,『한국의 꽃 예술사』, 霞水出版社

鮫島恂一郎,『北海道の樹木』, 北海道新聞社

金邁淳 著·李錫鎬 譯,『洌陽歲時記』, 大洋書籍

金富軾 著·金鍾權 譯,『三國史記』, 大洋書籍

金洙哲 外,『野生經濟植物誌』, 延邊人民出版社

김귀곤 외,『창덕궁 원유』, 문화재관리국

김대성·오병훈,『꽃이 있는 삶 상』, 반야

김대성·오병훈,『꽃이 있는 삶 하』, 생명의나무

김현삼 외,『식물원색도감』, 과학백과사전종합출판사

達美君·樓紹來·點校,『食物本草』, 人民衛生出版社

도봉섭·심학진·임록재,『조선식물도감』, 조선민주주의인민공화국 과학원

東城百合子,『藥草自然療法』, 池田書店

牧野富太郎,『新日本植物圖鑑』, 北隆館

문관심,『약초의 성분과 리용』, 과학백과사전종합출판사

文一平,『花下漫筆』, 삼성미술문화재단

文化放送 編,『韓國民間療法大全』, 불후문고

民族文化推進會 編,『練藜室記述 全12卷』, 民族文化推進會

閔周冕 外·李錫鎬 譯,『東京雜記』, 大洋書籍

박상진,『궁궐의 우리 나무』, 눌와

박상진,『우리나라 천연기념물 도감』, 클나무

박수환 외,『한국세시풍속자료집성 전5권』, 국립민속박물관

飯島 亮 外,『庭木と綠化樹1 -針葉樹 常綠高木』, 誠文堂新光社

飯島 亮 外,『庭木と綠化樹2 -落葉高木 低木類』, 誠文堂新光社

北村四郎 外,『花材別 現代いけげな藝術全集 全6券』, 主婦の友社

上原敬二,『樹木大圖說』, 有名書房

上原敬二,『日本人の 生活と庭園』, 三省堂

相賀徹夫 外,『園藝全書 全10券』, 小學館

成俔 著·南晚星 譯,『傭齋叢話』, 大洋書籍

손광성,『나의 꽃문화 산책』, 을유문화사

송홍선,『한국의 꽃문화』, 문예산책

송홍선,『한국의 나무문화』, 문예산책

楊麟錫,『百花頌』, 公園文化社

呂不韋 編·金根 역,『呂氏春秋』, 민음사

葉建洪 編,『家庭實用中草藥手册』, 廣州出版社

오병훈,『사람보다 아름다운 꽃 이야기』, 도솔

오병훈,『한국의 차그림 茶畵』, 차의세계

遠山椿吉,『庭園と衛生』, 雄山閣

柳達永 外,『나라꽃 무궁화』, 東亞出版社

劉安 著·李錫鎬 譯,『淮南子』, 을유문화사

六角見孝,『山草事典』, 葉書房

李奎報 著·김철희 외 역,『東國李相國集』, 민족문화추진회

李圭泰,『우리 음식 이야기』, 기린원

李御寧,『문장백과대사전』, 금성출판사

李永魯,『韓國植物圖鑑』, 敎學社

李仁老 著·李相寶 譯,『破閑集』, 大洋書籍

李齊賢 著·李相寶 譯,『櫟翁稗說』, 大洋書籍

李昌福,『大韓植物圖鑑』, 鄕文社

伊澤一男,『藥草カラー大圖鑑』, 主婦の友百科シリース

一然 著·李載浩 譯,『三國遺事』, 明知大學出版部

任慶彬,『나무百科 1, 2, 3, 4, 5, 6』, 一志社

임경빈,『천연기념물』, 대원사

林彌榮,『日本の樹木』, 山と溪谷社

張前得 外,『草木春秋』, 人民衛生出版公司

전의식·오병훈·송홍선,『서울나무도감』, 풀꽃나무

鄭万鈞 編,『中國樹木志』, 中國林業出版社

정승모 외,『조선대세시기』, 국립민속박물관

鄭容福·朴在熙,『藥草栽培』, 華學社

정태현,『한국동식물도감5(목초본류)』, 문교부

趙璞,『中國高等植物圖鑑』, 科學出版社

『朝鮮王朝實錄』

朱有昌 外,『東北藥用植物』, 黑龍江科學技術出版社

中井猛之進,『朝鮮森林植物編』, 國書刊行會

『增補山林經濟』

塚本洋太郎 외,『原色薔薇洋蘭圖鑑』, 保育社

崔瀁典,『한국민속식물』, 아카데미서적

崔瀁典,『歡樹園藝』, 集賢閣

崔滋 著·李相寶 譯,『補閑集』, 大洋書籍

編輯局,『園藝大百科』, 學英社

夏光成 外,『有毒中草藥彩色圖鑑』, 天津科技飜譯出版社

許南周 外,『原色世界木材圖鑑』, 先進文化社

許浚,『東醫寶鑑』, 全25冊

洪錫謨 著·李錫鎬 譯,『東國歲時記』, 大洋書籍

和久博隆,『佛敎植物辭典』, 國書刊行會

E. Blatter & Walter S. Millard,『Some Beantiful Indian Tree』, Bnhs Oxford

Elizabeth Martin,『Trees』, A Kingfisher Guide

Florence-Hedleston Crane,『Flowers And Folk-Lore From Far Korea』, Sahm-Bo
    Publishing Corporation

Harold N. Moldenke 著·奧本裕昭 譯,『聖書の植物』, 八坂西房

Jean Marie Pelt 著·でカエール直美 譯,『戀する植物』, 工作舍

참고 문헌